SCHWARZ ROT GOLD

PAUL WEBSTER

COURSE BOOK

CAMBRIDGE
UNIVERSITY PRESS

COMPONENTS OF THE COURSE

SCHWARZ ■ ROT ■ GOLD
(The Course Book) 0 521 27883 X

Twenty Themen – wide variety of materials and approaches – an emphasis on communicative skills combined with work on structures – practice in all four language skills in each Thema – an emphasis on authenticity – carefully cross-referenced for use with **The German Handbook.**

SCHWARZ ■ ROT ■ GOLD
The German Handbook 0 521 27882 1

Practical, readable reference book for all learners in their first years of German – all the German grammar needed up to GCSE level explained simply and with a minimum of technical terms.

SCHWARZ ■ ROT ■ GOLD
Set of 3 Cassettes 0 521 26248 8

Dialogues from the course book – scripted and unscripted listening comprehension material.

SCHWARZ ■ ROT ■ GOLD
Teacher's Edition 0 521 27884 8

The course book – plus teaching notes – plus tapescript – plus answers – plus reproduction masters for revision, and for help with writing.

PUBLISHED BY THE PRESS SYNDICATE OF THE UNIVERSITY OF CAMBRIDGE
The Pitt Building, Trumpington Street, Cambridge CB2 1RP, United Kingdom

CAMBRIDGE UNIVERSITY PRESS
The Edinburgh Building, Cambridge CB2 2RU, United Kingdom
40 West 20th Street, New York, NY 10011–4211, USA
10 Stamford Road, Oakleigh, Melbourne 3166, Australia

First published 1986
Eleventh printing 1996

Printed in the United Kingdom at the University Press, Cambridge

A catalogue record for this book is available from the British Library

Library of Congress Cataloguing in Publication data

Webster, Paul, 1952—
Schwarz Rot Gold.

1. German language – Grammar – 1950 –.
2. German language – Text-books for foreign speakers – English. I. Title.
PF3112.W35 1986 438.2′421 86–9763

ISBN 0 521 27883 x paperback

ACKNOWLEDGEMENTS

Author and publisher gratefully record the assistance of the following:

the Amt für Ratsangelegenheiten, Werbe- und Verkehrsamt der Stadt Essen for extracts from brochures on Essen

Augsburger Allgemeine Zeitung for 5 small ads plus 'Wohin heute?'

the *Bild am Sonntag* for 'Das Wetter am Sonntag'

the *Bild Zeitung* for 'Sport-Nachrichten' and 'Frauchen in der Sauna'

Bistum Essen 1978 for extracts from 'Wir sagen Euch an: Advent' in **Thema** 6

Bunte, 26 June 1980, for TV programme information

Bravo for 'Bravo Treffpunkt'

the *Deutsche Bundesbahn*

the *Düsseldorf Express* for 'Rembrandt auf Befehl geraubt?'

the Fremdenverkehrsverband, Mayrhofen, Zillertal, Tyrol, Austria, for extracts from their brochures

the German Post Office – Ministry for Postal Affairs

Hörzu, Axel Springer Verlag, Hamburg for 'Kritik am Sonntagabend'

the Kinderbuchverlag, Berlin, for the extract from *Um 6 Uhr steh' ich auf* by Katrin Pieper

the *Kölner Stadt-Anzeiger* for 'Mietgesuche'

Mädchen, Munich, for excerpts from 'Deine Probleme' in **Thema** 4 and **Thema** 9

Herbert Neide for detail from 'Ein Plan der Hamburg-Information'

Neue Kronen Zeitung, Austria, for 'Zu Fuß auf Autobahn', and 'Absturz mit Auto'

Scala International for 'Sebastian Moll', 'Leerlauf', 'Die billige Fahrkarte für die Jugend', 'Mode' and 'Petra Nagy'

Seewetteramt in Hamburg for 'Das Wetter'

Süddeutsche Zeitung, Munich, for 'Der SZ-Wetterbericht'

the tourist information office, Pörtschach

Verlag Gesthuysen, Xanten

Westdeutsche Allgemeine Zeitung for 'Dieb ließ sich einschließen'

Nicole Mitchell
Toby and Oliver Cave
Amanda Ogden
Reporter B
Markus Brodeßer
Dietmar Dux
Arnaud de Geuser

Designers: Liz Knox and the brilliant but perverse Paul Oldman

Artist: Celia Weber

Photographers: Peter Davison, out of Africa; Nigel Luckhurst, Paul Webster

Cover design by Paul Oldman

CONTENTS

	How to . . .	 German Handbook
	. . . celebrate (e.g. Christmas)	order of objects 9.6 minor points from 3.5, 4.2,5, 6.5, 10.30b, 10.42
	. . . make arrangements to meet friends and discuss your leisure activities	**Nebensätze** 9.3,8 **keine Lust, zu +Inf.** 10.32b **treffen** 10.42
	. . . cope with travelling around, buying tickets, petrol, finding somewhere to stay	**Europa** **Nationalitäten** 2.17 adjectival nouns 1.7 **zu +Inf.** 10.32b
	. . . explain what's wrong with you and get the right treatment	expressions using the dative 10.30e practise **Nebensätze** practise commands
	. . . be the perfect guest in a German-speaking home	present tense of modals 10.8 practise **Sie** and **du** expressing likes and dislikes 12.4

	How to . . .	German Handbook
	. . . buy clothes	**Relativsätze** 9.9 2-part conjunctions 9.11 practise adjective endings
	. . . write off for information about places before you visit them; finding your way around when you get there	referring to the future 10.29 verbs with a dative reflexive pronoun 10.7b-c **nichts Neues** etc. 4.11
	. . . make phonecalls . . . find out what's on TV . . . use **Bildschirmtext**	verbs with prepositions 10.31 **sich treffen** 10.42 **Herr/Herrn** 1.6 **hätte/wäre** 10.40a
	. . . look for somewhere to live – weighing up the pros and cons . . . describe your room, flat, house	**das Plusquamperfekt** 10.28 **lassen +Inf.** 10.7c,32 using **hin** and **her** 10.6b
	. . . report things to the police . . . how to cope if stopped by the police	**das Passiv** 10.34

	How to . . .	German Handbook
 • THEMA SECHZEHN • ESSEN UND TRINKEN	. . . be sure that you know what it is you are eating	**schmecken** 10.30c practise expressions of liking 12.4 relative clauses 9.10
 • THEMA SIEBZEHN • NATUR	. . . use the language you know to go skiing, camping or youth-hostelling . . . understand weather forecasts	**indirekte Rede** 10.36–8
  • THEMA ACHTZEHN • UNFÄLLE	. . . cope with accidents	practise **das Passiv** practise the subjunctive in reported speech
• THEMA NEUNZEHN • FUNDBÜRO POST•BANK	. . . deal efficiently with these places	**derselbe** and **der gleiche** 2.11
 • THEMA ZWANZIG • HOFFNUNGEN	. . . talk about future plans and hopes	referring to the future 10.29 conditional sentences 10.39

USEFUL INFORMATION FOR USING THIS BOOK

○ indicates cassette recording

66 HB indicates that a cross-reference to *The German Handbook* follows for example, 66 HB 10.3

Vokabeln indicates that a cross-reference to the Vocabulary at the back of the book follows, for example, 66 Vokabeln 6.1

PP **das Partizip Perfekt**
m. masculine
f. feminine
neut. neuter

usw. **und so weiter** (=etcetera)
z.B. **zum Beispiel** (=e.g.)
bzw. **beziehungsweise** (=or as the case may be)
d.h. **das heißt** (=i.e.)
Inf. **Infinitiv**
Akk. **Akkusativ**
Dat. **Dativ**

USING THE VOCABULARY

(key) means key material for learning
* next to a verb means that you have to use **sein** in the perfect tense

For nouns the plural form is given in brackets, for example:

die Adresse (**-n**) means that the plural is formed by adding '**n**'
der Mann (**¨er**) means that the plural is formed by adding Umlaut and '**er**'
! **der Neffe** (**-n, -n**) means that **der Neffe** is a weak noun and adds '**n**' in the singular as well as in the plural

acc. accusative
adj. adjective
f. feminine
HB *The German Handbook*
Inf. **Infinitiv** (the infinitive)
m. masculine
neut. neuter
pl. plural
reg. **regelmäßig** (a regular verb)
sb. somebody
sing. singular
sth. something
stk **stark** (a strong verb)
swh. somewhere
unreg. **unregelmäßig** (an irregular verb)
usw. **und so weiter** (etcetera)

THEMA EINS

MENSCHEN

EINSTIEG

This **Thema** (**Menschen**) and the next are here to help you to make sure of some of the most basic material you need to know in German. Some of this you will have met before, while other parts may be new to you.

This first **Thema** concentrates on how to give information about *people*. This includes giving your name, address, age, birthday and family details in German. Ways of describing people are also covered. This involves knowing something about adjective endings. As well as talking about yourself, you need to be able to ask questions about other people. This **Thema** shows you how to do this and it brings in the matter of the different words for *you* – **du** and **Sie**.

IST DER PLATZ FREI?

Im Speisesaal des Hotel Miramar, Benidorm, Spanien: Mark Richards und Klaudia Bernhardt

MR Excuse me, is this seat free?

KB Wie bitte? Ze seat?

MR Aha! Sie kommen aus Deutschland! Ich bin Engländer. Mein Name ist Richards – Mark Richards.

KB Oh, you can German, very goot. I'm sorry, my English is very bet.

MR Bet?? Oh – bad! Nein, Ihr Englisch ist sehr gut . . . Äh, ist der Platz frei?

KB Ja, bitte.

MR Ah . . . wie ist dei- . . . Ihr Name?

KB Klaudia – Klaudia Bernhardt, aber bitte, sag doch „du"! In Deutschland sagen die jungen Leute alle „du".

MR Ach so! Danke, Klaudia. Sie . . . du bist sehr nett. Wie alt bist du?

KB Ich bin achtzehn, und du?

MR Ich bin auch achtzehn! Wann hast du Geburtstag?

KB Am einundzwanzigsten Juni.

MR Das ist doch unglaublich!! Ich habe auch am einundzwanzigsten Juni Geburtstag! Wo wohnst du in Deutschland?

KB In Hamburg.

MR Ich wohne in Exeter – in Südwestengland.

KB Wohnst du noch bei deinen Eltern?

MR Ja – in den Ferien. Ich bin Student. Ich studiere in London.

KB Was studierst du? Deutsch?

MR Richtig! Und was bist du von Beruf?

KB Ich bin Stenotypistin. Ich arbeite bei Karstadt.*

MR Arbeitest du gern da?

KB Es geht. Die Arbeit ist langweilig, aber ich verdiene ziemlich gut.

MR Und ich bin ein armer Student! Hast du eine eigene Wohnung?

KB Noch nicht. Ich wohne bei meinen Eltern, aber unsere Wohnung ist klein, und ich habe zwei Schwestern und einen Bruder. Nach den Ferien möchte ich eine kleine Wohnung suchen, aber in Hamburg ist das gar nicht so einfach. Hast du auch Geschwister?

MR Ja – zwei Brüder, aber keine Schwester.

KB Jünger oder älter als du?

MR Jünger. Ich bin der älteste. Du auch?

KB Nee. Ich bin die jüngste. Was für Hobbys hast du?

MR Ich habe sehr viele: Schwimmen, Tennis, Fußball – und ich tanze auch sehr gern.

KB Du tanzt gern? Toll! Ich auch! Heute abend gibt es eine Disco im Hotel.

MR Vielleicht können wir zusammen . . .?

KB Das ist eine tolle Idee, Mark!

**Karstadt ist ein Kaufhaus*

Wie sagt man das auf deutsch? Suche die Antworten im Text!

1 Pardon?
2 I'm English
3 What's your name?
4 I see
5 How old are you?
6 When's your birthday?
7 That's incredible!
8 Whereabouts do you live in Germany?
9 Do you still live with your parents?
10 I'm a student
11 What's your job?
12 The pay's quite good
13 Have you got a flat of your own?
14 I live with my parents
15 I have two sisters and one brother
16 Have you any brothers and sisters?
17 I'm the eldest
18 I'm the youngest
19 What are your hobbies?
20 I like dancing

AUFGABEN

A Sammle die Informationen!

z.B. Klaudia Bernhardt kommt aus Deutschland.
Sie ist achtzehn Jahre alt. Sie . . .
Mark Richards ist Engländer. Er . . .

B Sammle die Fragen!

Du willst einen jungen Deutschen (bzw. eine junge Deutsche) kennenlernen. Welche Fragen stellst du?

C **Interviewe einen Partner!**

D **Ein deutscher Teenager interviewt dich. Schreibe das Interview!**

○ *ICH HABE MEINEN PASS VERLOREN!*

Ausländer müssen ihren Reisepaß immer bei sich haben. Diese Touristin hat ihren Paß verloren. Sie geht zur Polizei . . .

POLIZIST Wie ist Ihr Name, bitte?
TOURISTIN Miller . . . Mein Name ist Miller.
POLIZIST Und wie heißen Sie mit Vornamen, Frau Miller?
TOURISTIN Angela – Angela Mary.
POLIZIST Angela Mary, ja. Und was ist Ihr Geburtsdatum?
TOURISTIN Geburtsdatum?
POLIZIST Ja, Ihr Geburtsdatum. Wann sind Sie geboren?
TOURISTIN Ach! Ach! Ich bin am elften Juli 1957 geboren.
POLIZIST Wo wohnen Sie?
TOURISTIN In Sydney.
POLIZIST Ach, Sie sind Australierin! Wie ist Ihre Adresse?
TOURISTIN 251 Spain's Wharf Road.
POLIZIST Wie bitte? Schreiben Sie die Adresse bitte auf!
TOURISTIN (*Sie schreibt.*)
POLIZIST Sind Sie verheiratet, Frau Miller?
TOURISTIN Ja.
POLIZIST Aber Sie haben einen eigenen Paß, ja?
TOURISTIN Ja.
POLIZIST Einen Moment, bitte. Ich frage meinen Kollegen . . . . . . Ja, wir haben einen australischen Paß da. Ja – Angela Miller. Bitte schön.
TOURISTIN Vielen Dank. What a relief!
POLIZIST Wie lange sind Sie schon in Deutschland?
TOURISTIN Wir sind seit einer Woche hier.
POLIZIST Und in Kiel?
TOURISTIN Seit zwei Tagen.
POLIZIST Und wie lange bleiben Sie noch?
TOURISTIN Eine Woche.
POLIZIST Ich wünsche Ihnen schöne Tage hier – aber vergessen Sie nicht: Sie müssen Ihren Reisepaß immer bei sich haben! Auf Wiedersehen!

AUFGABEN

A **Das ist doch falsch! Aber was ist richtig?**

1 Frau Miller ist Amerikanerin.
2 Mit Vornamen heißt sie Angela Marion.
3 Ihr Geburtsdatum ist der elfte Juni 1957.
4 Sydney ist eine Stadt in England.
5 Frau Miller ist unverheiratet.
6 Herr Miller ist in Australien.
7 Er hat Frau Millers Paß.
8 Millers sind seit fünf Tagen in Deutschland.
9 Sie sind seit zwei Stunden in Kiel.
10 Sie wollen einen Tag da bleiben.

B How do you ask the following (in the **Sie** form)?

1 What's your name?
2 What's your first name?
3 What's your address?
4 What's your date of birth?
5 When were you born?
6 How long have you been in Germany?
7 Are you married?
8 How much longer are you staying?

C How do you ask the same things in the **du** form?

D Andrew Bailey ist vierzehn Jahre alt (Geburtstag: 27. März). Er kommt aus Cardiff (*36, Teutonia Crescent*). Zur Zeit ist er mit seinen Eltern in München, aber er hat sich verlaufen (= *has got lost*). Ein Polizist stellt ihm viele Fragen . . . (**Nicht vergessen**: **Du-Form**!)

GRAMMATIK

Vokabeln, und HB 2.6, 2.8

So kannst du andere Menschen beschreiben . . .

Nominativ

	m. (singular)	f. (singular)	neut. (singular)
Hans ist . . .	**ein** groß**er** Junge		
Anna ist . . .		**eine** schön**e** Frau	
Ilse ist . . .			**ein** klein**es** Mädchen

	m./f./neut. (plural)
Sie sind . . .	drei typische Deutsche

Akkusativ

	m. (singular)	f. (singular)	neut. (singular)
Hans hat . . .	**einen** großen Mund	**eine** lange Nase	**ein** rundes Gesicht

	m./f./neut. (plural)		
Ilse hat . . .	kurze Arme	kleine Hände	blonde Haare blaue Augen

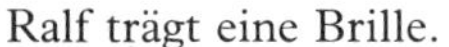

Ralf trägt eine Brille.

Udo hat einen Bart (einen Vollbart).

Jan hat einen Schnurrbart.

Ute hat glatte Haare.
(oder: glattes Haar)

Renate hat lockige Haare.
(oder: lockiges Haar)

Herr Meier hat eine Glatze.

So können die Menschen sein . . .

Sie können **groß**, **klein**, **dick** oder **dünn** sein.
Sie können **glatte** oder **lockige Haare** haben. (Oder sie können eine Glatze haben.)
Ein Mensch kann **ein schmales, rundes, ovales, eckiges** oder **kleines Gesicht** haben.
Ein Mensch kann **blaue, braune, grüne** oder **schwarze Augen** haben.
Ein Mensch kann **eine lange, spitze, stumpfe** oder **dicke Nase** haben.
Ein Mensch kann **einen großen** oder **kleinen Mund** haben.
Ein Mensch kann **lange** oder **kurze Arme und Beine** haben.
Ein Mensch kann **große** oder **kleine Hände und Füße** haben.

ÜBUNGEN

A Hier haben wir Fotos von fünf Kriminellen – und fünf Beschreibungen. Suche die richtige Beschreibung für jedes Foto!

1 Georg Steiner hat ein schmales Gesicht, kleine Augen und eine spitze Nase.

2 Herbert Schulze hat ein rundes Gesicht. Er hat eine Glatze.

3 Jochen Hemmings trägt eine Brille. Er hat lockige Haare und einen großen Mund.

4 Reiner Bauer hat eine dicke Nase und einen Schnurrbart.

5 Willy Werner hat ziemlich langes, glattes Haar. Er trägt eine Brille und hat einen Schnurrbart.

B Beschreibe einen Freund (bzw. eine Freundin) von dir!

C Beschreibe zwei Mitglieder (= *members*) von deiner Familie!

D Beschreibe einen Popstar oder die Mitglieder von deiner Lieblingsband!

E Einbrecher: was für ein Mann war denn das?

HÖRVERSTEHENSÜBUNGEN

A Wer ist wer?

Study the six photographs below, and listen to the six descriptions on tape. The photographs are numbered 1–6, the tape items have letters (a)–(f). The descriptions on tape are not in the same order as the photographs. Try to match the right number to the right letter.

1  2  3

4  5  6

B Markus Brodeßer 1

Markus (rechts) und Andrew

Markus was interviewed by his English exchange partner, Andrew. He answered freely, without a script. Some of his answers were quite complex, but try to understand at least the main points of what he says.

1 Where does Markus live?
2 How many brothers and sisters has he got?
3 How old is his sister?
4 What is her name?
5 What does his father do?
6 What does his mother do?

EINE GROSSE FAMILIE!

Birgit Steiner beschreibt ihre Familie:

Also, meine Eltern heißen Frank und Liesl. Ich habe sechs Geschwister – drei Brüder und drei Schwestern. Meine Brüder heißen Peter, Dieter und Klaus, und meine Schwestern heißen Beate, Ursula und Angela. Ich bin die jüngste. Die anderen sind alle verheiratet – außer Klaus. Er ist aber verlobt und will im November heiraten. Seine Verlobte heißt Verena. Ich habe auch sehr viele Onkel und Tanten, denn meine Eltern haben beide viele Geschwister. Ich habe dreißig Cousins und sechsundwanzig Kusinen! Die meisten wohnen in Süddeutschland und wir sehen uns selten. Ich habe auch Großeltern. Die Mutter von meinem Vater ist letztes Jahr gestorben, aber mein Opa lebt noch – er wohnt in der DDR. Die Eltern von meiner Mutter wohnen in Hamburg, und sie besuchen uns jedes Jahr im Sommer. Sie sind beide sehr alt. Mein Opa ist neunzig und meine Oma wird nächsten Sonntag zweiundneunzig Jahre alt!

AUFGABEN

A Fragen zum Text

1 Wie heißt Birgits Vater mit Vornamen?
2 Wer sind Peter, Dieter und Klaus?
3 Wieviele Geschwister sind verheiratet?
4 Wer ist Verena?
5 Wer ist letztes Jahr gestorben?
6 Wer wohnt in der DDR?
7 Wie alt sind ihre Großeltern in Hamburg?

B Wie geht das weiter?

Vater	–	Mutter
Brüder	–	
Cousins	–	
Opa	–	
Onkel	–	

C Beschreibe *deine* Familie!

D Wann haben sie Geburtstag?

HB 6.5

1 Peter 1.1.
2 Beate 8.5
3 Dieter 18.3
4 Ursula 31.7
5 Angela 27.8

E Wann haben die Mitglieder deiner Familie Geburtstag?

F Menschen aus dem Telefonbuch

Bonn (02 28x) Schli-Schlu

Schlieper Helmut (Bgo) Deutschherrenstr.90	33 01 30	**Schlipphack** Hans Beuel Rhenusal.32	46 53 97
Schlieper Herbert Dr. Kurfürstenstr.23	21 64 12	**Schlipphacke** Karl (Ipp) Ferdinandstr.74	21 87 71 <28 45 46>
Schlieper Inge Dr. Karthäuserstr.49	23 35 48	**Schlitt** Wigbert Dipl.Ing. Geschäftsführer FlensburgerStr.45	67 25 74
Schlieper Kläre Kurfürstenstr.23	21 64 22	**Schlitzer** G. Konviktstr.3	65 42 84
Schlieper Rudolf Beuel PützchensCh.53	46 22 70	**Schlitzer** Heinz Rosenstr.23	65 24 78
Schliephake Christiane Lenaustr.8	66 54 63	**Schlitzer** Heribert Königstr.26	22 34 57
Schliephake Jürgen (Imp) Ahrweg 78	64 14 51	**Schlitzer** Käthe (Wit) Hauptstr.186	64 35 63
Schlier Erna H. Wegelerstr.2	65 34 16	**Schlitzer** Margarete Heerstr.69	65 24 69
Schlier Hildegard (Röt) ImHerrengarten 1 a	25 12 94	**Schlitzer** Maria Königstr.26	21 79 00
Schlier Thomas Journalist (Ipp) Ferdinandstr.66	28 25 70	**Schlitzer** Winfried Königstr.26	21 49 64
Schlier Willi (Hol) Kinkelpl.4	48 24 02		

Wo wohnt Herr Thomas Schlier?
Wie heißt Frau Schliephake mit Vornamen?
Wie ist die Adresse von Herrn Heribert Schlitzer?
Wer hat die Telefonnummer 25 12 94?
Wie ist die Telefonnummer von Herrn Rudolf Schlieper?

BRIEF

Schreibe einen guten Antwortbrief auf deutsch! Beantworte alle Fragen und stelle Klaus einige Fragen über sein Leben, seine Familie, seine Hobbies, usw.

Münster, den 6. September.

Dear Graham,

Your name and address I have from my Englisch teacher. I hope you will be my penfriend. Now I would like to know something about you. How old are you? When do you have birthday? How high are you? Have you brothers and sisters? What for hobbies have you? How long are you learning German already?

Write soon!

Many greetings
Your
Klaus Heller

ANNONCEN

Small ads are paid for by the word – so almost every word has to be a key word. Study these examples from the **Augsburger Zeitung** and try to complete the English sentences.

su. nettes Mädchen, Bildzuschr. unt. 8519599 an AZ

Junger Herr sucht sportliches Mädchen (bis ca. 30 J.) für Skifahrten. Zuschriften unter 8521286 an die AZ

Welches hübsche, zierl. Mädchen möchte gutauss., charakterf. und vielseitig in-

1 A young man is looking for ___ .
He wants to take her ___ .

8519238 AZ

Sportwagenfahrer, Witwer, bescheiden, sucht nette, vitale Beifahrerin bis 50 Jahre. Zuschr. u. 8517651 AZ

Telefon-Kontakt-Service 08631/8492

2 This man drives a ___ . His wife is ___ . He describes himself as ___ .
He is looking for a ___ up to the age of ___ .

heute herzlich eingeladen.

Junger Burgauer (25, 170), Facharbeiter, schlank, sportlich, sehr vielseitig, allgemein beliebt, humorvoll und ungezwungen, sucht nette Freundin. Welches Mädchen aus meiner Gegend ist noch frei, hat Mut und schreibt? Zuschriften unter 8518555 an die AZ

3 This young skilled worker from Burgau is ___ years old and his height is ___ .
He describes himself as ___ . He is looking for ___ . The girl from his area has to ___ (three things).

Jg. Mann, 21 180, sucht nette Sie. Kein Disco-Typ, Sympathie spielt eine Rolle. Jede Zuschr. wird beantwortet. Zuschr. unt. 8518003 an die AZ

Nette Partnerin f. Tennis, Schwimmen,

4 This young man's age is ___ . His height is ___ . The girl he is looking for must not be ___ . An important factor is ___ . Every reply will be ___ .

LESEN

Sebastian Moll

Sebastian Moll ist erst fünfzehn Jahre alt. Aber er hat einen Terminkalender wie ein Manager. Der Grund ist sein Hobby: Sebastian betreibt Schwimmen als Leistungssport. Das kostet viel Zeit. Sebastian wohnt mit seinen Eltern in Langen. Das ist ein kleiner Ort zwischen Frankfurt am Main und Darmstadt.

Sebastians Alltag

Jeden Morgen um 5.30 Uhr muß Sebastian aufstehen. Nach dem Frühstück fährt er mit dem Bus zum Hallenbad in Darmstadt. Dort trifft er seine Kameraden vom „Darmstädter Schwimm- und Wassersport-Club 1912". Sebastian ist seit zehn Jahren Mitglied. Er trainiert mit seinen Freunden etwa eineinhalb Stunden lang. Um acht Uhr beginnt der Schulunterricht. Das sind sechs Stunden, bis 13.20 Uhr. Am Nachmittag oder am Abend hat er dann wieder zwei bis drei Stunden Training.

Sebastians andere Hobbies

Sebastian hat nur wenig Zeit für seine anderen Hobbies: Fotografieren, Skifahren und Lesen. Er pendelt hin und her zwischen Schule und Schwimmbad. Das ist sein Lebensrhythmus. Der Lohn: viele Medaillen von Schwimmwettkämpfen.

Sebastians Schule

Sebastian besucht das Justus-Liebig-Gymnasium in Darmstadt. Er geht in die zehnte Klasse. Es ist ein naturwissenschaftliches Gymnasium. Das heißt: die Schüler lernen dort besonders viel Physik, Chemie und Biologie. Aber auch der Sport ist hier wichtig.

Sebastians Zimmer

Sein Zimmer sieht aus wie eine Bilder- und Plakat-Ausstellung. Man glaubt, Sebastian habe viel Zeit: da stehen Radio und Fernsehapparat und ein große Schallplattensammlung mit Rock- und Popmusik. Aber in Wirklichkeit ist Sebastian oft nur zum Schlafen in seinem Zimmer. Auch an Diskotheken oder an eine feste Freundin denkt er nicht. Ein großer Verzicht? „Dafür habe ich eben etwas anderes", sagt Sebastian. „Zum Beispiel Reisen in fremde Länder zu den Schwimmwettkämpfen. Davon können die anderen nur träumen. Außerdem weiß ich: irgendwann wird es vorbei sein. Leistungssport kann man nicht immer treiben. Deshalb genieße ich die Zeit jetzt um so mehr."

Schlüsselwörter *(key words)*

der Terminkalender *appointments diary*
der Grund *reason*
der Leistungssport *competitive sport*
der Ort *place*
aufstehen *to get up*
das Hallenbad *indoor swimming-pool*
das Mitglied *member*
der Schulunterricht *lessons*
der Lohn *reward*
der Wettkampf (¨e) *competition*
das Gymnasium *grammar school*
naturwissenschaftlich *scientific*
das Bild (-er) *picture*
das Plakat *poster*
die Ausstellung *exhibition*
die Schallplatte (-n) *record*
die Sammlung *collection*
der Verzicht *sacrifice*
das Reisen *travelling*
fremd *foreign*
das Land (¨er) *country*
vorbei *over, finished*
genießen *to enjoy*
um so mehr *all the more*

A Hast du den Text verstanden?

1 Why is Sebastian so busy?
2 What and where is Langen?
3 Briefly describe his daily routine.
4 What other hobbies has he?
5 What reward has he for his hard work?
6 What do we know about his school?
7 What has he got in his room?
8 What has he sacrificed for his sport?
9 What is he able to do which compensates for the sacrifices he has made?
10 Why is he trying to get the most out of his sport at the moment?

B Das ist doch falsch! Was ist richtig?

1 Sebastian hat einen Adventskalender wie ein Teenager.
2 Er wohnt in einer großen Stadt zwischen Frankfurt am Main und Darmstadt.
3 Er fährt mit der Straßenbahn zum Hallenbad.
4 Der Schulunterricht dauert sechs Stunden und zwanzig Minuten.
5 Das Justus-Liebig-Gymnasium ist ein Hallenbad.
6 Sebastian hat viele Kassetten in seinem Zimmer.
7 Er hat ein Radio und einen Computer.
8 Er hat eine feste Freundin.
9 Sebastian schwimmt nur in Deutschland.
10 Leistungssport kann Sebastian immer treiben.

ROLLENSPIEL

Invent a short 'dossier' of personal information – don't show your partner. Get your partner to interview you and *vice versa*. The 'interviewer' should jot down the information. Here is an example dossier:

Name: Peter Kaninchen

Geburtsdatum: 4. 8. 82

Adresse: Hamsterstraße 5
Mausstadt

Familie: 20 Brüder
15 Schwestern

Hobbys: Salat fressen
Fernsehen

THEMA ZWEI

ALLTAG UND ARBEIT

➡ EINSTIEG

This **Thema**, **Alltag und Arbeit**, aims to teach you how to understand, talk and write in German on the subjects of everyday life and work. You probably already know some German for these subjects; this **Thema** will help you fill out your knowledge. Talking about everyday life and work means talking about what people do – so verbs have to be covered here. There is also some work on prepositions, and on weak nouns – a special group of nouns (which is used for the names of several jobs). See the Handbook for full explanations of all these grammar points.

○ BÄRBEL GEHT ZUR ARBEIT

Bärbel Scholten ist Anwältin (= *lawyer f.*). Auf Kassette beschreibt sie ihren Alltag . . . Was sagt sie?

1 2 3 4

5 6 7 8

9 10 11 12

KARSTEN HUBERS ALLTAG

Karsten Huber ist Student an der Universität Hamburg. Er beschreibt auch seinen Alltag, aber leider ist die Reihenfolge (= *sequence*) falsch. Wie ist die richtige Reihenfolge? (Es gibt mehr als nur e i n e Lösung!)

1 Ich koche Kaffee.
2 Ich wasche nicht ab.
3 Ich esse etwas aus dem Kühlschrank.
4 Ich wache langsam auf.
5 Ich ziehe mich an.
6 Mein Wecker klingelt um acht Uhr.
7 Ich trinke ein Glas Orangensaft.
8 Ich gehe ins Bad.
9 Ich trockne mich ab.
10 Ich verlasse die Wohnung.
11 Ich rasiere mich.
12 Ich stehe auf.
13 Ich kämme mich.
14 Ich ziehe meine Jacke an.
15 Ich wasche mich schnell.

AUFGABEN

A Mache eine Tabelle! Was macht Bärbel und was macht Karsten?
z.B.

Bärbel	Karsten
Ihr Wecker läutet um halb sieben Sie wacht auf.	Sein Wecker läutet um acht Uhr. Er wacht auf. ....

Beachte! waschen – er/sie wäscht

B Was machst **du** morgens vor der Schule?

GRAMMATIK

HB 10.3, 10.5, 10.6, 10.7

Das Präsens

1 **regelmäßige Verben**	**z.B.** frühstücken	⟶	ich frühstücke in der Küche
	kochen	⟶	ich koche Kaffee
	trinken	⟶	ich trinke Tee
2 **starke Verben**	**z.B.** verlassen	⟶	ich verlasse die Wohnung
		⟶	er verläßt die Wohnung
	waschen	⟶	ich wasche mich
		⟶	er wäscht sich
3 **trennbare Verben**	**z.B. auf**wachen	⟶	ich **wache auf**
	aufstehen	⟶	ich **stehe** um sieben Uhr **auf**
	abwaschen	⟶	ich **wasche ab**
4 **reflexive Verben**	**z.B.** sich waschen	⟶	ich wasche **mich**
	sich anziehen	⟶	sie zieht **sich** an

DER ALLTAG EINES HAUSMANNES

Norbert Bartel ist Hausmann. Das heißt, er bleibt zu Hause und arbeitet im Haushalt. Seine Frau hat einen Beruf – sie ist Programmiererin bei einer Computer-Firma und geht jeden Morgen zur Arbeit.

○ Herr Bartel, um wieviel Uhr stehen Sie morgens auf?

● Also, ich muß ziemlich früh aufstehen. Unsere Tochter, Karin, ist erst ein Jahr alt. Sie schreit normalerweise so um sechs. Ich gebe ihr etwas zu trinken und gehe nach unten. Da mache ich die Kaffeemaschine an.

○ Die Kaffeemaschine?

● Ja, ich koche Kaffee und mache das Frühstück für meine Frau, meine Tochter und mich. Um halb sieben fährt meine Frau zur Arbeit.

○ Und was machen Sie den ganzen Tag?

● Ich decke den Frühstückstisch ab, wasche ab, trockne ab und räume die Küche auf. Dann mache ich die Hausarbeit: ich sauge Staub, wasche die Wäsche, mache die Betten, und so weiter, und so fort. Karin und ich essen zu Mittag, und danach gehen wir meistens einkaufen. Später spiele ich mit dem Baby.

○ Kochen Sie auch?

● Ja, abends. Meine Frau ißt bei der Arbeit zu Mittag. Abends koche ich ein richtiges Abendessen. Gegen siebzehn Uhr kommt sie nach Hause, und wir essen eine Stunde später. Meine Frau wäscht dann ab, und ich kann mich endlich ausruhen!

AUFGABEN

A Welche Verben im Text beschreiben Herrn Bartels Arbeit? Verdecke den Text und versuche, Herrn Bartels Alltag zu beschreiben!

B Wer kocht und macht die Hausarbeit bei dir zu Hause? Was macht deine Mutter (bzw. dein Vater)?

C Hilfst du im Haushalt? Was machst du?

BRIEF

Beschreibe deinen Alltag in einem Brief an einen deutschen Briefpartner (bzw. eine deutsche Breifpartnerin)! Du kannst so beginnen:

Norwich, den 10. Oktober

Lieber Peter/Liebe Petra,

heute schreibe ich etwas über meinen Alltag...

UND JETZT EIN INTERVIEW MIT FRAU BARTEL

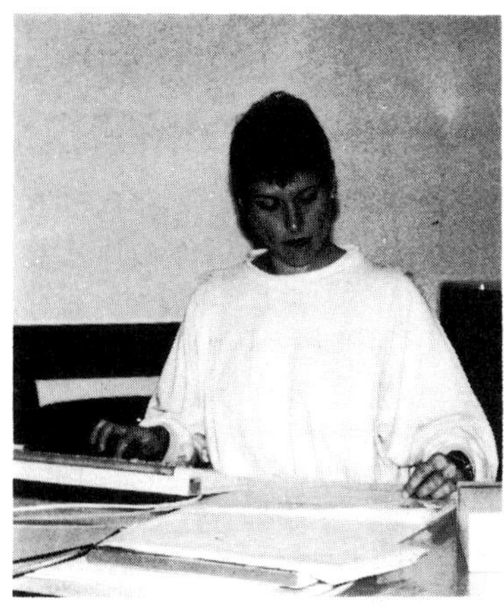

○ Frau Bartel, was sind Sie von Beruf?
● Ich bin Programmiererin bei einer großen Computer-Firma.
○ Arbeiten Sie gern da?
● Ja, sehr gern. Die Arbeit gefällt mir sehr gut, und ich verdiene auch gut.
○ Wieviel verdienen Sie im Monat?
● DM 3 500 (Dreitausendfünfhundert Mark).

ROLLENSPIELE

Use the above dialogue as a model for these role-plays.

A Herr Stock ist Kellner in einem Restaurant – die Arbeit gefällt ihm nicht sehr gut, und er verdient schlecht – DM 1 500.

B Fräulein Storch ist Friseuse – sie liebt ihren Beruf – DM 2 000.

C Peter Borkheim ist Lehrling in einer Metzgerei – es gefällt ihm gut dort – zur Zeit (= *at the moment*) verdient er nicht gut – DM 900 – aber später wird das besser.

D Renate Schultz ist Schülerin, aber sie hat auch einen Job – samstags arbeitet sie in einem Supermarkt – sie findet die Arbeit langweilig, aber sie bekommt DM 70 pro Tag.

GRAMMATIK

Präpositionen im Alltag

Im Alltag braucht man oft Präpositionen, um zu sagen, was man macht. Hier einige Beispiele aus den Texten zu diesem Thema:

Ich gehe **ins Bad**. (ins = in das)
Dann gehe ich **in die Küche**.
Ich esse etwas **aus dem Kühlschrank**.
Ich gehe **nach unten**.
Er bleibt **zu Hause**.
Gegen siebzehn Uhr kommt sie **nach Hause**.

Die Listen von Präpositionen und die grammatischen Regeln sind im **Handbuch** 3.4, 3.6, 3.7.

ÜBUNGEN

A Die Präpositionen mit dem Dativ: **aus, außer, bei, gegenüber, mit, nach, seit, von, zu.** HB 3.6

Beachte! zu + dem = zum, zu + der = zur, von + dem = vom

Jochen Petersen beschreibt seinen Alltag. Ergänze den Text!

„Ich arbeite als Kfz-Mechaniker bei d___ Firma Fischer in Hannover. Das heißt, ich muß morgens um sieben Uhr aus d___ Haus gehen. Ich fahre mit mein___ klein___ VW-Polo z___ Arbeit. Ich arbeite schon seit ein___ halb___ Jahr dort, und die Arbeit gefällt mir ganz gut.

Außer mein___ Chef sind alle sehr nett. Seit drei Wochen bin ich mit sein___ Sekretärin befreundet, und das ärgert ihn (= *that annoys him*)! Ich habe um sechzehn Uhr Feierabend. Nach d___ Arbeit treibe ich oft Sport mit einig___ Kollegen, oder wir gehen ein Bier trinken. Gegenüber d___ Fabrik ist eine sehr gute Kneipe (= *pub*)!"

B Die Präpositionen mit Akkusativ und Dativ: **an, auf, hinter, in, neben, über, unter, vor, zwischen.** HB 3.7

Beachte! 1 an + das = ans, an + dem = am, in + das = ins, in + dem = im
2 *accusative* for motion, *dative* for position.

Christine Maier beschreibt ihren Alltag:

„Ich schlafe in mein___ Zimmer i___ Studentenwohnheim (= *hall of residence*). Mein Radiowecker weckt mich um acht, aber ich schlafe meistens wieder ein (= *I go back to sleep again usually*). Ich bin immer müde. Ich wohne zwischen ein___ Engländerin und ein___ Italiener. Die sind beide sehr laut! Endlich gehe ich so um neun ___ Bad. Ich frühstücke schnell in d___ Küche. Dann fahre ich in d___ Innenstadt. Ich verbringe sechs bis sieben Stunden an d___ Uni (= *at the university* – die Universität).

Abends gehe ich ___ Kino oder arbeite an mein___ Schreibtisch. Ich habe ein kleines aber schönes Zimmer. An d___ Wände___ habe ich viele Poster. Auf mein___ Tisch steht meine Stereoanlage. Neben d___ Tür ist mein Bücherschrank, und neben d___ Fenster steht ein großer Kleiderschrank."

C **seit, in** HB 7.3c, 3.7

○ Bernd! Ich habe dich lange nicht gesehen. Was machst du jetzt?

● **Seit zwei Monaten** bin ich Lehrling **in einer Autowerkstatt.**

Ebenso mit:

1 Jürgen – 3 Jahre – Maschinenfabrik (*f*)
2 Ulli – 2 Tage – Bäckerei (*f*)
3 Helmut – 1 Woche – Fleischerei (*f*)
4 Barbara – 1 Monat – Konditorei (*f*)
5 Iris – 6 Wochen – Restaurant (*n*)

GRAMMATIK

HB 1.6

Schwache Substantive

(schwache Substantive = *weak nouns*)

KERSTIN Sag mal, wie heißt **der Junge** da drüben?
BÄRBEL Der Junge? Ich sehe **keinen Jungen** – ich sehe nur Mädchen!
KERSTIN Doch! Er ist groß und blond und tanzt mit Renate.
BÄRBEL Was? Mit dem Jungen willst du tanzen? Bitte schön! Ich mag **keine blonden Jungen**!

Weak nouns are always masculine. They end in **-n** or **-en** in all their forms except for the nominative singular.

der Bauer (-n,-n) *farmer*
der Franzose (-n,-n) *Frenchman*
der Ire (-n,-n) *Irishman*
der Journalist (-en,-en) *journalist*
der Junge (-n, -n) *boy*
der Kunde (-n,-n) *customer*
der Matrose (-n,-n) *sailor*
der Mensch (-en,-en) *person, human being*
der Nachbar (-n,-n) *neighbour*
der Name (-n,-n) *name*
(*This word has an irregular genitive*: des Namens)
der Neffe (-n,-n) *nephew*
der Pilot (-en,-en) *pilot*
der Polizist (-en,-en) *policeman*
der Russe (-n,-n) *Russian*
der Schotte (-n,-n) *Scot*
der Soldat (-en,-en) *soldier*
der Student (-en,-en) *student*
der Tourist (-en,-en) *tourist*

ÜBUNGEN

A In der Disco

z.B. ANNA Wer ist denn das?
PETRA Das ist **ein junger Franzose** namens Pierre.
(namens = by the name of)

Ebenso mit:

1 amerikanisch – Student – Chuck
2 deutsch – Polizist – Mayer
3 alt – Russe – Borzov
4 sehr nett – Mensch – Gerd Wiegand
5 australisch – Tourist – Mike Dixon

B Frau Eckes ist am Telefon . . .

z.B. ALBERT Mit wem sprichst du, Bertha?
BERTHA Mit **einem jungen Polizisten**.
ALBERT Aber du kennst doch **keinen jungen Polizisten**!
BERTHA Richtig! Er ist falsch verbunden (= *he's got a wrong number*)!

Ebenso mit:

1 Franzose
2 Student
3 Tourist
4 Journalist
5 Russe

C Keine Endung? Endung „-e“? Oder Endung „-en“?

Eines Abends will Frau Laubach mit ihrem Neff__ ins Theater. Ihr Neff__ heißt Manfred und ist Student__ in Dortmund. Tante Sylvia und Manfred fahren mit dem Auto in die Innenstadt. Plötzlich sieht Frau Laubach einen jungen Mann auf der Straße vor dem Auto. „Hilfe!“ schreit der Jung__. „Nehmen Sie mich bitte mit! Sehen Sie die Männer da drüben? Das sind zwei Russ__. Sie wollen mich entführen (= *kidnap*)! Bringen Sie mich bitte zur Polizei!“

Frau Laubach fährt schnell in die Stadt. „Wer sind Sie?“ fragt sie, „Wie ist Ihr Nam__?“ „Mein Nam__ ist Jean-Paul“, antwortet er, „Ich bin Franzos__.“ Dann sieht Frau Laubach einen Polizist__ an der Straße. Polizeikontrolle! Sie müssen halten. „Wir suchen einen französischen Terrorist__*“, sagt ein Polizist__ zu Frau Laubach, „Haben Sie diesen Jung__ gesehen?“ Er zeigt ihr ein Foto – es ist ein Foto von dem jungen Franzos__!

*der Terrorist (-en, -en)

D **z.B.** Peter – Vater – Kellner – Mutter
Peters Vater ist Kellner, und seine Mutter ist Kellnerin.

Ebenso mit:

1 Jochen – Vater – Schneider – Mutter
2 Udo – Bruder – Lehrer – Schwester
3 Rainer – Onkel – Verkäufer – Tante
4 Ulrich – Cousin – Friseur – Kusine
5 Marianne – Opa – Koch – Oma

E **z.B.** ○ Also, **Renate**, du möchtest in **einem Kaufhaus** arbeiten, ja?
● Ja, ich will **Verkäuferin** werden.

Personen	**Berufe**
1 Beate – Café	Lehrer/Lehrerin
2 Jörg – Schule	Kellner/Kellnerin
3 Dieter – Tankstelle	Bäcker/Bäckerin
4 Dirk – Bäckerei	Tankwart
5 Ute – Küche	Koch/Köchin

F Kennst du den Genitiv? Ja? Dann kannst du diese Übung machen.

z.B. Pedro – spanisch – Kellner
Pedro ist der Sohn **eines spanischen Kellners**.

normal genitive form ⚭ HB 3.9

Jens – deutsch – Polizist
Jens ist der Sohn **eines deutschen Polizisten**.

special genitive form for weak nouns ⚭ HB 1.6

Now try these, watching out for the weak nouns:

1 John – englisch – Journalist
2 Marc – französisch – Lehrer
3 Jan – belgisch – Taxifahrer
4 Iwan – russisch – Soldat
5 Willem – holländisch – Fabrikarbeiter
6 Phil – amerikanisch – Ingenieur
7 Thomas – ostdeutsch – Bauer
8 Michel – berühmt – Franzose
9 Björn – schwedisch – Arzt
10 James – kanadisch – Pilot

ROLLENSPIELE

Diese Rollenspiele sind Interviews. Ein Partner stellt die Fragen, der andere spielt die Rolle.

A

NAME **Roland Brüning**
BERUF Schauspieler
ARBEITSPLATZ Das Stadttheater in Essen
GEHALT DM 2 000
ALLTAG Er steht um neun Uhr auf. Morgens hat er Proben (= *rehearsals*). Abends um 20 Uhr beginnt die Vorstellung. Normalerweise geht er um ein Uhr ins Bett.

B

NAME **Christiane Stauffen**
BERUF Krankenschwester
ARBEITSPLATZ Das Universitätsklinikum in Heidelberg
GEHALT DM 2 200
ALLTAG Sie arbeitet meistens nachts. Ihr „Tag“: 22 Uhr bis 6 Uhr. Sie schläft von 8 Uhr bis 16 Uhr.

C

NAME **Gerd Breuer**
BERUF Verkäufer, aber zur Zeit ist er arbeitslos.
ARBEITSLOSENGELD DM 900
ALLTAG 12 – 24 Uhr. Er treibt viel Sport.

D

Das Jahr 2065

NAME **Helga Hoffmann**
BERUF Fabrikarbeiterin
GEHALT DM 20 000
ALLTAG Sie arbeitet von 10 Uhr bis 10.10 Uhr. Sie macht keine Hausarbeit. Sie hat einen guten Roboter – er macht alles im Haushalt. Sie sieht viele Hologrammfilme und spielt Tennis. Sie findet das Leben langweilig.

HÖRVERSTEHENSÜBUNGEN

A Was macht man hier?

You will hear seven sounds, corresponding to the seven activities listed here – but they are in a different order. Your task is to match the number of each sound with the letters shown here.

A Man wacht auf.

B Man ißt einen Apfel.

C Man spielt Tennis.

D Man wäscht ab.

E Man macht ein Radio an.

F Man saugt Staub.

G Man rasiert sich.

B Was sind sie von Beruf?

You will hear ten descriptions of people's jobs. What are these jobs?

C Markus Brodeßer 2

1. When does Markus get up in term time?
2. When does he get up in the holidays?
3. What does he do before breakfast (two things)?
4. What does he do during breakfast?
5. How does he get to school?
6. When does he have to be at school?
7. When does he get home (two possibilities)?
8. What does he do then?
9. What does he do in the afternoon?
10. What does he do after that?
11. What time does he go to bed in term time?

LESEN

Das Leben in der DDR

Es ist 5.50, der Wecker klingelt. Ich denke: „Schon wieder aufstehen.“ Dann stehe ich auf, schleiche die Treppe hinunter und decke den Tisch. Anschließend wasche ich mich und ziehe mich an. Danach wecke ich meinen 10jährigen Bruder, und wir frühstücken. Dabei hören wir Radio. Um 6.25 sind wir dann bereit, um zur Schule zu gehen. Aber wir haben noch bis 6.50 Zeit. Also spielen wir ein bißchen oder kampeln uns. Um 6.50 gehe ich hinaus und hole mein Fahrrad. Meistens nehme ich meinen Bruder mit dem Fahrrad mit zur Schule. Da muß man bloß aufpassen, daß man nicht vom ABV erwischt wird. Um 7.10 geht die Schule los bis um 12.50, anschließend gehe ich dann essen. Zu Hause lese ich Zeitung und will erst mal gar nichts tun. Aber dann mache ich meine Hausaufgaben. Das geht schnell, weil ich eigentlich keine Zeit habe. Montags habe ich Englisch, mittwochs Handball, donnerstags AG „Junge Sanitäter“, freitags fahre ich in die Kreisstadt zur AG „Theaterspiel“. Das ist immer sehr schön. Normalerweise bin ich dann so ungefähr um 17.00 wieder zu Hause, außer freitags, da komme ich erst um 18.30. Da hole ich gleich das Holz und die Kohlen. Anschließend sehe ich fern und esse mit meinen Eltern und meinem Bruder. Um 20.30 gehe ich dann ins Bett, vorher wasche ich mich noch (meistens).

André Pinther (13 Jahre)

schleichen *to creep*
anschließend *after that*
danach *after that*
bereit *ready*

sich kampeln (*dialect*) *to squabble*
aufpassen *to watch out*
ABV *local policeman (East German terminology)*
erwischen *to catch*
AG (Arbeitsgemeinschaft) *extra study group or club organised by schools*
Sanitäter *person who gives first aid*
Kreisstadt *central main town for an area*
Holz *wood*
Kohlen *coal*

AUFGABE

Make a table (in English) showing times (or approximate times) in one column and in another column what André does at the various times in the day.

THEMA DREI

FERIEN

➡ EINSTIEG

The first two **Themen** kept to the present tense. However, it is obvious that you often need to talk about things that have already happened – in the past. This topic covers in some detail the most common past tense used in spoken German – the *perfect* (**das Perfekt**). It does this in the context of *holidays*.

In this **Thema** you will meet a Nacherzählung for the first time. Your teacher will read the story from his/her edition of the book, then you retell the story – so practising how to talk about things that have already happened.

○ IM REISEBÜRO

Ulrike Meyer and two friends are at the travel agent's and have just decided on a holiday in Austria.

Teil 1

ULRIKE Also, Herr Höhnke, was können wir in Kleindorf machen?

HERR H. Alles mögliche! (=all kinds of things) Sie können schöne Ausflüge machen. Sie wohnen in einem sehr schönen Hotel. Jeden Abend können Sie in der Disco tanzen und am nächsten Morgen bis zehn Uhr frühstücken. Sie können einkaufen gehen – man kann da sehr schöne Andenken und Geschenke kaufen.

ULRIKE Und wie ist das Wetter da?

HERR H. Es ist fast immer schön warm da. Kleindorf hat herrliches Wetter!

Teil 2

Drei Wochen später . . .

HERR H. Also, Fräulein Meyer, hat es Ihnen in Österreich Spaß gemacht?

ULRIKE Nein, Herr Höhnke, es hat mir keinen Spaß gemacht! Wir haben keine schönen Ausflüge gemacht. Wir haben in einem sehr unschönen Hotel gewohnt. Wir haben gar nicht getanzt – das Dorf hat ja keine Disco. Wir haben auch nicht gefrühstückt, denn das Hotel serviert kein Frühstück. Wir haben Andenken gekauft, aber wir haben sehr hohe Preise (=high prices) dafür gezahlt.

HERR H. Das tut mir sehr leid, Fräulein Meyer – aber wie war das Wetter?

ULRIKE Das Wetter!? Es hat jeden Tag geregnet!

DAS PERFEKT 1

ꝺꝺ HB 10.17, 10.19

Part 1 of the above dialogue takes place before the holiday. Part 2 is afterwards, so Ulrike is talking about *past events*. For this, she uses a past tense – the *perfect* (**das Perfekt**). Study what she says in Part 2 and find all the words which make up the perfect tense and list the examples. Note: each time the verb **haben** is used here, and at the end of the clause or sentence there is another verb form beginning with **ge-** and ending in **-t**. This form is called the *past participle* (**das Partizip Perfekt** – abbreviated as **PP**).

The table below shows how this works, and also shows how the very slightly irregular verbs such as **arbeiten** and **regnen** operate. Their past participles end in **-et**, in order to make pronunciation easier:

PP	z.B.		haben + PP
ge.....t	tanzen *(to dance)*	⟶	Ich **habe** gestern **getanzt**.
ge.....et	arbeiten *(to work)*	⟶	Ich **habe** in den Ferien **gearbeitet**.

DAS PERFEKT 2

ꝺꝺ HB 10.20

The following verbs already have a prefix – an inseparable prefix. No **ge-** is added.

PP	z.B.		haben + PP
be.....t	besuchen *(to visit)*	⟶	Ich **habe** meine Oma **besucht**.
ver.....t	verkaufen *(to sell)*	⟶	Ich **habe** mein Fahrrad **verkauft**.
er.....t	erzählen *(to tell)*	⟶	Er **hat** einen guten Witz **erzählt**.
usw.			

ÜBUNG

Herr Grau erzählt von seinen Ferien. Ergänze den Text!

„Am ersten Morgen _____ ich in dem Hotelspeisesaal gefr___. Ich _____ Kaffee bestell___, aber der Kellner hat mir Kakao gegeben. ‚Ich mag keinen Kakao!' _____ ich zu ihm gesa___. Er _____ gar nicht geant___. Dann _____ ich gefra___: ‚Wo ist mein Kaffee?' Endlich _____ er meinen Kaffee geho___, aber leider war er ganz kalt. Nach dem Frühstück _____ ich im Meer gebad___. Das Wasser war noch kälter als der Kaffee! Dann ___ ich die Dorfkirche besicht___, aber nur von außen (=*from outside*), denn sie war geschlossen. Eine Frau _____ mir eine schöne Ansichtskarte von der Kirche verkau___, aber ich verstehe das ausländische Geld (=*foreign money*) nicht, und diese Karte hat mich über drei Mark gekost___. Vor der Kirche _____ ein junger Mann mich gezei___. Das war auch sehr teuer, und das Bild ist schrecklich (=*awful*)! Nach dem Mittagessen _____ ich meinen Koffer gepa___ und bin zum Bahnhof gefahren. Zum Glück (=*luckily*) _____ ich einen Zug nach Deutschland err___. Ich bleibe nächstes Jahr zu Hause!"

Die Verben sind:

frühstücken
bestellen
sagen
antworten
fragen
holen
baden
besichtigen
verkaufen
kosten
zeichnen
packen
erreichen

DAS PERFEKT 3

Verb List in HB 10.43 and also HB 10.21

Starke Verben

The past participles of strong verbs start with **ge-** (or with an inseparable prefix) but they end in **-en** instead of **-t**.

PP	z.B.		haben + PP
ge.....en	schreiben *(to write)*	⟶	Ich **habe** viele Ansichtskarten **geschrieben**.
	essen *(to eat)*	⟶	Wir **haben** sehr gut **gegessen**.
	nehmen *(to take)*	⟶	Ute **hat** den Zug **genommen**.
	trinken *(to drink)*	⟶	Wir **haben** Wein **getrunken**.
be.....en	beginnen *(to begin)*	⟶	Die Ferien **haben** letzte Woche **begonnen**.
ver.....en	verstehen *(to understand)*	⟶	Ich **habe** den Kellner nicht **verstanden**.
	verlassen *(to leave)*	⟶	Wir **haben** München am ersten Juli **verlassen**.
er.....en	erhalten *(to receive)*	⟶	Wir **haben** gestern unsere Flugkarten nach Mallorca **erhalten**.
usw.			

ÜBUNG

All but two of the verbs from the previous table are needed to complete this postcard. A careless postman seems to have let the rain blot out the past participles!

FIRENZE - BASILICA DI S. CROCE
Brunelleschi - Chiostro

NOVA LVX

EUROPA
ARCHIMEDE
ITALIA 500

Rom, den 9. August

Liebe Martina!

Es gefällt mir sehr gut in Italien. Meine Ferien haben am 1. August [illegible]. In Florenz war ich in einem guten Hotel. Ich habe viel Spaghetti [illegible] und viel Rotwein [illegible]! Ich habe Florenz gestern [illegible] und habe den Zug nach Rom [illegible]. Ich habe sehr viele Ansichtskarten [illegible]!

Bis bald!
Viele Grüße
Deine Silke

Frl.
Martina Schumacher
Rosenhugenstr. 29
2000 Hamburg 51
Germania

33

DAS PERFEKT 4

HB 10.22

Verben mit *sein*

Most verbs use **haben + PP** to form the perfect. Some (both regular and strong verbs) need **sein + PP**. These are mostly verbs of motion.

Beispiele

gehen	⟶	Ich **bin** zu Fuß **gegangen**.
fahren	⟶	Wir **sind** mit dem Auto **gefahren**.
kommen	⟶	Er **ist** gestern nach Hause **gekommen**.
schwimmen	⟶	Jutta **ist** jeden Tag **geschwommen**.
fliegen	⟶	Wir **sind** in die USA **geflogen**.
bleiben	⟶	Dieses Jahr **sind** wir zu Hause **geblieben**.
sein	⟶	Schmidts **sind** in London **gewesen**.

ÜBUNGEN

A Wieviele Beispiele vom Perfekt kannst du in diesem Brief finden
(a) mit **sein**?
(b) mit **haben**?

Münster, den 18.9.

Lieber Graham,

danke für Deinen Brief. Wo bist Du dieses Jahr in den Ferien gewesen? Meine drei Freunde aus meiner Klasse und ich sind dieses Jahr in den Sommerferien nach Garmisch gefahren. Weißt Du, wo das ist? Wir haben in einer Jugendherberge gewohnt.

Am ersten Tag sind wir gewandert. Zunächst sind wir mit dem Bus in die Berge gefahren. Den ganzen Tag sind wir dann in den Bergen geblieben. Am Abend sind wir sehr müde gewesen und wir haben nichts mehr gemacht! Wir haben nur geschlafen!

An den folgenden Tagen haben wir viele Ausflüge in die Gegend gemacht. Wir sind immer ziemlich früh gestartet. Gleich nach dem Frühstück sind wir zur Bushaltestelle gegangen. Gegen zwölf Uhr haben wir immer Pause gemacht. Wir sind in viele schöne kleine Gasthäuser gegangen. Da haben wir immer sehr gut gegessen. Zwei Wochen sind wir in Garmisch geblieben. Dann sind wir nach Hause gefahren. Zwei Tage später hat die „liebe" Schule wieder begonnen!

Unsere Ferien in Garmisch waren einfach toll. Im Winter wollen wir noch mal dorthin fahren. Wir möchten alle gern skilaufen lernen!

Viele Grüße
Dein
Klaus

B **Fragen**

1 Wo ist Klaus in den Ferien gewesen? Er . . .

2 Was haben Klaus und seine Freunde am ersten Tag gemacht? Sie . . .

3 Wie sind sie in die Berge gekommen? Sie . . .

4 Wie lange sind sie da geblieben? Sie . . .

5 Wann sind sie immer gestartet? Sie . . .

6 Was haben sie nach dem Frühstück gemacht? Sie . . .

7 Wohin sind sie gegen zwölf Uhr gegangen? Sie . . .

8 Was haben sie nach den zwei Wochen gemacht? Sie . . .

DAS PERFEKT 5

HB 10.23

Verben auf *-ieren*

Beispiele

studieren ⟶ Helmut hat in München **studiert**.
reparieren ⟶ Ein Kfz-Mechaniker hat unser Auto **repariert**.
fotografieren ⟶ Ich habe die alte Kirche **fotografiert**.

These verbs are weak verbs, but they form their past participle without **ge-**.

Weitere Verben auf *-ieren*

telefonieren	funktionieren	organisieren	sich rasieren
alarmieren	korrigieren	reservieren	

ÜBUNGEN

A Udo Fischer ist Fotograf. Was hat er heute gemacht?

1 Nach dem Frühstück hat er sich . . . -iert
2 Dann hat er mit seinem Büro . . . -iert
3 Er hat eine berühmte Schauspielerin . . . -iert
4 Aber sein Fotoapparat hat nicht richtig . . . -iert
5 Udo hat ihn aber . . . -iert
6 Im Büro hat er einen Brief für seine Sekretärin . . . -iert
7 Er hat ein Essen für einen großen Kunden . . . -iert
8 Er hat einen Tisch in einem guten Restaurant . . . -iert

B Am Abend hat Herr Fischer seinen Tag in seinem Tagebuch beschrieben: „Nach dem Frühstück habe ich mich rasiert . . .“ Wie geht das weiter?

DAS PERFEKT 6

HB 10.24

Trennbare Verben

These have a sandwich-style past participle with **-ge-** as the filling.

Beispiele

aufmachen ⟶ Ich habe den Brief **aufgemacht**.
abholen ⟶ Meine Briefpartnerin hat mich am Bahnhof **abgeholt**.
aufwachen ⟶ Ich bin um acht Uhr **aufgewacht**.

(Starke Verben)

aufstehen ⟶ Ich bin um fünf nach acht **aufgestanden**.
fernsehen ⟶ Ich habe im Wohnzimmer **ferngesehen**.
anrufen ⟶ Ich habe meinen Onkel **angerufen**.
abfahren ⟶ Der Zug ist um vier Uhr **abgefahren**.
anfangen ⟶ Die Ferien haben Ende Juli **angefangen**.
einschlafen ⟶ Ich bin im Zug **eingeschlafen**.

ÜBUNG

Nur zehn Tage waren sie zusammen . . .

Gisela Fröhlich erzählt von ihrem Urlaub:

„Wir haben uns in Spanien (**kennen**lernen). Ein Kellner im Hotel hat ihn mir (**vor**stellen). Er hat mich sofort in die Disco (**ein**laden). So hat es (**an**fangen). Er hat mich jeden Abend nach dem Abendessen (**ab**holen), und dann sind wir zusammen (**aus**gehen). Wir haben viel getanzt, und wir sind oft zusammen (**spazieren**gehen). Aber plötzlich war alles zu Ende. Drei Tage vor dem Ende meiner Ferien ist er (**ab**fahren). Er hat sich nicht verabschiedet (= *he did not say goodbye*), und er hat mir nicht einmal seine Adresse gegeben!"

Change the infinitives in brackets into the correct past participles.

DAS PERFEKT 7

HB 10.25

Reflexive Verben

Beispiele

sich waschen ⟶ Ich **habe** mich im Badezimmer gewaschen.
sich rasieren ⟶ Ich **habe** mich dann rasiert.
sich **an**ziehen ⟶ Ich **habe** mich schnell angezogen.

All reflexive verbs take **haben** (not **sein**) in German.

DAS PERFEKT 8

HB 10.26

Unregelmäßige Verben

bringen ⟶ Der Taxifahrer hat uns zu unserem Hotel **gebracht.**
verbringen ⟶ Wir haben unsere Ferien in Frankreich **verbracht.**

These verbs (and there are a few more) follow no pattern. They change their stem, yet add **-t** and not **-en** in the past participle.

ÜBUNGEN

A Die Ferien können langweilig sein!

z.B. PETER Wollen wir ins Kino gehen?
PETRA Ach nein! Wir sind schon so oft ins Kino gegangen!

Ebenso mit:

1 spazierengehen
2 ein Picknick machen
3 tanzen
4 Tischtennis spielen
5 die Altstadt besichtigen
6 fernsehen
7 radfahren
8 im Meer schwimmen
9 Geschenke kaufen
10 Ansichtskarten schreiben

B Was hat Jutta Heinemann diese Woche in Spiez gemacht?

August 33. Woche 228-230	33. Woche 231-234 August
16 Montag in Spiez angekommen Taxi zum Hotel	Donnerstag 19 Zug nach Interlaken Einkaufen Kleid und Schuhe
17 Dienstag Spaziergang in Spiez Mit Dieter telefoniert	Freitag 20 Schwimmbad Bus in die Berge Dieter noch mal angerufen
18 Mittwoch Kino Ansichtskarten Pizza	Sonnabend/Samstag 21 alte Kirche und Burg besichtigt. Disco SA 5.18 SU 19.31 MA 9.09 MU 21.20 Sonntag 22 Briefe geschrieben zuviel gegessen! auf dem See gesegelt

C Normalerweise muß Frank Decher früh aufstehen, um zur Schule zu gehen. Jetzt aber beschreibt er den ersten Tag der Sommerferien. Was hat er gemacht?

1 9.00 Uhr – aufwachen
2 9.10 Uhr – aufstehen
3 dann – Badezimmer
4 Jeans und T-Shirt
5 nach unten
6 9.30 Uhr – Frühstück – langsam – Brötchen – Kakao
7 Radio, Schallplatten
8 12.30 Uhr – Mittagessen
9 Freunde vor dem Schwimmbad treffen
10 zwei Stunden im Schwimmbad
11 ins Eiscafé – Eis – Kaffee
12 Abendbrot – fernsehen

D Was hast **du** an einem typischen Tag in den Sommerferien gemacht? Was hast du **nicht** gemacht? (z.B. Hausaufgaben, die Schuluniform) Mache diese Übung als Interview mit einem Partner!

ROLLENSPIELE

A Herr Kramer ist Marktforscher . . .

(der Marktforscher = market researcher)

HERR KRAMER Entschuldigen Sie bitte, wo haben Sie Ihre Sommerferien verbracht?
HERR FÄRBER Ich bin fünfzehn Tage in Spanien gewesen.
HERR KRAMER Und wie sind Sie nach Spanien gefahren?
HERR FÄRBER Ich bin geflogen.
HERR KRAMER Und was haben Sie in Spanien gemacht?
HERR FÄRBER Ich habe mich tagelang gesonnt. Ich habe auch sehr viel gegessen.
HERR KRAMER Und wie war das Wetter?
HERR FÄRBER Das Wetter war ausgezeichnet. Es ist sehr warm gewesen, und es hat gar nicht geregnet.
HERR KRAMER Ja, und wann sind Sie zurückgekommen?
HERR FÄRBER Am zwanzigsten August bin ich zu Hause angekommen.
HERR KRAMER Hat es Spaß gemacht?
HERR FÄRBER Ja, es hat sehr viel Spaß gemacht!

Now use this information to create a similar dialogue to the one between Herr Kramer and Herr Färber.

> Frau Hüber war in London. Sie ist mit dem Schiff nach England gefahren. Sie hat eine Briefpartnerin besucht und hat viele Sehenswürdigkeiten in London gesehen. Das Wetter war leider sehr schlecht. Sie ist am 31. August nach Deutschland zurückgefahren. Trotz des Wetters (= *despite the weather*) hat es ihr Spaß gemacht.

B Was hat Nicole gesagt?

Jörg stellt Nicole einige Fragen über ihre Ferien. Hier sind Jörgs Fragen:

1 Du siehst braun aus. Wo bist du in den Ferien gewesen?
2 Wo hast du gewohnt?
3 Bist du nach England geflogen?
4 Wann bist du in Manchester angekommen?
5 Wer hat dich am Bahnof abgeholt?
6 Wie lange bist du in Manchester geblieben?
7 Was hat dir besonders gut an England gefallen?
8 Was hat dir nicht so gut gefallen?
9 Hast du von Manchester aus Ausflüge gemacht?
10 Was hast du in England gekauft?

Hier sind die Informationen über Nicole. Was hat Nicole gesagt?

> Nicole war in Manchester. Sie hat eine Brieffreundin besucht. Fahrt: Zug/Schiff/Zug. Ankunft: 2. August. Abfahrt: 17. August. Die Familie ist mit dem Auto zum Bahnhof gekommen. Gut war das Fernsehen. Manchester hat Nicole gut gefallen. Das Essen hat ihr nicht gefallen.

C In Urlaub

Zwei Freunde (bzw. zwei Freundinnen) sind in Urlaub. Einer (bzw. eine) hat den Reisepaß verloren. Der Dialog beginnt so . . .

Ach, du liebe Zeit! Du, ich glaube, ich hab' meinen Paß verloren!

Deinen Paß!? Das ist ja eine Katastrophe! Hast du ihn vielleicht im Café vergessen?

Nee. Vielleicht hab' ich ihn im Hotel zurückgelassen.

Nein. Wir haben doch Geld gewechselt. Da hast du ihn noch gehabt.

Das stimmt. Vielleicht . . .

Wie geht der Dialog weiter?

BRIEF

Schreibe einen Brief an einen deutschen/österreichischen/Schweizer Briefpartner (bzw. an eine Briefpartnerin) über deinen Urlaub in einem kleinen Dorf in Österreich.

DER AUSFLUG – NACHERZÄHLUNG

HÖRVERSTEHENSÜBUNG

Herr Maas

In this unscripted interview, Herr Maas talks about his recent holiday.

1 Which country did he and his wife visit?
(a) Holland (b) Belgium (c) England (d) Denmark

2 How did they travel?
(a) by boat (b) by train (c) by car (d) by plane

3 How long did the journey take?
(a) 2 hours (b) 3 hours (c) 4 hours (d) 5 hours

4 Where did they begin their journey?
(a) Hamburg (b) Hannover (c) Bremen (d) Flensburg

5 What was the weather like?
(a) bad (b) good (c) moderate (d) very rainy

6 Which of these activities did they *not* do?
(a) sunbathe (b) sail (c) swim (d) row

7 What did they hire?
(a) a car (b) a boat (c) bikes (d) skis

8 How many days did it rain?
(a) 1 or 2 (b) 2 or 3 (c) 3 or 4 (d) 4 or 5

9 What did they do then?
(a) stay indoors (b) sail (c) watch television (d) go to the city

10 When did they return home?
(a) 19 August (b) 20 August (c) 21 August (d) 22 August

LESEN

Ferieninsel der Lebensfreude – Erholung, Sport, Unterhaltung, Intern. Spielbank
Ein Wassersportdorado: Segeln, Rudern, Wasserski, Windsurfing, Yachtschule, Bootsverleih – Reiten im Voralpengelände, Tennis, Golf, Camping, Wandern ...die Lösung für aktiven Urlaub
Informat.: Reisebüros oder Tourist Information, 8990 Lindau, Postf. 1325, Tel. 08382/5022

Lindau is in Lake Constance (**der Bodensee**). Find out where Lake Constance is. Which countries border on it?

Study the advertisement for Lindau.

1 What is meant by **Intern. Spielbank**?

2 Six water sports are offered. What are they?

3 Five other sporting activities are offered. What are they?

4 What two possibilities are mentioned, if the reader wants to find out more about Lindau?

5 What is the telephone number for?

1 The article on the right is about which country?

2 What means of transport does the article discuss?

3 The **ADAC** is a German equivalent of the AA or RAC. It organises these tours, and one of its patrol vans accompanies each group. According to the article, what else does the **ADAC** do on behalf of the tourists who take part?

4 How long does the trip take?

5 From which German port does the trip start?

6 Which country do the tourists pass through on their outward journey?

7 What two kinds of accommodation are used during the holiday?

8 What would the holiday cost *you* at current exchange rates?

Rußland in drei Wochen

Mit dem Campmobil

Keine Angst vor einer Panne sollen die Gäste der Rußland-Package-Tour mit dem Campmobil haben, die die ADAC-Reise in diesem Jahr zweimal durchführt. Die Reisegruppe wird von einem ADAC-Straßenwachtfahrzeug begleitet. Ähnlich wie bei den Package-Touren mit dem Pkw hat der Veranstalter alles vororganisiert: die Grenzformalitäten, Routen, Campingplätze, Ausflüge und Besichtigungen.

Innerhalb von drei Wochen – genau 18 Tagen – führt die Reise von Travemünde auf der Fähre mit dem Finnjet nach Helsinki. Von dort geht es über Leningrad nach Moskau. Weitere Stationen sind Kursk, Poltawa und Kiew. Die Tour findet am 1.Juni und am 10.August statt und kostet einschließlich Fährpassage, Campingplatz-Gebühren, Stadtrundfahrten, Besichtigungsprogrammen, Hotelübernachtung mit Halbpension in vier Städten, Reiseleitung und Grenzgebühren 2555 DM.

THEMA VIER

SCHULE

➡ EINSTIEG

Like it or not, school takes up much of your life – and the lives of people of your age in German-speaking countries. It is important for you to be able to understand, and express yourself, about school, the subjects you do, and to compare your school life with life at a German school.

Time-keeping is an inevitable part of school life and this **Thema** helps you to practise some ways of talking about times in German. You are probably used to being ordered about at school, and so commands are also practised here.

DER PECHVOGEL

Die Bilder sind **nicht** in der richtigen Reihenfolge! Lies diesen Text und versuche die Bilder zu ordnen!

Christoph Klamke schreibt:

Meine Eltern sind in Urlaub, aber ich muß zur Schule gehen. Gestern habe ich meinen Radiowecker überhaupt nicht gehört. Erst um zwanzig nach sieben bin ich endlich aufgewacht. Ich habe mich natürlich sehr beeilt. Ich habe mich blitzschnell angezogen. Ich habe meine Mappe genommen, dann bin ich zur Bushaltestelle gelaufen. Leider habe ich mein Matheheft vergessen und auch den Bus verpaßt. Erst um zwanzig nach acht bin ich endlich in der Schule angekommen. Meine Mathelehrerin, Frau Detering, ist natürlich sehr böse gewesen. Dann habe ich meine Hausaufgaben für sie gesucht. Ich habe sie natürlich nicht gefunden! Frau Detering ist wütend gewesen!

AUFGABE

Was hat Christoph **nicht** gemacht, was man morgens normalerweise macht?

○ ZWEI FREUNDINNEN

Regina Menzel wartet auf ihre Freundin, Dagmar Ziegler . . .

RM Na, da bist du endlich! Warum kommst du immer so spät?

DZ Spät? Wieso spät? Keine Panik! Es ist doch erst fünf vor acht.

RM Ja, und in fünf Minuten beginnt die erste Stunde.

DZ Was haben wir denn?

RM Mensch! Hast du keinen Stundenplan? Englisch, natürlich. In der zweiten Stunde haben wir Mathe.

DZ Englisch!? Ach nein – ich habe die Hausaufgaben noch nicht fertig.

RM Was? Du hast die Sätze nicht geschrieben?

DZ Nee. Sie waren doch so langweilig, und wir hatten gestern so viel auf. In Englisch bin ich sowieso sehr schwach. Ich kann die Sätze von dir abschreiben, ja?

RM Nein, das kannst du nicht riskieren. Du kennst doch den Keßler. Der erwischt dich bestimmt.

DZ Ja, du hast recht. Und nächste Woche schreiben wir eine Klassenarbeit in Englisch. Ich schreibe bestimmt eine Sechs.

RM Das letzte Mal hast du eine Sechs geschrieben, oder? Meinst du, du bleibst diesmal sitzen?

DZ Ja, leider. Ich werde noch mal Krach mit Vati bekommen!

(*Es läutet.*)

RM Komm! Mach schnell! Sonst kommen wir wieder zu spät!

DZ Na, und? Ich **will** doch zu spät kommen!

Wie sagt man das auf deutsch?

1 Yes, worse luck.
2 Don't panic.
3 Why are you always late?
4 We had such a lot of homework yesterday.
5 Next week we've got a test.
6 I'm very bad at English.
7 You got a grade six last time.
8 Come on!
9 So what?
10 There you are at last!

Fragen

1 Wer kommt zu spät?

2 Wann beginnt der Unterricht?

3 Was haben sie in den ersten beiden Stunden?

4 Was hat Dagmar nicht gemacht?

5 Was will sie jetzt machen?

6 Warum soll sie das nicht riskieren?

7 Was passiert nächste Woche?

8 Was muß Dagmar vielleicht machen? (Siehe unten!)

9 Warum beeilt sie sich nicht?

DAS SCHULSYSTEM IN DER BUNDESREPUBLIK

Die Schulen

In der Bundesrepublik Deutschland gehen die Kinder erst mit sechs Jahren in die Schule. Zunächst besuchen sie die **Grundschule**. Nach der vierten Klasse (d. h. mit zehn bis elf Jahren) kommen sie in ihre zweite Schule. Die meisten deutschen Schüler kommen in die **Hauptschule**, in die **Realschule** oder ins **Gymnasium**. In der Bundesrepublik gibt es nur sehr wenige **Gesamtschulen**. Das Gymnasium verläßt man nach der dreizehnten Klasse (d. h. mit etwa neunzehn Jahren). Die Realschule und die Hauptschule verläßt man aber früher.

Der Tag

Die Schule fängt morgens um acht Uhr an (manchmal noch früher!). Meistens haben die Schüler nur vormittags Unterricht. Schon gegen 13.00 Uhr dürfen sie nach Hause gehen. Viele deutsche Schulen aber haben auch samstags Unterricht. Normalerweise hat man fünf bis sieben Stunden pro Tag. Diese Stunden dauern je fünfundvierzig Minuten, und nach jeder Stunde gibt es eine Pause von mindestens fünf Minuten. Es gibt auch zwei längere Pausen von fünfzehn Minuten.

Die Arbeit

Deutsche Schüler machen viele Hausaufgaben, aber die Lehrer korrigieren die meisten Aufgaben nicht. Es gibt auch keine Prüfungen am Ende des Schuljahrs. Statt dessen müssen die Schüler etwa vier- bis neunmal im Jahr in einigen Fächern eine **Klassenarbeit** schreiben. Diese Arbeiten sind sehr wichtig. Die Schüler bekommen Noten dafür von eins bis sechs.

1 = sehr gut　　4 = ausreichend
2 = gut　　5 = mangelhaft
3 = befriedigend　　6 = ungenügend

Um versetzt zu werden, muß jeder Schüler am Ende des Schuljahrs im Durchschnitt mindestens eine „ausreichende“ Note haben. Sonst muß er „sitzenbleiben“. Das heißt, er muß das ganze Schuljahr wiederholen.

Die Klassen

Bis zum Ende des zehnten Schuljahrs ist die **Klasse** sehr wichtig. Jede Klasse hat einen Klassenlehrer (bzw. eine Klassenlehrerin), einen Klassenraum (in Deutschland kommen die Lehrer meist zu den Schülern, und nicht umgekehrt), und ein Klassenbuch. Jede Klasse hat auch einen Klassensprecher. Dieser Schüler arbeitet für die Klasse, repräsentiert sie, und vermittelt zwischen den Schülern und den Lehrern.

Die Unterschiede

Noch zwei große Unterschiede zwischen dem deutschen und dem englischen Schulsystem: in Deutschland gibt es keine Schuluniform, und die deutschen Lehrer dürfen nicht so streng sein wie englische Lehrer. Das heißt, es gibt sehr wenige Strafen. In allen Schulen ist die Prügelstrafe verboten, und in vielen Teilen Deutschlands sind Strafarbeiten und Nachsitzen auch nicht erlaubt.

AUFGABE

Richtig oder falsch?

1 Deutsche Kinder gehen erst mit sechs Jahren in die Schule.
2 Die Grundschule hat vier Klassen.
3 Die meisten Kinder kommen in die Realschule.
4 In der Bundesrepublik gibt es viele Gesamtschulen.
5 Viele Schulen sind Gymnasien, weil man dort sehr viel Sport treibt!
6 Die meisten Schüler verlassen das Gymnasium nach der dreizehnten Klasse.
7 Alle Schulen fangen morgens um acht Uhr an.
8 Die meisten Schüler haben nur vormittags Unterricht.
9 Oft hat man sechs Stunden am Tag.
10 Die deutschen Schüler essen nicht in der Schule zu Mittag.
11 Es gibt nur zwei Pausen pro Tag.
12 Zwei Pausen dauern länger als fünfzehn Minuten.
13 Deutsche Lehrer korrigieren keine Hausaufgaben.
14 Jede Woche schreiben die Schüler viele Klassenarbeiten.
15 Viele Schüler müssen „sitzenbleiben" – d. h. sie dürfen gar nicht aufstehen!
16 Eine deutsche Klasse hat jede Stunde in einem anderen Zimmer.
17 Der Klassensprecher ist ein Lehrer.

18 In Deutschland müssen die Schüler Jeans und einen Pullover tragen.

19 Die deutschen Lehrer prügeln (= *to use corporal punishment on*) viele Schüler.

20 Die Disziplin ist schwächer als in Großbritannien.

LESERBRIEF AUS DEM MAGAZIN „MÄDCHEN“

PROBLEME

Use a dictionary and your common sense to understand the gist of this reader's letter from the problem page of a German teenage magazine. In English, summarise the problem and the suggested solution.

Die Schule macht mir Sorgen

Katarina Sch., 15, aus Marburg schreibt:

Ich komme einfach mit der Schule nicht mehr zurecht. Wenn ich an den nächsten Tag denke, wird mir immer schon ganz schwach. Ich habe sogar schon öfter die Schule geschwänzt und selbst Entschuldigungen geschrieben. Meine Eltern wissen noch nichts davon. Ich möchte runter vom Gymnasium und viel lieber auf die Realschule gehen.

Liebe Katarina,
offensichtlich bist Du auf dem Gymnasium überfordert. Alles, was mit Schule zu tun hat, ist nur noch eine schwere Last für Dich. Schuleschwänzen ist allerdings keine Lösung, sondern nur eine Flucht aus der unangenehmen Situation. Aber der nächste Tag wird dann um so schlimmer. Laß Dich doch mal von Deinem Vertrauenslehrer beraten. Sicher ist er auch bereit, mit Deinen Eltern über einen Schulwechsel zu sprechen.

ROLLENSPIEL

ZEIT	MONTAG	DIENSTAG	MITTWOCH	DONNERSTAG	FREITAG	SAMSTAG
7.50–8.35	Geschichte	Deutsch		Mathe	Latein	Deutsch
8.40–9.25	Französisch	Mathe	Chemie	Englisch	Geschichte	Englisch
9.45–10.30	Englisch	Französisch	Erdkunde	Sport	Englisch	Latein
10.35–11.20	Mathe	Sport	Biologie	Französisch	Kunst	Französisch
11.35–12.20	Deutsch	Chemie	Physik	Deutsch	Kunst	Mathe
12.25–13.05		Latein	Physik	Biologie	Gemeinschaftskunde	

Name Achim Herfort

Klasse 9a

Du spielst die Rolle eines deutschen Schülers (bzw. einer deutschen Schülerin). Oben siehst du deinen Stundenplan. Ein englischer Schüler (bzw. eine englische Schülerin) stellt dir Fragen über deine Schule. Beispiele: Was für eine Schule besuchst du? Wieviele Schüler hat deine Schule? Wann fängt die Schule morgens an? Wann mußt du aufstehen? Wieviele Stunden hast du pro Tag? Wie lange dauern die Stunden? . . . usw.

GABRIELE – NACHERZÄHLUNG

Gabriele Bauer – letzten Montag – für eine Klassenarbeit gelernt – furchtbar – nichts verstanden – Kordula angerufen – sie hat mir nicht geholfen (helfen + **Dativ**!) – zu meinem Vater – im Wohnzimmer – er hat mir geholfen – nach zwanzig Minuten – alles – sehr dankbar – am nächsten Tag – die Klassenarbeit – eine Sechs – Vatis Erklärungen (= *explanations*) – falsch! – das nächste Mal – meine Mutter.

HÖRVERSTEHENSÜBUNGEN

A Welches Fach ist das?

You will hear teachers giving ten different lessons in ten different subjects. What subjects are they teaching?

B Markus Brodeßer 3

1 What kind of school does he attend?
2 He says his school is **altsprachlich** and explains this. What does it mean?
3 Does he like school?
4 What eight subjects does he list?
5 What are his three favourite subjects?
6 What subject does he dislike?
7 How many lessons does he have per day?
8 How often does he have school on Saturdays?
9 How long does his homework take him?
10 What does he say about school uniform?

ÜBUNGEN

A Die Uhrzeit HB 7.2

Um wieviel Uhr . . .

1 mußt du morgens in der Schule sein?
2 beginnt deine erste Stunde?
3 beginnt die Pause?
4 beginnt die Mittagspause?
5 ist die Schule aus?
6 kommst du zu Hause an?
7 machst du deine Hausaufgaben?
8 bist du mit deinen Hausaufgaben fertig?

um wieviel Uhr . . .?	*(At) what time . . .?*
um acht Uhr	*at eight o'clock*
so um acht Uhr gegen acht Uhr	*at about eight o'clock*
kurz vor acht	*just before eight*
kurz nach acht	*just after eight*

B in/im/an/am/um HB 7.2, 7.5, 6.5

in	+ *span of time*	**in** zwei Stunden	*in two hours*
im	+ *months and seasons*	**im** Oktober, **im** Winter	*in October, in winter*
am	+ *dates*	**am** ersten Mai	*on the first of May*
	days	**am** Sonntag	*on Sunday*
	parts of days	**am** Abend	*in the evening*
an den	(*in the plural*)	**an den** meisten Tagen	*(on) most days*
um	+ *clock times*	**um** halb sieben	*at half past six*

____ Sommer haben wir lange Ferien, aber ____ 27. August hat das neue Schuljahr angefangen. ____ ersten Tag haben wir nur den neuen Stundenplan bekommen. Schon ____ zehn Uhr sind wir nach Hause gegangen. ____ der ersten Woche haben wir nicht sehr viel gearbeitet, aber ____ September hat die harte Arbeit begonnen. ____ den meisten Tagen haben wir viele Hausaufgaben gehabt. ____ 15.00 Uhr fange ich immer an. ____ zwei bis drei Stunden bin ich fertig. ____ Abend kann ich dann ausgehen oder fernsehen. ____ 22 Uhr gehe ich normalerweise ins Bett.

C vor + Dativ HB 7.8

This is equivalent to **ago** in English.

z.B. Wann hat dieses Schuljahr begonnen? Dieses Schuljahr hat **vor ungefähr einem Monat** begonnen.

Oder: Das Schuljahr hat **vor ungefähr zwei Monaten** begonnen.

1 Wann hat der Erste Weltkrieg aufgehört (= *ended*)?
2 Und der Zweite Weltkrieg?
3 Wann bist du geboren?
4 Wann bist du in diese Schule gekommen?
5 Wann hast du dieses Heft angefangen?
6 Wann bist du heute aufgestanden?
7 Wann hast du gefrühstückt?
8 Wann hast du das Haus verlassen?

D 'for' + time  HB 7.3

length of time	Jeden Abend arbeite ich **zwei Stunden (lang)**. (Every evening I work *for two hours*.)
future plan	Morgen fahre ich **für zwei Wochen** nach Bonn. (Tomorrow I'm going to Bonn *for two weeks*.)
'have been .....ing'	Ich lerne Deutsch **seit einem Jahr**. (I've been learning German *for a year*.)

Setze diese Beispiele in diesen Text ein:

drei Wochen lang	drei Tage lang	für zwei oder drei Wochen	für einige Tage
seit einem Monat	für eine halbe Stunde	seit vielen Wochen	seit Jahren
zwei Wochen	eine Woche lang	drei Stunden	für zehn Tage

Liebe Wendy,

ich weiß, ich bin sehr schreibfaul. Du wartest schon (for many weeks) auf einen Brief, und Du hast keinen bekommen! Ich habe aber so viel zu tun gehabt. (For three weeks) war ich krank. Dann bin ich (for ten days) nach Süddeutschland gefahren. (For a week) wohnte ich bei meiner Tante, und (for three days) besuchte ich meine Freundin, Irmtrud. (For a month) sind wir wieder in der Schule. Wir haben so viele Hausaufgaben! Jeden Abend muß ich (for three hours) arbeiten. Jetzt will ich aber (for half an hour) Pause machen, um mich auszuruhen.

Willst Du nächstes Jahr (for two or three weeks) nach Deutschland kommen? Ich warte ja schon (for years) auf Deinen Besuch. Du kannst (for two weeks) hier wohnen, und dann können wir zusammen (for a few days) nach Holland fahren.

Herzliche Grüße,
Deine

Liselotte

E seit + Dativ

HB 7.3

The English pattern: 'I *have been* do*ing* something *for* so long.'
The German pattern: 'I *do* (present!) something *since* so long.'

schon seit	*already since*
erst seit	*only since*

Joachim Bender schreibt:

> Ich bin schon seit drei Jahren auf dieser Schule, aber ich bin erst seit fünf Wochen in der achten Klasse. Ich lerne schon seit drei Jahren Englisch. Französisch lerne ich erst seit einem Jahr.

Und du?

1 Wie lange gehst du schon zur Schule?
2 Wie lange lernst du schon Deutsch?
3 Wie lange lernst du schon Mathematik?
4 Wie lange bist du schon in dieser Schule?
5 Wie lange bist du schon in deiner Klasse?
6 Wie lange kennst du schon deinen besten Freund (bzw. deine beste Freundin)?
7 Wie lange sitzt du schon in diesem Zimmer?
8 Wie lange arbeitest du schon an dieser Übung?

F Mach diesen Text interessanter!

Wir haben eine Lateinstunde gehabt.
Wir haben auf den Lehrer gewartet.
Herr Adelmann ist in die Klasse gekommen.
Wir haben viele langweilige Vokabeln aufgeschrieben.
Wir haben viele Übungen geschrieben.
Herr Adelmann hat uns viele Hausaufgaben gegeben.
Wir sind auf den Schulhof gegangen.

Einige Hilfen:

endlich	als nächstes
schließlich	kurz danach
zehn Minuten lang	zunächst
nach der Pause	nach einer Weile
dann	fünf Minuten später

GRAMMATIK

HB 10.10

Befehle

(Befehle = *commands*)

	gehen	*arbeiten*	*essen*	*fahren*	*sein*
(du)	geh!	arbeite!	iß!	fahr!	sei!
(ihr)	geht!	arbeitet!	eßt!	fahrt!	seid!
(Sie)	gehen Sie!	arbeiten Sie!	essen Sie!	fahren Sie!	seien Sie!

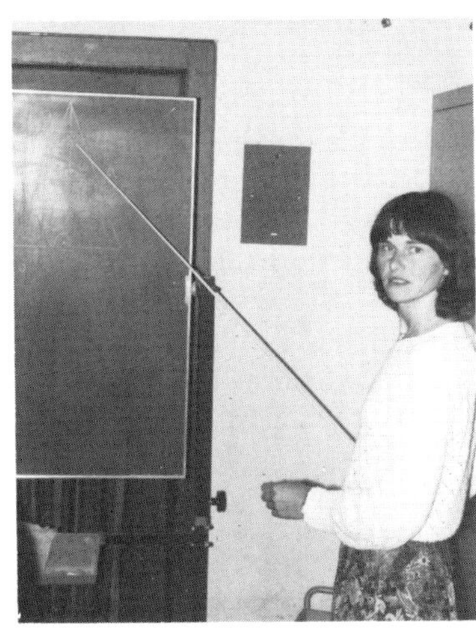

Frau Storm ist eine sehr strenge Lehrerin.

z.B. Peter Meyer sitzt. Er soll aufstehen.
Frau Storm sagt: „Peter, steh auf!"
Die Schüler sind zu laut. Sie sollen still sein.
Frau Storm sagt: „Seid still!"

Ebenso mit:

1 Michael Volkmann liest nicht. Er soll lesen.
2 Jana Winterhoff arbeitet nicht. Sie soll arbeiten.
3 Uwe und Armin schreiben nicht. Sie sollen schreiben.
4 Petra Groß ißt Schokolade. Sie darf nicht essen!
5 Ulrich Stein schläft. Er darf nicht schlafen!
6 Simone Laubach spricht mit Ulrike Klein. Sie dürfen nicht sprechen.
7 Ralf und Udo arbeiten zu langsam. Sie sollen sich beeilen.
8 Ilona ist faul. Sie darf nicht so faul sein!
9 Christoph Stappert soll an die Tafel kommen.
10 Der Direktor, Herr Zink, will ins Klassenzimmer kommen.

SPRECHEN

A Fragen

Übt die Fragen und die Antworten gut ein!

1 Was für eine Schule besuchst du?
2 Wie heißt sie?
3 Wieviele Schüler hat deine Schule?
4 Wieviele Lehrer hat sie?
5 Wie weit ist die Schule von deinem Haus entfernt?
6 Wann mußt du aufstehen, um zur Schule zu gehen?
7 Wie kommst du in die Schule?
8 Wie lange brauchst du, um zur Schule zu kommen?
9 Wann mußt du da sein?
10 Wann beginnt der Unterricht?
11 Wieviele Stunden hast du pro Tag?
12 Was für Pausen hast du?
13 Wie lange dauert die Mittagspause?
14 Ißt du in der Schule zu Mittag? Warum?
15 Welche Fächer lernst du?
16 Was ist dein Lieblingsfach?
17 Wie lange lernst du schon Deutsch?
18 Was trägst du als Schuluniform?
19 Welchen Sport treibst du im Sommer?
20 Und im Winter?
21 Wie lange dauert eine Unterrichtsstunde?
22 Um wieviel Uhr ist die Schule aus?
23 Wann und wo machst du deine Hausaufgaben?
24 Wie lange brauchst du, um sie zu machen?
25 Was wirst du machen, wenn du die Schule verlassen hast?

B Beschreibe einen typischen Tag in deiner Schule!

LESEN

Leerlauf . . .

Heidrun ist siebzehn Jahre alt und geht seit fünf Jahren auf das Goethe-Gymnasium in Berlin. Sie wohnt mit ihrer Mutter und ihren beiden jüngeren Geschwistern nicht weit von der Schule. Heidrun hat nur wenig Freizeit. Die Schule dauert oft bis in den Nachmittag hinein, und dann muß sie noch den Haushalt machen. Ihre Mutter arbeitet als Krankenschwester.
Oft hat Heidrun Pausen zwischen den Kursen. Leerlauf. Das heißt: Die Wartezeit zwischen einzelnen Kursstunden ist zu kurz für eine sinnvolle Tätigkeit. Meist sitzt Heidrun dann in dem ungemütlichen Aufenthaltsraum. Heidrun liest sehr viel. Sie würde gern in einen Sportverein eintreten. Doch sie hat zuwenig Freizeit. Sie vermißt die alte Klassengemeinschaft. Sie sagt: „Der Zusammenhalt zwischen den Schülern fehlt.“ Freundschaften schließt sie nur außerhalb der Schule.

Vokabeln

bis in . . . hinein *until well into*
der Haushalt *household*
der Kurs *course*
einzeln *individual*
sinnvoll *useful, sensible*
ungemütlich *uncomfortable*
der Aufenthaltsraum *common room*
der Sportverein *sports club*
eintreten *join*
vermissen *to miss*
der Zusammenhalt *bond, unity*
Freundschaften schließen *make friends*
außerhalb *outside*
die Klassengemeinschaft *friendship in the class (i.e. before the* Kurssystem *starts). Under this course system – in the eleventh, twelfth and thirteenth classes – teaching is no longer in class groups.*

How well did you understand the text?

1 When did Heidrun come to her present school?
2 What do we know about her family?
3 Why has she so little free time?
4 Why does her mother need her help?
5 What is meant here by the term **Leerlauf**?
6 Where does she go at these times?
7 What activity does she do in her free time?
8 Why has she not joined a sports club?
9 What does she dislike about school now?
10 What is the effect of this on her friendships?

BRIEF

Dein deutscher Briefpartner (bzw. deine deutsche Briefpartnerin) will alles über deine Schule und dein Schulsystem wissen. Schreibe ihm (ihr) einen guten Brief!

• THEMA FÜNF •

EINKAUFEN

EINSTIEG

Up to now, you have learned one of the two major past tenses – the *perfect* (**das Perfekt**). In this **Thema**, you are going to learn the (easier) **Präteritum** or *simple past* tense. You have probably already learned quite a bit about shopping in German. This **Thema** gathers together the basic material and brings it up to a higher standard.

GRAMMATIK

Das Präteritum

HB 10.12–10.16

Einkaufen im 20. Jahrhundert. Die gute alte Zeit? So war's damals...

Im zwanzigsten Jahrhundert war das Einkaufen noch sehr primitiv. Man besuchte die Geschäfte persönlich und kaufte alles ohne Computer und ohne Roboter. Menschen und nicht Maschinen machten die Arbeit damals! Man eilte zu Fuß von einem Laden zum anderen. Man bummelte durch große Supermärkte, wählte Lebensmittel von den Regalen und legte die Artikel mit der Hand in einen Korb oder einen Einkaufswagen. Dann wartete man in einer Schlange an der Kasse. Dort rechnete eine Kassiererin alles zusammen, und man bezahlte – mit einem Scheck oder mit Geld!

Diese Verben sind **regelmäßige, schwache Verben**. Im Präteritum (= *Simple Past*) haben sie diese Endungen:

ich spielt**e**	wir spielt**en**
du spielt**est**	ihr spielt**et**
er / sie / es } spielt**e**	Sie / sie } spielt**en**

Beachte! arbeiten, zeichnen, regnen, warten, usw:

ich wart**ete**	wir wart**eten**
du wart**etest**	ihr wart**etet**
er / sie / es } wart**ete**	Sie / sie } wart**eten**

Liebe beim Einkaufen–damals ging das noch!

Mein Urgroßvater fuhr eines Tages in die Innenstadt. Dann ging er zu Fuß zu Karstadt (einem Kaufhaus von damals). In der zweiten Etage sah er einen schönen gestreiften Pullover. Der Pullover gefiel meinem Urgroßvater, und er ging damit zur Kasse. Er fand die Verkäuferin noch schöner als den Pullover. Zwei Monate später waren sie schon verheiratet. Mein Urgroßvater hatte zwei Kinder und sehr viele Pullover!

Diese Verben sind **starke Verben**. Im Präteritum verändern sie ihren Stamm (= *change their stem*) und haben diese Endungen:

ich ging*
du ging**st**
er / sie / es } ging*
wir ging**en**
ihr ging**t**
Sie / sie } ging**en**

*keine Endung!

Was sind die Infinitive von den Verben im Text?

Acht Stunden pro Tag in einem Laden arbeiten!

Im 20. Jahrhundert verbrachten viele Leute fast ein Drittel ihres Lebens in einem Geschäft. Sie mußten das machen, denn sie waren Verkäufer und Verkäuferinnen. Sie sollten acht Stunden pro Tag hinter einem Ladentisch stehen oder an einer Kasse sitzen. Unsere Computer und Roboter können diese Arbeit viel besser und schneller machen, aber damals wußte man das noch nicht. Heute arbeiten wir nicht mehr und lieben unsere Freizeit. Damals wollten alle arbeiten. Unsere „Freizeit" nannte man damals „Arbeitslosigkeit".

Diese Verben sind **unregelmäßig**. Die meisten verändern ihren Stamm **und** haben auch die Endungen -te, usw. Die Liste findest du im **Handbuch** (10.16). Was sind die Infinitive von den Verben im Text?

Perfect or simple past? HB 10.18

When speaking German, the two tenses are interchangeable – it does not matter which you use. In written German, the *simple past* (**Präteritum**) is the main tense to use, and must be used when writing past tense stories.

EINKAUFEN PER COMPUTER

Der Computer stellt die Fragen, du mußt antworten. Was sagst du?

(Du möchtest Eier.)

(Du möchtest zehn Eier.)

(Du möchtest Käse. Frage den Computer, was für Käse er hat.)

(Du nimmst ein halbes Pfund.)

(Du antwortest: geschnitten.)

(Nein. Frage, was das zusammen macht.)

(Du fragst: drei Mark fünfzig?)

(Du antwortest und sagst: Auf Wiedersehen.)

Weitere Möglichkeiten

Der Verkäufer (bzw. die Verkäuferin oder der Computer) sagt:

Bitte schön
Was darf es sein?
Was wünschen Sie, bitte?
Was kann ich für Sie tun?
Sonst noch etwas?
Außerdem noch etwas?
Haben Sie außerdem noch einen Wunsch?
Haben Sie sonst noch einen Wunsch?
Darf es noch etwas sein?
Darf es ein bißchen mehr sein?
Zahlen Sie bitte an der Kasse!

Du sagst:

Ich möchte bitte . . .
Ich hätte gern . . .
Haben Sie . . . (da)?
Haben Sie zufällig . . .?
Was kostet . . .?
Was kosten . . .?
Den/die/das nehme ich.
Haben Sie etwas Billigeres/Besseres/Kleineres?
Geben Sie mir bitte . . .
Der/die/das gefällt mir (gut) (nicht)
Was macht das (zusammen)?

Nicht vergessen! ⚭ HB 6.6

Die Apfelsinen kosten dreißig Pfennig **das Stück/das Pfund/das Kilo.**

Ich nehme **zwei Stück/zwei Pfund/ein Kilo.**

ROLLENSPIELE

A **z.B.**

KUNDE Was kosten **die Tomaten**, bitte?
VERKÄUFER **Sie kosten zwei Mark das Pfund.**
KUNDE Nein, danke. **Sie sind zu weich.**

Ebenso mit:

Tulpen (zu klein) — das Brot (zu alt)
der Emmentaler (zu teuer) — die Leberwurst (zu grob = *too coarse*)

B Einer geht einkaufen, der andere spielt die Rolle des Verkäufers. Der Verkäufer darf die Liste nicht sehen!

1 Obst- und Gemüseladen 500 g Trauben 1 kg Kirschen	2 Buchhandlung 1 Stadtplan 1 Busfahrplan	3 Drogerie eine Tube Zahnpasta eine Zahnbürste
4 Fleischerei 1 Teewurst 100 g Mettwurst	5 Schallplattenladen die neueste Single von . . . eine LP von . . .	6 Souvenirladen 1 Aufkleber 1 Vase

AUFGABEN

A Markus Borowski im Kaufhaus

Was hat Markus gesagt?

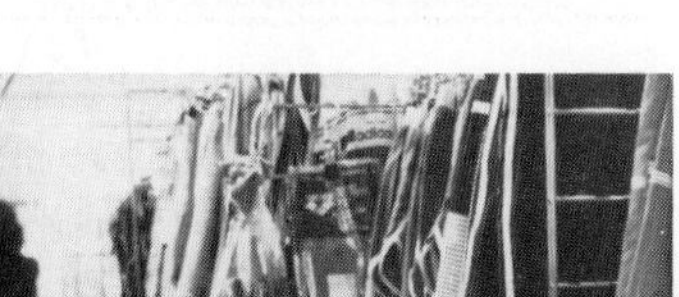

Der Verkäufer hat folgendes (= *the following*) gesagt:

● Bitte schön?
○ . . .
● Ja, hier sind die Badehosen. Was für eine möchten Sie?
○ . . .
● Diese drei hier sind dunkelblau.
○ . . .
● Die kostet zweiundvierzig Mark.
○ . . .
● Ja, Sie haben recht. Sie ist nicht gerade billig, aber das ist die offizielle Marke von der deutschen Olympia-Mannschaft.
○ . . .
● Ja, natürlich. Diese kostet zum Beispiel nur achtzehn Mark fünfzig.
○ . . .
● Danke schön. Soll ich sie einpacken?
○ . . .

B Frau Fröhlich im Gemüseladen

Was hat die Verkäuferin gesagt?

Frau Fröhlich hat folgendes gesagt:

- ● Ich möchte bitte Kartoffeln.
- ○ . . .
- ● Die deutschen, bitte. Die holländischen schmecken mir gar nicht.
- ○ . . .
- ● Zwei Kilo, bitte.
- ○ . . .
- ● Ja, bitte. Haben Sie zufällig Rosenkohl da?
- ○ . . .
- ● Schade. Dann nehme ich einen Blumenkohl.
- ○ . . .
- ● Ja, der sieht sehr gut aus. Was kostet er?
- ○ . . .
- ● Das ist aber teuer, aber ich nehme ihn.
- ○ . . .
- ● Nein, danke. Was macht das?
- ○ . . .
- ● Bitte schön.
- ○ . . .

C Hauswegweiser

- ● Entschuldigen Sie, bitte, wo ist die Kaffeebar?
- ○ Die Kaffeebar? Moment . . . Ja, die ist im dritten Stock.
- ● Entschuldigen Sie, bitte, wo finde ich hier Schuhe?
- ○ Schuhe finden Sie in der Schuhabteilung im ersten Stock.

Macht weiter!

HAUSWEGWEISER

OBERGESCHOSS
Restaurant
Kreditbüro

OBERGESCHOSS
Reisebüro
Kaffeebar
Radio und Fernsehen

OBERGESCHOSS
Herrenabteilung
Fotoartikel

OBERGESCHOSS
Damenabteilung
Schuhe

ERDGESCHOSS
Schallplatten
Kosmetik
Schreibwaren

UNTERGESCHOSS
Lebensmittel

○ HÖRVERSTEHENSÜBUNGEN

A Wo hört man das?

You will hear ten extracts from conversations in ten different kinds of shops. Here are the ten shops, in German, in the wrong order. Listen carefully, then rewrite the list of shops in the correct order.

Drogerie	Buchhandlung
Supermarkt	Radiogeschäft
Kaufhaus	Gemüseladen
Fleischerei	Sportgeschäft
Schuhgeschäft	Schallplattenladen

B Werbung

You will hear ten genuine commercials, recorded in Germany. Listen to the cassette, and write down, for each commercial, which product is being promoted.

ÜBUNGEN

A Das Präteritum

Eines Tages (wollen) Oliver Schenk einkaufen gehen. Leider (haben) er sehr wenig Geld, und er (müssen) seine Mutter um fünfzig Mark bitten. Zum Glück (**fern**sehen) sie, und sie (geben) ihrem Sohn das Geld, ohne zu merken, was sie (tun). Sofort (verlassen) Oliver das Haus und (gehen) zur Bushaltestelle.

Zwanzig Minuten später (**an**kommen) er in der Innenstadt. Eigentlich (wissen) er gar nicht, was er kaufen (sollen), aber bald (sehen) er eine sehr schöne Hose in einem der Kaufhäuser. Leider (kosten) sie siebenundneunzig Mark, und soviel Geld (haben) er nicht. Was tun?

Dann (haben) er eine Idee. Er (**an**rufen) seine Mutter. Die arme Frau Schenk (**ab**holen) ihren Sohn mit dem Auto. Sie (**mit**bringen) Geld, um die Hose zu bezahlen, aber drei Monate lang (bekommen) Oliver kein Taschengeld mehr!

B Schreibe die Geschichte im Präteritum:

7.15 Ute wacht auf – sie hat Geburtstag.
7.30 Sie frühstückt im Bett. Sie sieht ihre Karten und Geschenke an.
Sie hat insgesamt zweihundert Mark!
8.30 Sie fährt mit ihrer Mutter in die Stadt.
9.00–12.00 Sie machen einen langen Einkaufsbummel. Ute weiß nicht, was sie kaufen soll.
Sie essen in einem China-Restaurant zu Mittag.
13.00 Ute geht mit ihrer Mutter zur Sparkasse. Sie eröffnet ein Sparkonto.
Sie will die zweihundert Mark sparen.
13.30 Ute und ihre Mutter fahren nach Hause.

insgesamt *in total*
eröffnen *to open sth. for the first time*
das Sparkonto (-s) *savings account*

C um . . . zu + Infinitiv   HB 10.33

z.B. Frau Becker ging zur Bäckerei, **um** Brot **zu kaufen**.

Ebenso mit:

Zahnpasta	Nelken	Badeanzug
Waschpulver	Wörterbuch	Radio
Briefmarken	Torte	Kaffeekanne
Rosenkohl	Stiefel	Brötchen

Die Geschäfte sind:

Kaufhaus	Radiogeschäft	Bäckerei
Post	Sportgeschäft	Buchhandlung
Gemüseladen	Blumengeschäft	Drogerie
Schuhgeschäft	Konditorei	Supermarkt

LESEN

1 Most of these advertisements are for food and drink. How many are *not*? What are they advertising?
2 What is the brand name of the fish-fingers?
3 Which is the advertisement for coffee?
4 Which is the advertisement for pork fillets?
5 Which is the advertisement for liver sausage? What kind is it?
6 Which is the advertisement for washing-powder?
7 What is the brand name of the rice?
8 What is the brand name of the frankfurters?

9 What is the brand name of the cream?
10 Which is the advertisement for beer?

These questions go into some of the details . . .

11 In which city was the beer brewed?
12 What flavours of ice-cream are offered here?
13 What is the margarine made of?
14 How is the liver sausage packed?
15 What is special about the cream?
16 What is unusual about the jams?

MAXIM'S Langnese Eiskrem
Eiskrem
Spitzenqualität, in den Geschmacksrichtungen Vanille, Schokolade, Walnuß, Mandel, Rumtopf und Erdbeer-Sorbet.
750-ml-Pac[k] **4.99**

Dortm. Hansa Pils
8x0,33-Ltr. Einweg **4.39**

Kalbsleberwurst
im Naturdarm 100 g **1.29**

Karstadt International
Der beliebte Espresso. Filterfein gemahlen. 500-g-Vakuum-Dose **10.95**

Schweine-Schnitzel
1 kg **8.98**

Feinkost Käfer München
Exotische Konfitüren
Kiwi, Feigen, Mango oder Maracuja-Pfirsich und 5 weitere Sorten. 250-g-Glas **3.99**

Meica Dicke Bockwurst
5 Stück = 400 g-Dose **3.49**

Ital. Frühkartoffeln
Kl. I
Sorte: Sieglinde
Beutel 2,5 kg **2.69**

2er Pack Video-Cassetten VHS E 180
3 Std. Spielzeit pro Cassette.
AGFA VIDEO VHS E 180 high color
bisher 98.- jetzt
nur **84.-**

Reine Pflanzenmargarine
500 g Becher **1.19**

Iglo 15 Fischstäbchen
tiefgefroren
450 g Pckg. **3.49**

Holt Euch den tollen Stereo-Cassettenspieler „Walking Mate"
nur **99.-**

Frischli Haltbare Schlagsahne
0,2-Ltr.-Becher **0.89**

Persil Vollwaschmittel
3 kg-Tragepackung
8.99

Reisfit Reis im Kochbeutel
500 g-Packung **1.99**

• THEMA SECHS •

FEIERN

➡ EINSTIEG

Merry Christmas! This Thema covers the German needed for talking about festivals, celebrations and parties. It is interesting to compare the German customs – particularly Christmas and New Year – with those in your country. The grammar points are minor ones.

WEIHNACHTEN

Einkaufen, Backen, Partys . . . und Fernsehen! So ist Weihnachten heute. Trotzdem kann die Zeit vor Weihnachten sehr gemütlich sein. Vier Sonntage vor Weihnachten beginnt die Adventszeit. Man kauft oder bastelt einen Adventskranz. Auf diesem Kranz sind vier Kerzen. Am ersten Adventssonntag zündet man die erste Kerze an. Vielleicht singt die Familie dieses Lied:

Wir sagen euch an den lieben Advent,
Sehet, die erste Kerze brennt.
Wir sagen euch an eine heilige Zeit.
Machet dem Herrn die Wege bereit.
Freut euch, ihr Christen, freuet euch sehr!
Schon ist nahe der Herr.

Am zweiten Sonntag darf man zwei Kerzen anzünden, usw., bis alle vier Kerzen brennen. Die meisten Kinder haben auch einen Adventskalender mit vierundzwanzig kleinen Türen. Jeden Tag öffnet man eine, bis es Heiligabend ist.

Am fünften Dezember ist der Nikolausabend in der Familie. Manchmal kommt Sankt Nikolaus (oder Onkel Hans!) persönlich ins Haus. Den braven (und den nicht so braven!) Kindern schenkt er Süßigkeiten, Nüsse und kleine Geschenke.

Der Heilige Abend (oder Heiligabend) – der vierundzwanzigste Dezember – ist in Deutschland der wichtigste Teil des Weihnachtsfestes. Erst an diesem Tag stellen die Eltern den Christbaum und oft eine Krippe im Wohnzimmer auf. Die Geschenke für die ganze Familie legen sie dann unter den Baum. Natürlich sind die Kinder sehr aufgeregt, aber sie dürfen nicht hineingehen. Endlich läutet eine kleine Glocke. Dann dürfen alle ins Wohnzimmer kommen. Jetzt sehen sie zum erstenmal den festlich geschmückten Christbaum (oder Weihnachtsbaum) mit den vielen Glaskugeln, Strohsternen und Kerzen.

Wahrscheinlich singt man ein paar Weihnachtslieder, und dann beginnt die Bescherung. Jeder packt seine Geschenke aus und zeigt sie den anderen. Natürlich gibt es auch ein schönes Festessen, und auf einem Tisch steht auch ein Weihnachtsteller mit süßen Sachen wie Spekulatius, Nüssen und Lebkuchen. Später gehen viele Leute in die Kirche, um das Kommen des Christkindes zu feiern. Man singt die schönen alten Weihnachtslieder. Die großen Glocken läuten. Weihnachten ist da!

AUFGABE

Das ist doch falsch! Was ist richtig?

1 Vor Weihnachten sind die meisten Kinder unglücklich.
2 Die Woche nach Weihnachten heißt die Adventszeit.
3 An den Adventssonntagen zündet man die Kerzen auf dem Christbaum an.
4 Ein Adventskalender hat fünfundzwanzig kleine Fenster.
5 Am fünften Dezember kommt Sankt Nikolaus in die Schule.
6 Die braven Kinder bekommen Geschenke und einen Sack.
7 Sankt Nikolaus nimmt die braven Kinder in seinem Auto mit.
8 Am Heiligabend steht der Christbaum in der Küche.
9 Die Geschenke sind unter der Krippe.
10 Die Glocke läutet, und die Kinder müssen ins Bett gehen.
11 Der Baum ist mit Gläsern, Zeitungen und Kuchen geschmückt.
12 Jeder packt seine Geschenke aus, dann beginnt die Bescherung.
13 Auf dem Weihnachtsteller ist ein Festessen.
14 Viele Leute gehen in die Küche, um das Kommen des Christkindes zu feiern.

UND BEI EUCH ZU HAUSE?

Vokabeln 6.1

Schreibe einen Brief darüber!

1 Was kauft man einige Tage vor Weihnachten?
2 Womit schmückt man das Wohnzimmer?
3 Wann hängen die Kinder ihren Weihnachtsstrumpf am Fußende des Bettes auf?
4 Wer soll mitten in der Nacht kommen?
5 Wann packen die Kinder ihre Geschenke aus?
6 Was ißt man am ersten Weihnachtstag (den 25. Dezember)?

○ DIE PARTY

Verena gibt eine Party. Ihr Freund Horst hilft ihr dabei.

V So, hier sind die Biergläser. Weingläser haben wir auch da, gut. Ach, Horst, beeil dich doch! In einer halben Stunde kommen die Gäste, und wir sind noch nicht fertig. Mach den Fernseher doch aus! Was fehlt noch? Ach, die Nüsse – und die Kartoffelchips fehlen auch noch. Wo sind sie denn?

H In der Küche. Ich hole sie gleich.

V Hast du den Wein auf den Balkon gestellt?

H Ja. Er ist schon kühl.

V Und das Bier? Was hast du damit gemacht?

H Ich hab's in den Kühlschrank gelegt. Das war richtig, oder?

V Ja, prima.

H (*Er bringt den Wein auf den Balkon*) So, der Wein steht jetzt auf dem Balkon, und das Bier liegt im Kühlschrank . . . aber wo sind die belegten Brote?

V Ach! Die hab' ich total vergessen! Komm! Du mußt mir helfen. Mensch, wir werden nie fertig!

H Doch! Weißt du was? Ich lege erst mal eine Platte auf. Musik ist gut für die Nerven. Dann helfe ich dir in der Küche.

V Ja, das ist eine gute Idee.
(*Sie geht in die Küche*)

H Verena, wo sind die anderen Getränke?

V Die anderen Getränke?

H Ja, die Cola fehlt – und die Limonade . . . und der Apfelsaft – und der Orangensaft!

V Ach, du liebe Zeit! Die sind noch im Keller. Könntest du vielleicht . . .?

H Ja, gleich. Du, ich glaube, die Stereoanlage funktioniert nicht richtig.
(*Es klingelt. Verena macht die Tür auf.*)

V Guten Abend, Frank! Grüß dich, Martina!

M Hoffentlich kommen wir nicht zu früh . . .

V Zu früh? Nein, gar nicht! Wir sind gerade fertig – **fast** fertig! Kommt doch 'rein! Horst! Martina und Frank sind da! Was trinkt ihr denn?

M Orangensaft, bitte.

F Ja, für mich auch, bitte.

V Orangensaft? . . . äh . . . Dann müßt ihr ein bißchen arbeiten. Könnt ihr ihn bitte aus dem Keller holen?

Wie sagt man . . .?

1 Do hurry up!
2 We've just finished.
3 In half an hour.
4 I'll put a record on.
5 Good heavens!
6 I hope that . . .
7 No, not at all.
8 What's still missing?
9 That's a good idea.
10 What will you have to drink?
11 Yes, in a minute.
12 I'll get them.
13 Turn the TV off!
14 That was correct, wasn't it?
15 Do you know what?

HÖRVERSTEHENSÜBUNG

Kommst du mit zur Fete? Hört gut zu! Was sagen sie?

PETER Hallo, Anja, Jochen! Wie _____?
ANJA Gut, danke, und _____?
PETER Danke, _____.
JOCHEN Sag mal, kommst _____?
PETER Zur _____? Zu _____ denn?
JOCHEN Heute _____ bei Renate. Sie feiert _____.
PETER Ach so! Sie hat _____ angerufen, aber ich hatte es _____.
ANJA Also, _____?
PETER Ja, gern. Wann fängt _____?
ANJA So gegen _____ hat sie _____.
PETER Sollen wir _____?
ANJA Ja, vielleicht eine _____ oder so was.
PETER Gut, Bis heute abend also. Tschüs!
ANJA / JOCHEN } Tschüs!

ÜBUNGEN

A Jutta Hofmanns Einkaufsliste

HB 3.5, 4.2

Weihnachtsgeschenke

Vater : Schal
Mutter : Rock
Dirk : Hose
Ulla : Kleid
Opa und Oma : Wanduhr
Peter : Pullover

z.B. Was schenkt sie ihrem Vater?
Sie schenkt ihm einen Schal.
1 Was schenkt sie ihrer Mutter?
2 Was schenkt sie ihrem Bruder Dirk?
3 Was schenkt sie ihrer Schwester Ulla?
4 Was schenkt sie ihren Großeltern?
5 Was schenkt sie ihrem Freund Peter?

z.B. Wem schenkt sie den Schal?
Sie schenkt ihn ihrem Vater.
6 Wem schenkt sie den Rock?
7 Wem schenkt sie die Hose?
8 Wem schenkt sie das Kleid?
9 Wem schenkt sie die Wanduhr?
10 Wem schenkt sie den Pullover?

B stellen/legen/stecken/bringen

Ulli gibt eine Party. Alles ist endlich fertig!

z.B. Er hat den Wein auf den Balkon gestellt.

Ebenso mit: HB 10.42, 'put'

1 Bier – Kühlschrank
2 Gläser – Tisch
3 Messer – Butter
4 Stühle – Wohnzimmer
5 Blumen – Schrank

C gefallen + Dativ

HB 10.30b

Die Bescherung

● Gefällt dir die Hose, Ralf?
○ Ja, sie gefällt mir sehr gut, danke!
● Gefallen dir die Handschuhe, Oma?
○ Ja, sie gefallen mir sehr gut, danke!

1 (*Radio*) Christiane
2 (*Pullover*) Vati
3 (*Shoes*) Mutti
4 (*Book*) Tante Margret
5 (*Torch*) Wolfgang
6 (*Records*) Opa

D *Der* ist sehr schön!

HB 4.5

Dieser Pullover ist sehr schön, nicht wahr?
Ja, er ist sehr schön!
Oder: Ja, **der** ist sehr schön!

Ebenso mit:

Kleid	Hemd
Jacke	Mercedes
Hose	Rosen
Mantel	Uhr
Regenschirm	Gläser
Vase	Kalender

E Wo **ist das Bier?**

HB 3.6

Im Kühlschrank.

Ebenso mit:

1 Wein – Balkon
2 Chips – Tisch
3 Gläser – Tisch
4 Mäntel – Schlafzimmer
5 Orangensaft – Keller

F

HB 6.5

Klaudia Eiling ist 1970 geboren. Sie hat am dritten März Geburtstag. Und du? Und deine Familie?

WAS SAGEN SIE?

THEMA SECHS

LESEN

Silvester und Neujahr

Am 31. Dezember ist **Silvester**. An diesem Tag gibt es Partys mit Luftballons und Spielen.
Mit **Raketen** und **Feuerwerk** feiert man den **Jahreswechsel**.

New Year's Eve
rockets; fireworks
change of year

Das Raketen-Schießen

In manchen Gegenden knallt und zischt es schon Tage vor Silvester. Das ist schade. Denn eigentlich gehören die Raketen in die Silvesternacht. Man sollte lieber nur eine oder wenige große Raketen kaufen und auf „Kleinkracher" verzichten.
Raketen können gefährlich sein. Deshalb gehören sie nicht in die **Hände kleinerer Kinder**.

„Silvesterschaum"

Du brauchst:
Eine Zitrone, zwei bis drei Eßlöffel Himbeersaft, evtl. Zucker, klaren Sprudel.
Verrühre in einem hohen Glas den Saft einer Zitrone mit dem Himbeersaft und dem Zucker. Gieße vorsichtig mit klarem Sprudel auf, weil das Getränk stark schäumt.

Ein alter Brauch ist das **Bleigießen**. Über einer Flamme **erhitzt** man ein Stück **Blei** in einem Löffel. Dann gießt man es in kaltes Wasser. Sofort **bilden sich komische Figuren**. Alle **versuchen**, aus diesen Figuren **die Zukunft** des neuen Jahres zu lesen.
In der Silvesternacht ißt man auch „Berliner" – **Berliner Pfannkuchen**. Die Deutschen essen jedes Jahr ungefähr zehn Millionen davon. Schon seit über hundert Jahren ißt man in Deutschland zum Jahreswechsel warmes **Fettgebäck**.

'lead pouring';
one heats lead
strange shapes form
try; the future
doughnuts
sweet fried cakes

Um Mitternacht läuten die Kirchenglocken. Die Leute wünschen sich ein „frohes neues Jahr" und rufen „Prost Neujahr!"

Das Dreikönigsfest

Am sechsten Januar ist das Dreikönigsfest. Viele Kinder und **Jugendliche verkleiden sich** als Könige. Diese Dreikönigssänger oder „Sternsinger" gehen von Haus zu Haus, singen und **sammeln** Geld für die Kinder der Dritten Welt. Dann schreiben sie mit Kreide über jede Haustür:

young people
dress up
collect

19 + C + M + B + 90

Das heißt: Caspar, Melchior und Balthasar und auch: „Christus Mansionem benedicat" (Christus **segne** dieses Haus) im Jahre 1990.

bless

AUFGABE

Write an English summary of the German customs for New Year and Twelfth Night. How are they different from your customs?

HÖRVERSTEHENSÜBUNGEN

A Die Fete

1 Who leaves the house?
2 Where have they gone?
3 What happens as soon as they have left?
4 What accident happens first?
5 What goes wrong next?
6 What caused that to happen?
7 How much had the ruined item cost?
8 What happens at that moment?
9 What does the mother ask?
10 What does the father decide to do?

B Bei uns zu Hause – Dietmar Dux 1

In this interview, Dietmar describes how his family spend Christmas.

1 Where do they spend Christmas?
2 What do they do during Advent?
3 What to they do on Christmas eve, to prepare for the festivities?
4 What food do they eat?
5 When do they open their presents?
6 What else do they do then?
7 When do they go to church?

SPIELE

A Wer kann aus diesem Wort die meisten Wörter bilden?

W E I H N A C H T S B A U M

z.B. acht, Wein, nichts.

B Wer zeichnet am besten?

Zwei Spieler kommen an die Tafel. Beide haben ein Stück Kreide in der Hand. Der Lehrer (bzw. die Lehrerin) sagt, zum Beispiel: „Zeichnet bitte einen Weihnachtsbaum!" Der schnellste und beste gewinnt.

C Weihnachten oder Silvester?

Jeder hat zwei Karten: „W" und „S". Der Lehrer (bzw. die Lehrerin) ruft zum Beispiel „Spekulatius", und die Schüler müssen die Karte „W" zeigen. Der Lehrer (die Lehrerin) sagt „Partys", und die richtige Antwort ist „W" **und** „S", usw. Wer einen Fehler macht, ist „aus"!

THEMA SIEBEN

FREIZEIT

EINSTIEG

Once your German (and other) homework is out of the way you can enjoy your free time. In this **Thema** you will learn how to talk about your leisure activities, hobbies and interests, and also how to make arrangements to meet your friends in your spare time. You will also learn about the important grammar area of subordinate clauses (**Nebensätze**) and their word order.

KOMM DOCH MIT!

Man kann es so sagen ...	oder so ...
● Susi, wollen wir heute abend ins Kino gehen?	● Gehen wir heute abend ins Kino? Hast du Lust, heute abend ins Kino zu gehen?
○ Ins Kino? Warum?	
● Um einen Film zu sehen! Was denn sonst?	
○ Was läuft denn?	○ Was gibt's denn heute abend?
● „Superman 8"	
○ Nee, ich will nicht. Das ist nichts für mich.	○ Das interessiert mich nicht.
● Was willst du denn?	● Was schlägst du vor?
○ Zu Hause bleiben und fernsehen – und ich habe so viel auf.	
● Das ist doch blöd. Was hast du?	● Das ist doch Blödsinn/doof/Mist/langweilig. Was ist mit dir los?
○ Weiß ich nicht.	
● Komm doch mit!	
○ Nein, ich habe keine Lust.	
● Oder möchtest du lieber in die Disco?	● Hast du Lust, in die Disco zu gehen?
○ In die Disco ? OK, ja. Wann treffen wir uns?	
● Sagen wir, Viertel vor acht?	
○ Vor dem Bahnhof?	
● Ja, Viertel vor acht vor dem Bahnhof.	

Weitere Möglichkeiten

Ich schlage vor, wir . . .
Ich möchte lieber . . . (**Inf.**)
Am liebsten möchte ich . . . (**Inf.**)
Ich möchte gern mitkommen
Nehmen wir (**Person**) mit?
Das ist eine gute Idee.

ROLLENSPIELE

Use the model dialogue above to help you prepare these dialogues:

A Detlef ruft Sonja an. Er will mit ihr ins Kino gehen, aber Sonja hat den Film schon zweimal gesehen. An diesem Abend muß sie arbeiten, aber sie möchte sehr gern am Samstag ins Theater gehen.

B Zwei Freunde (bzw. zwei Freundinnen) wollen sich am Samstagmorgen in der Stadt treffen. Sie möchten zunächst einkaufen gehen und danach ins Hallenbad gehen. Sie nehmen Christian und Margret mit.

C Du verbringst zwei Wochen bei einer deutschen Familie. Dein(e) Austauschpartner(in) schlägt vor, am Vormittag Schach zu spielen. Nach dem Mittagessen wollt ihr schwimmen gehen. Am Abend will die ganze Familie mit dir ins Restaurant gehen. Leider spielst du sehr ungern Schach. Du möchtest Monopoly spielen. Alles andere findest du sehr gut.

GRAMMATIK

HB 9.3, 9.8

NEBENSÄTZE

I weil

- ● Entschuldigen Sie, bitte, darf ich Ihnen ein paar Fragen über Ihre Hobbys stellen?
- ○ Es tut mir leid, nein.
- ● Wieso?
- ○ Ich kann Ihnen nicht helfen, **weil** ich keine Zeit **habe**.
- ● Warum?
- ○ Warum? Ich habe keine Zeit, **weil** ich so viele Hobbys **habe**! Ich treibe nämlich sehr viel Sport.
- ● Warum treiben Sie soviel Sport?
- ○ **Weil** ich zu dick **bin**. Ich laufe jeden Tag zwanzig Kilometer, **weil** ich fit und schlank werden **will**!
- ● Ja, ich wollte Sie gerade fragen, warum tragen Sie Shorts und ein T-Shirt?
- ○ **Weil** ich jetzt **starte**! Sofort! Wiedersehen!

Can you work out what **weil** means?
What do you notice about the word order after **weil**?

2 wenn

● Jens, gehst du abends aus?

○ Ja, ich gehe immer dann aus, **wenn** ich nicht zu viele Hausaufgaben **habe**. Zwei- bis dreimal in der Woche.

● Wann gehst du schwimmen?

○ Ungefähr einmal im Monat. Ich gehe gern schwimmen, **wenn** das Wetter nicht zu kalt **ist**.

● Und wann gehst du ins Kino?

○ Immer, **wenn** es einen guten Film **gibt**.

● Wann kaufst du neue Schallplatten?

○ Ich kaufe sie immer, **wenn** ich genug Geld **habe**.

● Wie oft siehst du fern?

○ Ich sehe fast jeden Abend fern, **wenn** ich meine Hausaufgaben fertig **habe**.

● Und wann liest du Zeitung?

○ Zweimal im Jahr, **wenn** ich nichts Besseres zu tun **habe**!

3 als

Gestern war es schon halb neun, **als** ich **aufwachte**.
Als ich das Haus **verließ**, fing es an zu regnen.
Es war schon sehr spät, **als** ich an der Straßenbahnhaltestelle **ankam**.
Als die Straßenbahn endlich **ankam**, war es noch später.
Es war schon halb zehn, **als** ich endlich ins Büro **ging**.
Der Chef war wütend!

Beachte! **wenn**, **wann** and **als** are all equivalents of *when* in English, but they are not interchangeable. HB 7.4

4 daß

RENATE Bärbel, wir gehen heute abend in die Disco. Kommst du mit?

BÄRBEL Nein, meine Mutter sagt, **daß** ich heute abend zu Hause **bleiben muß**.

RENATE Es ist aber schade, **daß** du nicht **mitkommen kannst**!

BÄRBEL Es kann sein, **daß** ich morgen abend **ausgehen darf**. So ein Pech, **daß** meine Eltern so streng **sind**!

WEITERE NEBENSÄTZE

5 obwohl

Obwohl Petra viele Hausaufgaben **hatte**, **ging sie** zur Fete.
Sie kam sehr spät nach Hause, **obwohl** das streng verboten **war**.

6 während

Während seine Eltern im Büro **arbeiten**, **sitzt** der fünfzehnjährige Jan an seinem Computer und schreibt Telespiel-Programme.
Er verdient zehntausend Mark pro Spiel, **während** seine „armen“ Eltern zusammen nur fünftausend Mark im Monat **verdienen**.

Weil Wenn Als Obwohl Während Bevor Sobald Bis Damit	▶ Subjekt .... Verb ,	Verb Subjekt ....
	Nebensatz	Hauptsatz

Hauptsatz		Nebensatz
.... ,	weil wenn als daß obwohl während bevor sobald bis damit	▶ Subjekt .... Verb.

7 bevor

- **Bevor** wir nach Hause **fahren, müssen wir** doch Geschenke für unsere Eltern kaufen!
- ○ Ja, aber wir müssen erst mal Geld wechseln, **bevor** wir Geschenke **kaufen können**!

8 sobald

Sobald diese Sendung zu Ende **ist, gehst du** sofort ins Bett! Und du machst das Licht aus, **sobald** du im Bett **bist**. Verstanden?

– *Was sagt er denn, Hans?*
– *Ach, Opa! Wart bis er zum Verb kommt. Dann erzähle ich dir alles!*

9 bis

- Einmal erstes Parkett, bitte. Kino 2.
- ○ Wie alt bist du?
- Fünfzehn . . . nein, ich meine achtzehn!
- ○ Es tut mir leid. Du mußt warten, **bis** du achtzehn **wirst**. Drakula ist nichts für kleine Kinder!

10 damit

- Anja, kommst du mit zur Fete?
- ○ Sicher! Und ich bringe meine Platten mit, **damit** wir **tanzen können**.
- Gut. Ich bringe ein paar Dosen Cola mit, **damit** wir etwas zu trinken **haben**.

ÜBUNGEN

A Wollen wir ins Kino gehen?
Nein, ich habe keine Lust, ins Kino zu gehen!

Ebenso mit:

schwimmen	essen	radfahren
Disco	spazierengehen	segeln
Theater	zu Hause bleiben	Schallplatten hören

B Wo treffen wir uns?
(19.45 – Hauptbahnhof)
Um Viertel vor acht vor dem Hauptbahnhof.

Ebenso mit:

1 20.00 – Kino
2 18.30 – Stadion
3 15.05 – Hallenbad
4 20.35 – Diskothek
5 19.40 – Theater

C Warum müssen diese Leute heute abend zu Hause bleiben?

z.B. Petra muß zu Hause bleiben, weil sie krank ist.

Jochen – Hausaufgaben
Ursula – fernsehen
Erika – kein Geld
Peter – Briefe schreiben
Sonja – morgen – Klassenarbeit

D Kommst du heute abend mit ins Popkonzert?

z.B. (Hoffentlich sagen meine Eltern „Ja".)
Ich komme gern mit, wenn meine Eltern „Ja" sagen.

1 (Hoffentlich habe ich nicht zu viele Hausaufgaben.)
2 (Hoffentlich endet das Konzert nicht zu spät.)
3 (Hoffentlich kannst du mich mit dem Auto abholen.)
4 (Hoffentlich kommt Elke auch mit.)
5 (Hoffentlich ist das nicht zu teuer.)

E Fußball

Link the pairs of sentences together, using **als** wherever you see an asterisk. Remember to change the word order!

Es war halb drei.
*Christoph traf seine Schulkameraden an der Bushaltestelle.

*Alle waren da.
Sie warteten zusammen auf den nächsten Bus.

*Der Bus kam an.
Sie fuhren damit zum Fußballplatz.

Die andere Mannschaft war noch nicht da.
*Christoph und seine Freunde stiegen aus dem Bus.

*Sie kam endlich an.
Das Spiel konnte beginnen.

*Christophs Vater kam eine Stunde später an.
Das Spiel war noch unentschieden (= *undecided, a draw*).

Die Spieler von beiden Seiten kämpften noch hart um den Ball.
*Christoph bekam endlich seine große Chance.

*Er kickte den Ball durch die Beine eines Verteidigers (= *defender*).
Er hatte freie Bahn (= *a clear path*).

So schoß er das erste und einzige (= *only*) Tor.
*Das Spiel war fast zu Ende.

*Christoph und seine Kameraden fuhren nach Hause.
Sie waren müde, aber zufrieden.

F Das Leben ist schwer!

Anja sagt:	Ihre Mutter sagt:
Ich will meinen Freund anrufen.	Du mußt dein Bett machen.
Ich will mit meinem Computer spielen.	Du mußt dein Zimmer aufräumen.
Ich will fernsehen.	Du mußt abwaschen.
Ich will ausgehen.	Du mußt zu Hause bleiben.
Ich will Schallplatten hören.	Du mußt deine Hausaufgaben machen.
Ich will bis Mitternacht aufbleiben.	Du mußt um zehn Uhr ins Bett gehen.

z.B. Anja will ihren Freund anrufen, aber **ihre Mutter sagt, daß sie ihr Bett machen muß.**

1 Anja will mit ihrem Computer spielen, aber . . .

2 Anja will fernsehen, aber . . .

3 Anja will ausgehen, aber . . .

4 Anja will Schallplatten hören, aber . . .

5 Anja will bis Mitternacht aufbleiben, aber . . .

G Partyvorbereitungen

Read across the table and link the sentences together to make a story.
Use the conjunctions shown, and change the word-order accordingly.
z.B. Gerd stand früh auf, obwohl es Samstag war.

	Gerd stand früh auf	obwohl	es war Samstag
	er mußte sich beeilen	weil	er hatte sehr viel zu tun
während	seine Schwester machte die Wohnung sauber		er ging einkaufen
	sie half ihm immer	wenn	er gab eine Party
als	er kam zurück		alles sah viel besser aus
bevor	sie bereiteten das Essen vor		Gerd holte die Getränke aus dem Keller
sobald	er war damit fertig		er deckte den Tisch
während	er machte das		seine Schwester machte eine Torte
	es war schade	daß	sie hatten keine Zeit zu essen
	sie arbeiteten die ganze Zeit	bis	die ersten Gäste kamen an
	leider waren Gerd und seine Schwester so müde	daß	sie wollten nur schlafen!

○ SO KANNST DU ÜBER DEINE FREIZEIT SPRECHEN

Interview mit Lars Richter (Schüler, siebzehn Jahre alt).

Lars, hast du ein Hobby?
Ja, natürlich! Ich treibe zum Beispiel sehr gern Sport, außerdem sammle ich Straßenschilder . . . was natürlich verboten ist! Und ich fahre auch gern Rad . . .

Was ist dein Lieblingsport?
Eigentlich gefallen mir fast alle Sportarten, ich gehe gern zum Fußball, aber am liebsten spiele ich Fußball. Meine Lieblingsmannschaft ist der HSV (Hamburger Sportverein).

Bist du in einem Sportverein?
Ja. Wir haben einen sehr guten Verein bei uns in der Nähe.

Wie oft gehst du dorthin?
Zwei- bis dreimal in der Woche. Immer, wenn ich Zeit habe.

Was machst du sonst – am Wochenende zum Beispiel?
Samstags treffe ich immer meine Schulkameraden, und meistens gehen wir dann zusammen in die Stadt, oder auch ins Schwimmbad – oder wir gehen zusammen zum Sportverein.

Und was machst du sonntags?
Sonntags bin ich meistens mit meiner Familie zusammen. Morgens gehe ich mit meinen Eltern in die Kirche. Nach dem Gottesdienst kocht meine Mutter ein schönes Mittagessen. Am Nachmittag besuchen wir meine Großeltern, oder sie kommen zu uns. Dann gibt es immer Kaffee und Kuchen.

Bekommst du Taschengeld von deinen Eltern?
Ja, mein Vater gibt mir 25 Mark pro Monat.

Ist das genug?
Nein, das ist nicht genug.

Was kaufst du denn von deinem Geld?
Alles mögliche – Schallplatten, Süßigkeiten, Geschenke . . . Alles andere bekomme ich von meinen Eltern.

Hast du einen Job?
Ja, ich bin Zeitungsjunge. Jeden Abend außer sonntags trage ich Zeitungen aus.

Wie lange brauchst du dafür?
Ungefähr anderthalb Stunden.

Macht es dir Spaß?
Nee, es macht mir gar keinen Spaß! Ich finde es sehr langweilig, aber ich verdiene ziemlich gut.

Wieviel verdienst du denn?
Hundertfünfzig Mark im Monat.

Hast du genug Freizeit?
Nein! Ich habe so viele Hausaufgaben, daß ich an den meisten Tagen sehr wenig Freizeit habe!

Und du?

1 Was für Hobbys hast du?
2 Treibst du gern Sport?
3 Was machst du samstags?
4 Was machst du sonntags?
5 Was hast du gestern abend gemacht?
6 Was für Musik magst du?
7 Spielst du ein Instrument?
8 Wie oft gehst du ins Kino?
9 Sammelst du etwas?
10 Wieviele Stunden verbringst du jeden Abend vor dem Fernseher?
11 Hast du einen Brieffreund (bzw. eine Brieffreundin)?
12 Wie oft bist du schon ins Theater gegangen?
13 Was hast du da gesehen?
14 Wie oft besuchst du deine Verwandten?
15 Wo wohnen sie?
16 Besuchst du sie gern? Warum (nicht)?
17 Liest du gern?
18 Was für Bücher (oder Comics/Zeitschriften) liest du am liebsten?
19 Was machst du in der Mittagspause?
20 Wieviele Stunden Freizeit hast du pro Woche?

ROLLENSPIELE

Hier einige Informationen. Arbeite mit einem Partner (bzw. mit einer Partnerin). Einer stellt die Fragen, der andere spielt die Rolle . . .

Marlies Steffel
15 Jahre alt
Schülerin
Hobbys: Tanzen,
Tiere, Reiten
Sie geht oft babysitten.

Ali Ayaz
16 Jahre alt
Lehrling in einer
Konditorei
Handball, Diskotheken,
Freundin

Frau Marlene Schönhoff
34 Jahre alt
Managerin, verheiratet
Federball (Winter)
Tennis (Sommer)
Skilaufen (Österreich)
Kino. (**Sie**-Form!!)

AUFSATZ

Katja Seidel erzählt ihren Freundinnen, Annette und Stefanie, von ihrem neuen Freund, Roland . . .

„Um acht Uhr holte Roland mich ab. Natürlich kam er pünktlich wie immer. Er trug einen schönen, modernen Anzug, weil wir in die Disco gehen wollten. Wir fuhren mit seinem neuen Porsche in die Stadt. Bevor wir in die Disco gingen, aßen wir bei Gino's. Natürlich bezahlte Roland alles, obwohl es sehr teuer war. Dann gingen wir in die Disco. Roland war ein wunderbarer Tanzpartner. Er tanzte den ganzen Abend mit mir! Um halb zwölf brachte er mich nach Hause. Toll, nicht?"

Unfortunately, this version is not the whole truth! The pictures show what really happened. What should Katja have said?

zu spät kommen/alte Jeans (pl)/ das T-Shirt/schmutzig

der VW-Käfer

der Hamburger (–)

schlechter Tanzpartner/sich langweilen/an der Bar/mit seinen Freunden

die Straßenbahnhaltestelle/ winken/„Gute Nacht!"/nach Hause fahren

HÖRVERSTEHENSÜBUNGEN

A Markus Brodeßer 4

In this short interview, Markus talks about his free-time activities.

1 List the activities he says that he likes.
2 Which sport is he not keen on?
3 Where does he go once a week?

B Dietmar Dux 2

This is another short interview about free-time activities.

1 List the activities Dietmar says that he likes.
2 Where does he go once or twice a year?
3 Why does he mention Göttingen?
4 What has being a student got to do with not joining the club he mentions?

LESEN

Waage-Mädchen (16 Jahre) sucht Jungen zwischen 16 und 20 aus jeder Umgebung. Welcher Junge hat Mut und schreibt an folgende Adresse? Brigitte Schrödl, Siedlung 161, 8261 Stefanskirchen. Meine Hobbys erfahrt Ihr erst in meinen Briefen

•

Ich bin 12 Jahre alt und suche Jungen aus der ganzen Welt für einen heftigen Federkrieg. Ich kann Euch in Englisch und Deutsch antworten. Meine Lieblingshobbys sind Tiere, Briefmarken und Reiten. Jede Bildzuschrift wird beantwortet. Andrea Barthel, Böckeriethe 32, 3008 Garbsen 4

•

Hallo, Boys! Angelika wünscht sich einen netten Jungen zwecks Brieffreundschaft. Ihre Hobbys sind Lesen, Tiere und Musik. Es werden von ihr alle Bildzuschriften beantwortet. Angelika Wetklo, Birkenweg 17, 3063 Obernkirchen

Andrea Mackleid, Beethovenring 2, 6104 Seeheim-Jugendheim 1 sucht viele nette Brieffreunde(innen). Ihre Favoriten sind Leif Garrett, Musik und Briefmarken sammeln. Mehr erfahrt Ihr erst in Andreas Antwortbriefen

•

Jungs, aufgepaßt! 14jähriges Girl sucht Brieffreundschaften. Ihr solltet zwischen 14 und 16 Jahre alt sein und Euch auch für Musik, Briefmarken, Tiere und Kochrezepte interessieren. Claudia Aumaier, Watzing 7, 4681 Rottenbach/Austria

•

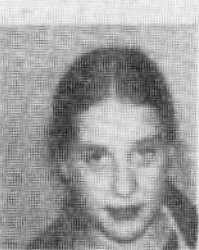

11jähriges Girl sucht Brieffreund- und -freundinnen zwischen 12 und 16. Meine Hobbys sind gute Musik, Tanzen, BRAVO-lesen und KISS. Schreibt schnell mit Bild an Pia Bastiani, Heinrich-Heine-Str. 15, 4354 Datteln

Girl erwünscht! Habe nichts gegen ein späteres Kennenlernen. Auf dem Foto bin ich noch etwas jünger. Natürlich habe ich mich zu meinem Vorteil verändert. Meine Hobbys: Kiss, AC/DC, Motorräder und Tanzen. Jetzt bin ich 16. Jürgen Frank, Dresdener Str. 9, 8402 Neutraubling

•

17jähriger Junge, interessiert an allem, möchte vielleicht ausgerechnet mit Dir in Federkrieg ziehen. Also, dann schreib! Ich mag Schwimmen, Kegeln, Musik und Kino. Schreibt möglichst mit Bild an Hans-Jürgen Brendel, Parkstr. 25, 8058 Altenerding

•

Ich bin ein 17jähriger Junge und wünsche mir dringend Brieffreundinnen aus aller Welt im gleichen Alter. Ich liebe Rock'n'Roll und Kino. Wer Interesse hat, soll sich am besten sofort bei mir melden. Dirk Nissen, Eslingswatt, 2341 Mohrkirch

An alle 16jährigen Mädchen! Ich, Junge, auch 16, suche zahlreiche Briefpartnerinnen aus dem In- und Ausland. Ihr solltet, wie mein Aufruf schon sagt, gleichaltrig sein. Meine Adresse lautet: Ralf Hartmann, Kupferstr. 5, 4800 Bielefeld 14

•

Zwecks Brieffreundschaft wird dringend ein Girl gesucht! Ich mag Handball, Fußball und Sport im allgemeinen. Am liebsten höre ich ABBA und die Bee Gees. Alles andere erfahrt Ihr in meinen Briefen. Marco Ochs, Arbentalstr. 15, CH-8045 Zürich, Schweiz

•

Ich bin jetzt 12 Jahre alt und habe folgende Hobbys: Schlagzeug, Motorräder, AC/DC und Musik überhaupt. Meine zukünftige Brieffreundin sollte gern und oft schreiben. Primo Isenschmid, Hochrütistr. 24, CH-6005 Luzern, Schweiz

Choose three of the people above. Find out what kind of penfriend they are looking for and what they say about themselves and their interests.

B

Sport-Nachrichten

Zweimal verloren
EISHOCKEY – Zweitligist EHC Essen verlor nach dem 3:5 in Straubing auch das zweite Meisterschaftsspiel im Süden beim Deggendorfer SC mit 1:5 (1:1, 0:2, 0:2). Die Essener bleiben aber auf Platz zwei.

Neun besser
BASKETBALL – Deutschland besiegte die Universitätsmannschaft von Pomoa in Kalifornien 80:71.

Steaua vorn
HANDBALL – Steaua Bukarest gewann ein Turnier in Freiburg vor Zeljeznica Sarajewo.

Schnell raus
TENNIS – Der Berliner Uli Marten verlor in Adelaide/Australien in der 1. Runde gegen den Südafrikaner Edwards 7:5, 4:6, 4:6.

Jubiläum
HOCKEY – Beim Turnier um die „Champions-Trophy" in Pakistan spielt Deutschland erstmals seit 10 Jahren ohne Wolfgang Strödter. Er ist jetzt Trainer der Damen.

Nummer 1
FUSSBALL – Die französische Fußballzeitschrift „France Football" wählte Deutschland vor Belgien und der UdSSR zur besten Nationalelf Europas.

Der Neue
FUSSBALL – Nachfolger des entlassenen polnischen Nationaltrainers Ryszard Kulesza wurde der 40jährige Antoni Piechniczek, der früher bei Legia Warschau spielte.

1 What was the result for the Essen second-league ice-hockey team?
2 What was the result for Germany's basketball team?
3 Who won the handball match?
4 Who lost to whom in the tennis match?
5 Why did Wolfgang Strödter not play this time for the national hockey side?
6 What was the result of the *France Football* poll about national football teams?
7 Who is the new trainer for the Polish national football team?

C

Was kann man in Pörtschach machen?
(Wieviele Aktivitäten kannst du identifizieren?)

D

wohin HEUTE?

Samstag

Tiergarten: 8.30 bis 17 Uhr (Einlaß bis 16.15 Uhr).
Botanischer Garten: 9 bis 17 Uhr, Krippenschau.
Stadtbücherei, Gutenbergstraße: 10 bis 12.30 Uhr.
Abenteuerspielplatz Hammerschmiede, Neuburger Straße: Pädagogisch betreut, 10 bis 17 Uhr.
Jugendzentren: Kanalstraße 15: 14 bis 22 Uhr; Schlößle: 14 bis 23 Uhr; Nr. One: 14 bis 22 Uhr; Haunstetter Straße 148: 14 bis 22 Uhr.

Theater

Stadttheater: „Die Zauberflöte", Oper von Wolfgang Amadeus Mozart, Preise B, VB 1, 5, 8, 11, Besucherring und freier Verkauf, 19.30 bis 22.30 Uhr.

To which of the places should these people go?

1 an active child
2 a book-worm
3 an animal-lover
4 a teenager
5 an opera-lover
6 a keen gardener

E Nur zum Spaß:

Mein Taschengeld reicht nicht aus

Nina F., 16, aus Kassel schreibt:

Ich bekomme von meinen Eltern ein Taschengeld von 30,– DM im Monat. Außerdem steckt mir meine Oma immer noch etwas dazu, wenn ich sie ganz lieb darum bitte. Aber trotzdem reicht es nicht. Das Geldausgeben überkommt mich manchmal wie eine „Sucht". Wenn ich die 30,– DM in meiner Tasche habe und im Kaufhaus oder in Boutiquen hübsche Kleinigkeiten sehe, dann möchte ich das unbedingt haben. Erst hinterher merke ich, daß kaum noch etwas von meinem Taschengeld übriggeblieben ist. Außerdem kaufe ich mir oft Sachen, die völlig überflüssig sind. Sie gefallen mir gar nicht mehr, und ich stelle fest, daß ich die meisten Sachen gar nicht gebraucht hätte. Kannst Du mir sagen, wie ich besser mit Geld umgehen könnte?

Liebe Nina,
natürlich ist es immer verführerisch, die schönen Sachen in den Auslagen zu sehen. Aber Du weißt ja genau, wieviel Geld Dir zur Verfügung steht. Deshalb würde ich Dir raten, erst mal zu Hause durchzurechnen, was Du gerne kaufen möchtest, und eine Nacht darüber zu schlafen. Am nächsten Tag fällt es Dir sicher leichter zu verzichten, weil Du dann in Ruhe überlegen kannst, ob Du etwas von den Sachen wirklich brauchst oder nicht.

➡ EINSTIEG

Reisen means *travel*. When you visit German-speaking countries you inevitably have to cope with travelling around, whether by train or by road. You may have to buy tickets and petrol, make bookings and find accommodation. The German needed for these activities is the material you will learn in this **Thema**, along with the countries and nationalities and the minor grammatical peculiarities associated with them.

○ DIE REISEAUSKUNFT

- ● Guten Tag. Wann fährt der nächste Zug nach Basel, bitte?
- ○ Nach Basel? Einen Augenblick, bitte . . . ah, hier ist es . . . 13.17 Uhr.
- ● Muß ich Zuschlag zahlen?
- ○ Ja, das ist ein IC.
- ● IC?
- ○ Ja, Inter City.
- ● Ach so! Von welchem Gleis fährt der Zug?
- ○ Gleis zehn.
- ● Muß ich umsteigen?
- ○ Ja. Sie fahren über Hannover. Da müssen Sie umsteigen. Sie haben aber sofort Anschluß.
- ● Und wann kommt der Zug in Basel an?
- ○ Um 20.39 Uhr.
- ● Hat der Zug einen Büffettwagen?

über Basel		H IC	J IC	J1 IC		K IC	K1
Hamburg Hbf	ab	11.07	◊ 12.07	13.07	...	14.07	...
Bremen Hbf		◊11.17	h12.1	◊ 13.17	...	◊14.17	...
Hannover Hbf......		12.25	◊ 13.25	14.25	...	15.25	...
Dortmund Hbf ...		◊12.44	13.44	◊14.49	...	◊15.44	⑤15.06
Essen Hbf		◊13.06	14.06	◊15.06	...	◊16.06	15.31
Düsseldorf Hbf ..		◊13.34	14.34	◊15.34	...	◊16.34	16.10
Köln Hbf		◊14.03	15.03	◊16.03	...	◊17.03	16.39
Bonn Hbf..........		◊14.24	15.24	◊16.24	...	◊17.24	17.00
Berlin Zoo		⑦ 8.25			...	⑦10.56	
Frankfurt (M) Hbf .		15.46	◊ 16.46	17.46	...	18.46	
Saarbrücken Hbf		④14.47	④ 15.52	④16.47	...	④17.52	
Karlsruhe Hbf		17.02	18.02	19.02	...	20.02	19.53
Basel Bad Bf	an	18.39	19.39	20.39	...	21.39	21.54
	ab	18.41	19.41	20.41	...	21.41	22.06
Basel SBB	an	18.46	19.46	20.46	...	21.46	22.12
Bern		20.09	22.09	22.09	...	23.41	23.41
Spiez		20.52	22.58	22.58	...		
Interlaken Ost ...		21.27	23.27	23.27	...		
Brig		22.00	⑧ 1.20	⑧ 1.20	...		
Lausanne...........		21.22	22.42	23.24	...		
Genève		21.58	23.28	0.09	...		
Zürich HB...........		19.57	20.57	21.57	...	22.57	23.32
Chur		21.30	22.40	23.51	...		
Luzern		20.16	21.07	22.22	..	23.53	23.53
Lugano..............	an	23.21	23.59		...	2.58	⑤ 2.58

- ○ Nein, aber er hat eine Mini-Bar.
- ● Danke schön.
- ○ Bitte schön. Wiedersehen!

○ AM FAHRKARTENSCHALTER

- ● Einmal nach Basel, bitte, hin und zurück – mit Inter-City-Zuschlag.
- ○ Achtundsiebzig Mark, bitte.
- ● Bitte.
- ○ Danke.

Weitere Möglichkeiten

Vokabeln 8.3

Wo ist	die U-Bahn? der Bahnhof? die Reiseauskunft? der Zug nach Bonn?

Einmal Zweimal	erster Klasse zweiter Klasse	nach	Bonn Kiel	einfach. hin und zurück.

Muß ich Zuschlag zahlen?
Hält der Zug in Bochum?

Hat der Zug einen	Liegewagen? Schlafwagen? Büffettwagen?

Ist hier noch frei?
Der Platz ist besetzt.
Ich habe einen reservierten Platz.

ROLLENSPIELE

Vokabeln 8.3

A Imagine you are in Munich at about 8 pm one evening. You have to be in London by the following evening. Your partner (playing the part of an official in the tourist office at Munich) uses the timetable on page 74 to answer your questions about the train to take. You do not look at the timetable during the conversation. Instead, you note down the information you are given. Afterwards, you can check this against the timetable to see if you understood it correctly. Your train will be A on the timetable.

Find out:

1 when the train leaves

2 when it arrives in London

3 whether you have to change

4 when you arrive in Ostend

5 when the ferry (*die Fähre*) leaves

6 how long the crossing is (*die Überfahrt*)

B Work out a similar conversation, in which the traveller wants to get from Hamburg to Essen during the afternoon. Notice that there are three possible trains, and that an Inter-City supplement will have to be paid.

C This time study the timetable to be sure that you can answer questions about a train to get from Bremen to Dover in the evening and night. Note that numbers in open circles refer to days of the week (Monday is ①). Your teacher will play the part of the traveller asking for information.

○ IM REISEBÜRO

● Guten Tag.
○ Guten Tag.
● Womit kann ich dienen?
○ Ich habe vor, im Sommer in die Schweiz zu fahren, aber ich weiß noch nicht genau, wohin. Können Sie mir da helfen?
● Möchten Sie eine Tour machen?
○ Nein, ich habe keine Lust, die ganze Zeit unterwegs zu sein. Ich suche irgendeinen kleinen Ort in den Bergen.
● Wann wollen Sie denn fahren?
○ Im August.
● Und für wie lange?
○ Ich denke, vierzehn Tage.
● Moment mal . . . ja, wir haben hier ein sehr preiswertes Angebot von der Reisegesellschaft Intertour. Vierzehn Tage in Thun.
○ Thun? Wo ist das?
● Im Berner Oberland. Eine sehr schöne kleine Stadt am Thuner See.
○ Und was kostet das?
● Halbpension in einem guten Hotel . . . pro Person DM 510. Die Anfahrt müssen Sie selbst bezahlen.
○ Na ja, wir möchten sowieso mit dem Auto hinfahren.
● Soll ich versuchen, die Reise zu buchen?
○ Nein, noch nicht. Ich möchte es erst mal mit meiner Frau besprechen.
● Ich gebe Ihnen ein paar Prospekte mit. Darin sind Fotos von der Gegend und von den Hotels.
○ Danke schön. Ich melde mich dann wieder.
● Aber warten Sie nicht zu lange! Es ist schließlich Hauptsaison im August.

ROLLENSPIEL

Work out a similar dialogue to include the following information:

Herr und Frau Meßmer haben beschlossen, ihre Ferien in England zu verbringen – eine Woche in London und eine Woche in Cornwall. Sie brauchen Vollpension in guten Hotels. Der Angestellte verspricht, die Zimmer zu bestellen. Er schlägt vor, daß Meßmers ihr Auto mitnehmen – sie fahren auf der Autobahn bis nach Ostende und dann mit der Fähre nach Dover.

AUF ZIMMERSUCHE

Vokabeln 8.6

- ○ Ich bin gerade angekommen, und ich habe noch keine Unterkunft für heute nacht. Können Sie mir da helfen?
- ● Aber selbstverständlich. Ich habe hier eine Liste von Pensionen und Hotels.
- ○ Es darf nicht zu teuer sein.
- ● Wollten Sie Übernachtung mit Frühstück?
- ○ Ja.
- ● So, da haben Sie die Liste.
- ○ Können Sie mir ein Hotel empfehlen?
- ● Die sind alle ziemlich gut. Soll ich für Sie anfragen?
- ○ Nein, das kann ich selbst machen. Vielen Dank für Ihre Hilfe.
- ● Bitte sehr.
- ○ Auf Wiedersehen.
- ● Auf Wiedersehen.

ROLLENSPIEL

Work out a similar dialogue to include the following information:

Karin Schulz braucht ein Einzelzimmer in einem billigen Hotel. Sie hat sehr wenig Geld! Sie hätte gern Halbpension.

IM HOTEL: AN DER REZEPTION

Vokabeln 8.6

Can you say these phrases that you might need when arriving at a hotel? If you need help, consult the vocabulary.

1. ask if the hotel has any rooms free
2. say that you have not booked
3. say you want a double room with bath
4. say you want a single room with shower
5. say there are three of you
6. say you want to stay one night
7. say you want to stay two nights
8. ask for your keys
9. say you want half-board
10. ask what time breakfast is
11. say you have two suitcases

AN DER TANKSTELLE

- ● Ja, bitte?
- ○ Dreißig Liter, bitte.
- ● Normal?
- ○ Nein, Super, bitte.
- ● So, bitte.
- ○ Was macht das?
- ● Siebenundvierzig Mark fünfundachtzig, bitte.
- ○ Bitte schön.
- ● Danke schön. Gute Fahrt!

ROLLENSPIEL

You have arrived at the Hotel Alte Post in Mayrhofen, in the Austrian Tyrol. You are the only person in the family who can speak German. Ask for the rooms you need (for two nights), find out about meals, etc.

FAHRPLAN (siehe Seite 71, Rollenspiel A)

über Oostende—Dover

		A		B		C			D		E	F		G	
München Hbf	ab	21.10	...	23.10	...	...	...	...	q 4.00	...	♦ 10.43	♦11.43	...	♦ 14.43	...
Nürnberg Hbf			...		...	3.22	...	...	♦e 6.03	...	♦b 12.01❹	♦13.01	...	15.14	...
Stuttgart Hbf		0.08	...	2.13	...		...	...	♦q 7.03	...	♦ 13.03	♦14.03	...	♦ 17.03	...
Karlsruhe			...		...		...	...	7.18	...	♦q 13.56❶	❶♦14.56	...	♦e 17.56	...
Frankfurt (Main) Hbf		❸0.26	...		...	6.55	...	...	♦d 8.28	...	♦b 14.28	♦15.40	...	18.24	...
Bonn Hbf	ab	4.08	...	7.38	...	9.01	...	...	♦d 10.31	...	♦b 16.31	♦17.31	...	20.52 [b]	...
Berlin Zool Garten	ab		...	23.53	...		...	...	...	...		...	...	...	...
Hannover Hbf			...	4.01	...	h6.00	...	...	♦d 7.53	...	♦ 13.53	♦14.53	...	♦f 17.53	...
Dortmund Hbf			...	6.25	...	7.43	...	...	♦ 9.38	...	♦ 15.38	♦16.40	...	♦f 19.38	...
Essen Hbf	ab		...	7.05	...	8.22	...	...	♦ 10.02	...	♦ 16.02	♦17.02	...	♦f 20.02	...
Hamburg Hbf	ab	22.50	...	3.15	...		...	...	♦ 6.35	...	♦ 12.35	♦13.35	...	♦f 16.35	...
Bremen Hbf		23.59	...	4.26	...		...	...	♦ 7.38	...	♦ 13.38	♦14.38	...	♦f 17.38	...
Essen Hbf		2.24	...	7.14	...	8.22	...	...	♦ 10.02	...	♦ 16.02	♦17.02	...	◊f 20.02	...
Düsseldorf Hbf	ab	2.52	...	7.49	...	8.55	...	...	♦ 10.30	...	♦ 16.30	♦17.30	...	♦f 20.30	...
Köln Hbf	ab	4.47	...	8.21	...	9.43	...	...	11.06	...	17.06	18.19	...	21.17	...
Aachen Hbf		5.51	...	9.33	...	10.35	...	...	11.46	...	17.59	19.03	...	22.09	...
Welkenraedt	an	6.03	...		...		...	...		...	18.12	19.15	...	22.22	...
Liège Guillemins	an	6.40	...	10.15	...	11.15	...	...	12.26	...	18.42	19.45	...	22.52	...
Bruxelles Midi	an	8.05	...	11.30	...	12.30	...	...	13.29	...	19.57	20.56	...	0.04	...
Oostende	an	9.29	...	12.55	...	13.55	...	...	15.14	...	21.14	22.14	...	1.15	...
	ab	10.05 k10.45	...	...	...	14.40	...	...	x16.30	...	...	...	...	1.45	...
Dover	an	12.45 〉13.35	...	...	...	17.20	...	...	〉19.20	...	...	...	...	[f] 5.00	...
Western Docks	ab	13.32 〉14.20	...	...	...	18.04	...	...	〉20.04	...	...	...	...	[f] 6.15	...
London Victoria	an	15.02 k15.48	...	...	...	19.35	...	...	x21.35	...	...	...	...	m 7.57	...

⚒ = werktags
a = ⚒ außer ⑥
b = täglich außer ⑥
d = ① bis ⑥, nicht 17. VI.
e = täglich außer ⑥, nicht 15., 16. VI.
f = täglich außer ⑥, nicht 16. VI.

h = ① bis ⑤, nicht 16., 17. VI.
k = ⑥ vom 28. VI bis 30. VIII.
m = ⑥ an **7.48**, ⑦ an **8.08**
n = nicht 27./28. IX.
p = 27./28. IX.,
q = ① bis ⑥, nicht 16., 17. VI.
x = ⑥ vom 5. VII. bis 30. VIII.

❶ = Mannheim umsteigen
❷ = Bruxelles Midi umsteigen
❸ = Mainz umsteigen
❹ = Würzburg umsteigen
❺ = ⑦ Abfahrt ***13.30***
❻ = ⑦ Abfahrt ***9.30***
❼ = ⑦ Abfahrt ***9.05***
◊ = TEE, nur 1. Klasse
♦ = IC 1., 2. Klasse
■ = nicht 5. VI.
[b] = Bonn-Beuel
[f] = über Folkestone Harbour

EUROPA

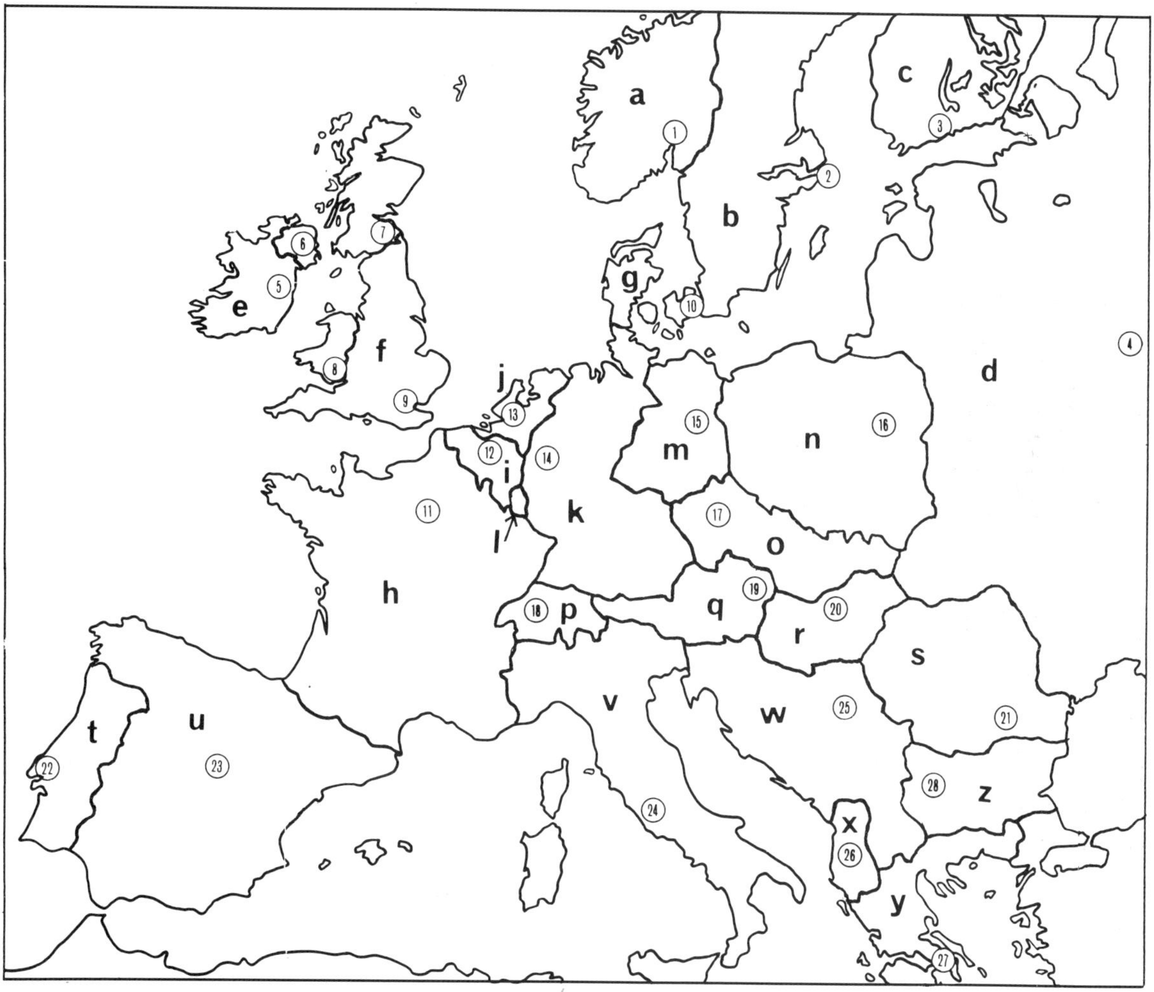

A Welcher Buchstabe gehört zu jedem Land?

r = Ungarn

Ebenso mit:

▶ die Sowjetunion (die UdSSR)
Griechenland
Portugal
Finnland
Frankreich
Luxemburg
Österreich
Italien
Albanien
Spanien
Bulgarien
Schweden
Irland

▶ HB 2.17.e
Belgien
Jugoslawien
▶ die Bundesrepublik Deutschland
▶ die Schweiz
▶ die DDR
▶ die Niederlande
Großbritannien
Norwegen
Rumänien
Polen
▶ die Tschechoslowakei
Dänemark

B Von welchem Land ist . . . die Hauptstadt?

⑨ = London

Ebenso mit:

Helsinki
Moskau
Bern
Athen
Prag
Dublin
Budapest
Bukarest
Lissabon
Rom
Tirana
Berlin
Amsterdam
Cardiff

Stockholm
Paris
Bonn
Wien
Sofia
Madrid
Warschau
Brüssel
Belfast
Oslo
Edinburgh
Kopenhagen
Belgrad

NATIONALITÄTEN

Vokabeln 8.7

Diese Nationalitäten mußt du kennen:

Herr Gerhard Braun ist **Deutscher**. Seine Frau Maria ist **Deutsche**.
Mr Gerry Brown ist **Engländer**. Seine Frau Mary ist **Engländerin**.
M Gerard Lebrun ist **Franzose**. Seine Frau Marie ist **Französin**.

Auch wichtig:

Schweizer/Schweizerin
Österreicher/Österreicherin
Schotte/Schottin
Ire/Irin
Waliser/Waliserin

ÜBUNGEN

A In der Exportabteilung der Firma Blank

HB 2.17.e

Wohin fahren die Vertreter (=*representatives*)?

z.B. Herr Gerber fährt in die USA.
Frau Müller fährt nach Dänemark.

1 Frau Kamm – Belgien
2 Herr Bauer – Sowjetunion
3 Frau Reinhardt – Frankreich
4 Herr Six – Niederlande
5 Herr Brandt – Großbritannien
6 Frau Werdenberg – Italien
7 Herr Lindner – DDR
8 Frau Ecker – Tschechoslowakei
9 Herr Klotz – Finnland
10 Frau Druschel – Schweiz

B Brigitte Steger hat überall Verwandte!

z.B. Ihre Tante wohnt in der Schweiz.

1 Onkel – Spanien
2 Großvater – Polen
3 Schwester – Spanien
4 Bruder – DDR
5 Großmutter – Belgien

C zu + Infinitiv

HB 10.32b

● Hast du vor, **deine Tante zu besuchen**?
○ Ja, ich freue mich darauf, **meine Tante zu besuchen**.

Ebenso mit:

1 Brieffreund – besuchen
2 nach Italien – fahren
3 das Museum – besichtigen
4 in Köln – einkaufen
5 Urlaub in Spanien – verbringen

D beschließen

HB 10.32b

z.B. Reinhard **hat beschlossen**, seine Ferien in der Schweiz **zu** verbringen.
Ulrich **hat beschlossen**, nach Istanbul **zu** fahren.

Ebenso mit:

Herta . . . (sie fliegt nach Casablanca)
Trude . . . (sie verbringt ihren Urlaub in Rom)
Heinz . . . (er besucht Verwandte in Brüssel)
Thomas . . . (er arbeitet bei der Post)
Holger . . . (er bleibt zu Hause)

BRIEF

Kiel, den 19. Juli

Liebe Julie,

ich finde es einfach toll, daß Du uns besuchen kannst! Du kommst Mitte August, ja? Weißt Du jetzt genau, wann Du kommen willst und wie Du nach Kiel fahren wirst? Wie lange möchtest Du hier bleiben? Du weißt ja, Du kannst bis Anfang September bei uns wohnen. Wenn Du mit dem Zug fährst, holen wir Dich natürlich am Bahnhof ab. Es ist schade, daß wir kein Foto von Dir haben. Wie können wir Dich erkennen?

Schreib bald!

Deine
Sigrid

Du schreibst den Antwortbrief. Einige Hilfen:

Ich freue mich sehr darauf, . . . zu + **Inf**.	*I'm really looking forward to . . .*
Ich lege Dir ein Foto von mir bei	*I'm enclosing a photo of myself*
Ich werde . . . tragen, damit Ihr mich nicht verpaßt	*I'll be wearing . . . , so that you don't miss me*

Beantworte **alle** Fragen!

So schreibst du die Adresse:

Frl.
Sigrid Lindner
Frankenstr. 3
2300 Kiel
W. Germany

MARIANNE UND JAN – AUFSATZ

Du schreibst diese Geschichte als Aufsatz.
Nicht vergessen: Präteritum! Nebensätze!

Marianne wohnt in Essen.
Sie hat vor, nach Köln zu fahren.
Sie will ihren Freund Jan besuchen.
Sie steigt in den Zug ein.

Sie findet einen freien Platz in einem Nichtraucherabteil.
Sie freut sich darauf, Jan wiederzusehen.
Sie ist müde.

Sie schläft ein.
Der Zug kommt in Köln an.
Sie schläft weiter.

Jan wartet auf sie auf dem Bahnsteig.
Er hat einen Blumenstrauß für sie.
Er sucht sie.
Er kann sie nicht finden.

Er sieht sie durch das Zugfenster.
Er beschließt einzusteigen.
Er will sie wecken und überraschen.

Er steigt ein.
In diesem Moment fährt der Zug ab!

HÖRVERSTEHENSÜBUNGEN

A Urlaubspläne

1 What do the two speakers agree on at the start?
2 How much has the first speaker saved?
3 What will the first speaker be doing this year for the first time?
4 How will they travel?
5 What does the second speaker think are the good things about Italy? (three things)
6 What has the other speaker got against Italy?
7 Why is France ruled out?
8 What is the trouble with England – according to these speakers?
9 Which places in Britain do they talk about visiting?
10 Why does the first speaker want to go to Liverpool?

B In welchem Land sind sie?

Ihr hört fünf kurze Gespräche. In welchen europäischen Ländern sind diese Leute?

C Urlaub in Holland

Listen carefully to this authentic interview and try to complete this English summary:

This couple spent their holiday in the _____ of Holland. They were there for _____ weeks. Mostly the weather was _____. While there, they _____, _____ and looked round the area. Their opinion of the holiday was that it _____. They did not go to a hotel but to a _____, where they rented a _____. This cost them a *total* of _____ Marks. They would gladly go back there any time.

WORTSPIRALE

Wieviel Reise-Vokabular kannst du in der Spirale finden? Die Wörter gehen von rechts nach links und von links nach rechts.

LESEN

A

1. How does this advertisement suggest that one should travel abroad?
2. To which countries can one travel in this way?
3. Do you have to pay extra for a seat reservation?
4. What happens about passport control and customs?
5. Where can you get more information?

B

1. What time would you have to leave Winningen to take the boat up the Moselle to Beilstein?
2. How could you then travel on to Bernkastel?
3. How could you then travel on to Trier?

Moselreisen

Täglich vom 11. Mai bis 7. September

Moselaufwärts — Moselabwärts

Moselaufwärts							Moselabwärts		
	8.30		ab	**Koblenz**		an		20.30	
	9.10		↓	Moselweiß	r	↑		19.50	
	9.30		↓	Winningen	l	↑		19.25	
	9.50		↓	Kobern-Gondorf	l	↑		19.05	
	10.45		↓	Alken	r	↑		18.15	
	11.00		↓	Brodenbach	r	↑		18.05	
ab 22. 6.	11.30		↓	Moselkern	l	↑		17.35	ab 22. 6.
	12.10		↓	Treis-Karden	r	↑		16.55	
8.30	13.15		↓	**Cochem**	l	↑		16.15	19.30
9.30	14.15	▶ 14.45	↓	Beilstein	r	↑	13.45	▶ 15.15	18.30
11.05		16.20	↓	Alf	l	↑	12.15		17.00
11.30		16.45	↓	Zell	r	↑	11.55		16.40
13.05		18.20	↓	Traben-Trarbach	r	↑	10.35		15.20
13.25		18.40	↓	Kröv	l	↑	10.10		14.55
14.10		19.25	↓	Zeltingen	r	↑	9.35		14.20
14.50		20.00	an	**Bernkastel-Kues**	r	ab	9.00	▶	13.30
▶	15.15		ab			an		13.25	
	16.55		↓	Neumagen-Dhron	r	↑		12.00	
	17.10		↓	Trittenheim	l	↑		11.45	
	18.25		↓	Mehring	l	↑		10.25	
	18.45		↓	Schweich	l	↑		10.05	
	19.50		an	**Trier**	r	ab		9.15	

C Interrail – die billige Karte für junge Leute

To help you understand this article reprinted from a magazine, some key points are underlined.

Interrail – die billige Karte für junge Leute

Mit dieser Fahrkarte kann man in einem Monat alle europäischen Hauptstädte besuchen. Es gibt Leute, die das auch machen. An jedem Bahnhof schreiben sie schnell eine Ansichtskarte und reisen dann weiter. Wir wollten aber nicht nur Bahnhöfe sehen. Daher waren wir mit einer „kleinen" Europa-Reise zufrieden. Sie war weit genug: Paris – Avignon – Sanary an der Côte d'Azur – die italienische Riviera – Rom – Barcelona – Tarragona – die spanische Ostküste – Lissabon – Madrid – San Sebastian – Paris. Mit dem Inter-Rail-Ticket ist es jetzt leicht, Reisepläne zu ändern. In Paris hörten wir, daß in Avignon Jugendfestspiele stattfanden. Eigentlich wollten wir nicht nach Avignon, sondern an die Riviera, aber die Festspiele lockten. Wir fuhren also in die Stadt im Süden Frankreichs. Dort aber regnete es. Oder genauer: das Wasser fiel vom Himmel. Es war ein Wolkenbruch, der kein Ende nehmen wollte. Außerdem fanden wir kein Quartier. Und bei einem Glas Calvados änderten wir wieder einmal unseren Plan: wir gingen zum Bahnhof zurück und fuhren nach Sanary.

Langweilig?

Viele sagen: Zugfahren ist langweilig. Das stimmt nicht. Wir haben Abenteuer erlebt. Schöne Abenteuer mit interessanten Leuten. Auf der Zugfahrt von Rom nach Barcelona feierten wir mit vier Holländern ein fröhliches „Eisenbahnfest". Wir spielten Karten, tranken Wein, lachten und sangen. So etwas erlebt man im eigenen Auto nicht.

Konflikte?

Wenn zwei verreisen, gibt es manchmal Konflikte. Der eine will nach Barcelona, der andere nach Rom. Wer mit dem Auto reist, muß Kompromisse machen. Bei der Inter-Rail-Fahrkarte kann man sich auch trennen und allein reisen.

Hast du diesen Text verstanden?

1 How long can you travel on the Interrail ticket?
2 What is it possible to do, if you travel almost non-stop?
3 What do the people who do this have time to do at each place?
4 How many different countries did the author and his friends visit? Which?
5 Which capital cities did they see?
6 What is the big advantage of the ticket, as far as planning your route is concerned?
7 Why did the author go to Avignon?
8 Why did he leave Avignon so quickly?
9 Why does he say that travelling by train is not boring?
10 What can you do, if you and your friends disagree about the route to take?

THEMA NEUN

GESUNDHEIT

EINSTIEG

Minor ailments unfortunately often strike when you are abroad! The topic is about health and illness, describing symptoms and visiting a doctor or a chemist. Many of the expressions needed involve the use of the dative, and you will have the chance to learn and practise these here.

SCHLIMMBO

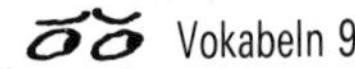 Vokabeln 9.4

AUFGABE

Möchten Sie so aussehen wie Schlimmbo? Möchten Sie so starke (12) (Pl.) haben? Durch unser Trainingssystem und unsere Schlimmbo-Diät können auch Sie eine große (10) und muskulöse (9) (Pl.) haben. Sehen Sie sich Schlimmbos flachen (13) an, seine kräftigen (18) (Pl.), seinen starken (8). So können Sie in wenigen Wochen aussehen! Durch unsere Diät werden Sie auch klare (3) (Pl.) und gesunde (2) (Pl.) bekommen. Sie werden von (1) bis (19) ein wahrer Supermensch!
Schicken Sie nur DM 299,– an unsere Adresse:

Nenne die anderen numerierten Körperteile!

SCHLIMMBO IST KRANK!

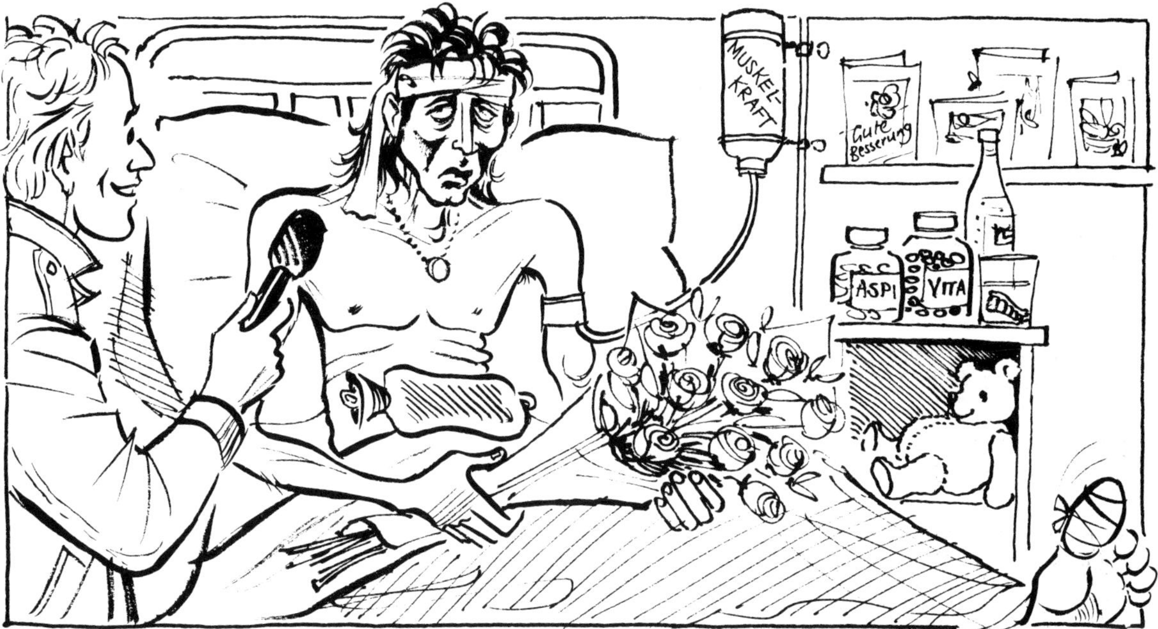

AUFGABE

Vokabeln 9.1

Schlimmbo ist krank – sehr krank! Sein neuester Film (SCHLIMMBO XV) war ihm einfach zuviel. Alle Zeitungen wollen wissen, was ihm fehlt. Leider kann Schlimmbo nicht sehr gut sprechen! Das dürfen die Zeitungsleser aber nicht erfahren (=*find out*). Schlimmbo sagt zum Beispiel „Ohrenschmerzen", aber die Reporter schreiben „Schlimmbo sagt: ‚Ich habe Ohrenschmerzen'", oder „Schlimmbo sagt: ‚Meine Ohren tun mir weh.'"

Schlimmbo sagt:

1 „Magenschmerzen!"
2 „Zahnschmerzen!"
3 „Kopfschmerzen!"
4 „Halsschmerzen!"
5 „Rückenschmerzen!"
6 „Augenschmerzen!"

Was schreiben die Reporter?

Beachte!

Mein Fuß **tut** mir weh (sing.).
Meine Füße **tun** mir weh (pl.).

WEITERE KRANKHEITEN

Man muß nicht immer ins Krankenhaus, wenn man krank ist.
Manchmal ist die Diagnose sehr leicht:

Symptome	**Krankheit**
Du niest, hustest und hast Halschmerzen.	Du hast Schnupfen.
Dir ist schlecht, du hast Magenschmerzen, und du hast Durchfall.	Du hast eine Lebensmittelvergiftung.
Dir ist heiß und kalt, dir ist übel, und du brichst.	Du hast Grippe.

○ BEIM ARZT

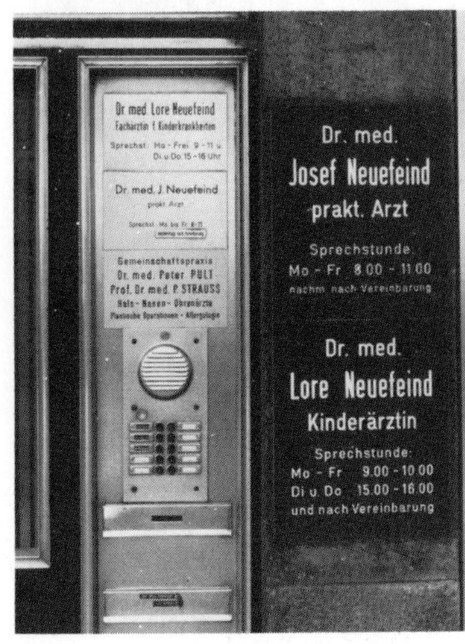

PATIENT Guten Morgen, Herr Doktor.

ARZT Guten Morgen, Herr Steinmann. Nehmen Sie doch Platz. Na, was fehlt Ihnen denn?

PATIENT Mein Hals tut mir weh.

ARZT Aha. Zeigen Sie bitte mal! Machen Sie den Mund auf! Ja . . . strecken Sie die Zunge bitte 'raus! Wo tut es denn weh?

PATIENT Arr . . . äh . . . öh . . .

ARZT Wie bitte?

PATIENT (*Macht den Mund wieder zu.*) Ganz hinten.

ARZT Sagen Sie bitte mal „A"!

PATIENT AAAAA!

ARZT Haben Sie Husten?

PATIENT (*Hustet.*) Ja.

ARZT Tut die Brust auch weh?

PATIENT Nein

ARZT Auch hier nicht?

PATIENT (*Hustet*) Doch, (*Hustet*) da tut es weh.

ARZT Seit wann haben Sie die Schmerzen, Herr Steinmann?

PATIENT Seit vorgestern.

ARZT Ich glaube, Sie haben eine Mandelentzündung. Es kann sein, daß Sie auch Grippe haben. Tut Ihnen der Kopf auch weh?

PATIENT Ja, Kopfschmerzen habe ich auch.

ARZT Ich verschreibe Ihnen etwas. Bringen Sie dieses Rezept zur Apotheke. Nehmen Sie täglich drei von den Tabletten. Dann müssen Sie nach Hause gehen. Sie müssen mindestens zwei bis drei Tage im Bett bleiben, bis Sie wieder gesund sind.

PATIENT Vielen Dank, Herr Doktor. Auf Wiedersehen.

ARZT Auf Wiedersehen, Herr Steinmann, und gute Besserung!

ROLLENSPIELE

A Using the above dialogue as a guide, use this information to work out another doctor/patient conversation.

> Während deines Urlaubs mußt du zum Arzt, weil du furchtbare Magenschmerzen hast. Dir ist sehr schlecht. Du hast zu viele Currywürste gegessen. Du hast mehrmals gebrochen, und du hast Durchfall. Der Arzt verschreibt dir Tabletten und sagt dir, was du essen sollst.

B Now make up symptoms for your partner (the doctor) to diagnose.

IN DER APOTHEKE

APOTHEKER Guten Tag, was darf es sein?
KUNDE Ja, haben Sie etwas gegen Sonnenbrand?
APOTHEKER Wo tut es denn weh?
KUNDE Hier auf den Schultern.
APOTHEKER Ja, das sieht schlimm aus.
KUNDE Muß ich zum Arzt?
APOTHEKER Es kommt darauf an. Haben Sie weitere Beschwerden?
KUNDE Beschwerden . . .?
APOTHEKER Ja, haben Sie andere Schmerzen? Ist Ihnen schlecht?
KUNDE Ja, mir ist schlecht.
APOTHEKER Hier ist eine Salbe zum Einreiben. Wahrscheinlich geht es Ihnen morgen schon besser. Sonst müssen Sie unbedingt zum Arzt.
KUNDE Danke sehr. Was macht das?
APOTHEKER Vier Mark siebzig, bitte.
KUNDE Bitte schön.
APOTHEKER So, dreißig Pfennig zurück. Danke schön.
KUNDE Wiedersehen!
APOTHEKER Wiedersehen!

ROLLENSPIELE

Use the above dialogue as a model to help you prepare the following role-plays.

A Du hast Schnupfen. Du gehst zum Apotheker und fragst ihn, ob er etwas dagegen hat.

B Am Tag der großen Klassenarbeit wacht Arndt auf und will nicht zur Schule gehen. Seine Mutter sagt, er muß zur Schule gehen, aber Arndt antwortet, daß er krank ist . . .
Bereite den Dialog mit einem Partner vor!

ÜBUNGEN

A Beschreibe die Symptome!

1 Du hast Schnupfen.
2 Du hast Grippe.
3 Du hast eine Magenverstimmung.
4 Du hast einen Sonnenbrand.
5 Du bist seekrank.

B Was ist los? HB 10.30e

z.B. Wir haben dreißig Grad. **Mir ist heiß.**
1 Wir haben null Grad . . .
2 Ich habe zuviel Schokolade gegessen . . .
3 Ich war zu lange auf einem Karussell . . .
4 Martin sonnt sich am Strand . . .
5 Maike hat ihren Mantel vergessen, und es schneit . . .

C Sie sind krank   HB 9.8

z.B. Hans kann nicht essen, **weil sein Hals ihm wehtut.**

1 Regine kann nicht gut laufen, weil . . .
2 Robert kann sich nicht konzentrieren, weil . . .
3 Anke kann kaum noch hören, weil . . .
4 Jochen kann nicht aufrecht (= *upright*) gehen, weil . . .
5 Anna kann keine Süßigkeiten essen, weil . . .
6 Peter kann nicht fernsehen, weil . . .
7 Liselotte kann keine richtigen Schuhe tragen, weil . . .
8 Petra kann nicht schreiben, weil . . .
9 Jürgen benutzt (= *uses*) ein sehr weiches (= *soft*) Taschentuch, weil . . .

„Gesundheit!"

D Was sagt der Arzt?   HB 10.10

z.B. Du mußt Platz nehmen. Er sagt:
„Nehmen Sie doch bitte Platz!"

1 Du mußt dich hinsetzen.
2 Du mußt den Mund aufmachen.
3 Du mußt die Zunge herausstrecken.
4 Du mußt „A" sagen.
5 Du mußt den Mund zumachen.
6 Du mußt dich ausziehen.
7 Du mußt dich hinlegen.
8 Du mußt tief atmen.
9 Du mußt dich wieder anziehen.
10 Du mußt das Rezept zur Apotheke bringen.

QUIZ

1 Anagramme: Körperteile

NEIK, NAHD, DUMN, EGUA, TSCHEIG, GEMAN, GIRENF, MUENDA, TRUBS, NOGBLEEL

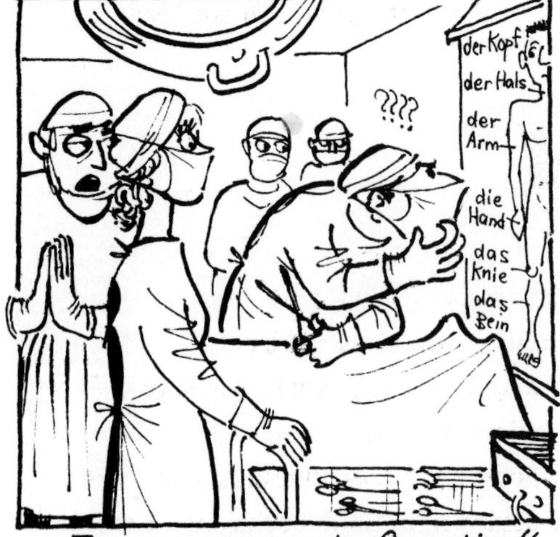

„Es ist seine erste Operation"

2 Wie geht das weiter?

z.b. Zehen: Fuß, Finger: *Hand*

1 Bein: Knie, Arm:
2 Schnupfen: Nase, Husten:
3 Zuviel Alkohol: Kopfschmerzen, zuviel zu essen:
4 Krank: gesund, dick:
5 Hose: Beine, Schuhe:

3 Welcher Körperteil ist das?

1 Zwischen Augen und Mund?
2 Zwischen Schulter und Hand?
3 Zwischen Zehen und Bein?
4 An der Hand, neben den Fingern?
5 Hinter den Zähnen?

DIE SCHLANKHEITSKUR – AUFSATZ

1 Frau Esser wiegt sich.
Sie bekommt einen Schreck.
Sie wiegt hunderteins Kilo.

2 Sie läuft zur Bushaltestelle.
Sie verpaßt den Bus.
Sie kann nur sehr langsam laufen.
Ihr Hund heißt Burschi.
Er kann viel schneller laufen.

3 Sie liest einen Artikel in einer Zeitschrift.
Sie sieht eine interessante Schlankheitskur.
Sie heißt „FDH" oder „Friß die Hälfte".
Sie beschließt, diese Kur zu machen.

4 Sie kocht genausoviel wie früher.
Sie gibt Burschi die Hälfte davon.

5 Drei Monate später ist sie viel schlanker.
Sie wiegt sich noch einmal.
Sie wiegt nur fünfundfünfzig Kilo.

6 Sie läuft noch einmal zur Bushaltestelle.
Sie muß auf Burschi warten.
Er ist jetzt so dick.
Er kann kaum noch laufen.
Sie verpaßt den Bus!

Nicht vergessen: Präteritum! Nebensätze!

HÖRVERSTEHENSÜBUNGEN

A Ein kranker Mann

1 With whom is Herr Meyer talking?
2 What first gives away the fact that Herr Meyer is overweight?
3 What does he say is his problem?
4 What is he told to do?
5 Why is Herr Meyer not keen to do this?
6 How much does he weigh?
7 How tall is he?
8 How much ought he to weigh?
9 What does he eat and drink at mealtimes?
10 Where does he work?
11 What does he do sometimes while at work?
12 What advice is he given at the end of the conversation?

B In der Apotheke

In this dialogue, an English tourist visits the chemist's . . .

1 What does the tourist say is wrong with him?
2 When did this start?
3 What symptoms does he mention?
4 What has he eaten?
5 What does the chemist diagnose?
6 How many tablets should the tourist take – and how often?
7 What should he do if there is no improvement?
8 What else does the chemist recommend?
9 What is the choice of prices for the tablets?
10 Which pack does the tourist buy?

● *Herr Doktor, ich habe Angst! Ist die Operation sehr gefährlich?*
○ *Nein! Von zehn Patienten kommt mindestens einer durch!*
● *Is das nicht eine sehr kleine Chance?*
○ *Bei Ihnen nicht. Diese Woche sind schon neun Patienten gestorben!*

LESEÜBUNG

(a), (b), (c) oder (d)? Nur eine Antwort ist richtig!

1 Frau Brandt trägt zu viele schwere Einkaufstaschen. Sie bekommt . . .
(a) Ohrenschmerzen (c) Magenschmerzen
(b) Rückenschmerzen (d) Augenschmerzen

2 Du niest so viel. Ich glaube, du hast . . .
(a) Angst (c) einen Sonnenbrand
(b) Probleme (d) Schnupfen

3 Für dieses Medikament brauchen Sie ein Rezept. Sie müssen . . .
(a) zum Arzt (c) zur Drogerie
(b) zur Apotheke (d) zum Supermarkt

4 Es hat mir gar nicht gefallen, auf dem Eiffelturm zu sein. Es war sehr schön, ganz Paris zu sehen, aber der Turm ist furchtbar hoch, und . . .
(a) mir war schwindlig (c) mir war kalt
(b) mir war warm (d) mir war übel

5 Udo hat sehr viel Schlagsahne gegessen . . .
(a) ihm ist schwindlig (c) ihm ist übel
(b) ihm ist heiß (d) ihm ist kalt

6 Ines hat Husten. Was tut ihr weh?
(a) die Nase (c) der Rücken
(b) der Hals (d) der Kopf

7 Uwe hat sich zu lange gesonnt. Er geht zur Drogerie und kauft . . .
(a) einen Sonnenbrand (c) eine Sonnenbrille
(b) einen Sonnenschirm (d) eine Salbe

8 Doktor Jansen schreibt ein Rezept. Er sagt zum Patienten: „Ich . . . Ihnen etwas."
(a) verschreibe (c) unterschreibe
(b) beschreibe (d) verkaufe

9 Frau Wilms, Sie arbeiten zuviel. Sie müssen . . .
(a) sich ausruhen (c) sich abtrocknen
(b) sich beeilen (d) die Betten machen

10 Irma hat eine Magenverstimmung. Sie hat . . .
(a) Durchfall (c) Augenschmerzen
(b) Zahnschmerzen (d) einen Sonnenbrand

PROBLEME

Wenn man Probleme hat, kann man an die Problemseite einer Zeitschrift oder einer Zeitung schreiben. In Deutschland schreiben die Teenager an „Bravo", „Pop-Rocky" oder „Mädchen".

Use a dictionary to help you sort out these two genuine problems and answers:

Ich will die Pickel auf dem Rücken loswerden!

Hilke F., 15, Husum

Zwei Jahre lang schon habe ich Pickel auf dem Rücken. Seit ich sie mit Akne-Seife behandle, Akne-Creme darauf gebe und den Rücken bürste, sind sie schon etwas weggegangen. Nun kommt doch bald wieder der Sommer, und ich will baden gehen.

Bis dahin möchte ich die unästhetischen Dinger endlich los sein. Hast Du einen Tip für mich, was ich noch machen kann?

Liebe Hilke,

behandle Deinen Rücken unbedingt auch weiterhin so, wie Du's beschrieben hast. Daß sich bei regelmäßiger Pflege Erfolge einstellen, hast Du ja bereits festgestellt. Hier nenne ich Dir noch ein anderes sehr wirksames Anti-Pickel-Mittel. Mach 1- bis 2mal pro Woche ein Weizenkleie-Vollbad. Weizenkleie gibt's im Reformhaus. Bringe etwa 2 Pfund Kleie mit etwas Wasser zum Kochen und gib diesen Brei ins Badewasser. Bade darin etwa 15 Minuten und achte darauf, daß der Rücken immer unter Wasser ist. Weizenkleie ist ideal für unreine Haut, weil sie entzündungshemmend und beruhigend wirkt.

Unser Freund trinkt zuviel

Hellen A., 18, aus Lindau schreibt:

In unserer Clique ist ein Junge, der viel zuviel trinkt. Ihm ist es egal, ob wir alle zusammen sind, z. B. im Jugendzentrum oder bei einer Fete. Er sitzt auch zu Hause alleine vor einer Flasche. Er tut es auch, wenn er genau weiß, daß er noch Auto fahren muß. Oft kann man nicht mehr vernünftig mit ihm reden, und wenn er nüchtern ist, zittert er so, daß er sich nicht mal mehr die Zigarette drehen kann. Vielleicht hat er Minderwertigkeitskomplexe. Er ist zwar ganz gut in Mathe und Physik, hat aber ansonsten zwei „linke Hände". Seine Eltern kümmern sich nicht um seine Trinkerei. Gibt es eine Möglichkeit, ihm zu helfen?

Liebe Hellen,

leider nützt Dein guter Wille gar nichts, wenn der Junge nicht selbst ganz bewußt seine Lage ändern will. Daß das schwer ist, kann man sich vorstellen. Wahrscheinlich kommt er von alleine nicht davon los und müßte ärztlich beraten werden. Alkoholismus ist nämlich eine Krankheit, die behandelt werden muß. Wende Dich doch mal an eine Beratungsstelle für Alkoholiker!

A

1 What is Hilke's problem?
2 What has she done about it so far?
3 Why does she now want to solve it permanently?
4 What, basically, is the advice?

B

1 Whom is Hellen writing about?
2 Where and when does he drink?
3 What effect does this have on him?
4 What is Hellen's diagnosis?
5 What is he like otherwise?
6 Are his parents concerned?
7 What does Hellen want to know?
8 What, basically, is the advice?

• THEMA ZEHN •

AUSTAUSCH

➡ EINSTIEG

It may well be that you have the opportunity to take part in an exchange – in other words, to go and stay with the family of a partner of your own age in a German-speaking country and to have the partner come and stay with you. If so, this is a very important topic for you, since it covers much of the language you will need when staying in a German family. If you are not doing an exchange, this is still an important topic; the language you will learn in it will be needed on any visit to German-speaking countries. The grammar points covered here are related to the topic. They include how to talk about likes and dislikes, the correct use of **Sie** and **du**, and the modal verbs.

DIE REISE

Die Schüler freuten sich schon seit einigen Monaten auf ihren Aufenthalt in Deutschland. Endlich war es soweit, und sie standen alle auf dem Bahnhof. Die meisten hatten so viel im Koffer, daß sie ihn kaum noch tragen konnten. Dann mußten sie sich von ihren Eltern und Geschwistern verabschieden. Sie winkten alle noch, als der Zug den Bahnhof verließ. Schon bald fingen die ersten an, ihre Butterbrote zu essen, obwohl es erst zehn Uhr war! In Dover stellten sie ihre Koffer auf Kofferkulis und warteten, bis es Zeit war, an Bord der Fähre zu gehen. Zum Glück war die Überfahrt sehr gut, und die See war ganz ruhig. Fünf Stunden später kamen sie in Ostende an, wo sie gerade noch Zeit hatten, um Geld umzutauschen und Cola zu kaufen.

Dann suchten sie ihre reservierten Plätze im Zug. Gegen halb sechs begann die lange – und ziemlich langweilige – Reise über Brüssel und Aachen nach Köln, Düsseldorf, Duisburg . . . und Essen. Es war schon 23.55 Uhr, als der Zug endlich da war. Die deutschen Austauschpartner waren müde, aber gleichzeitig aufgeregt, während sie auf dem Bahnsteig warteten. Die meisten Schüler waren natürlich ziemlich nervös, und einige sahen ganz blaß aus! Sie stiegen aber alle schnell aus. Die meisten brauchten weniger als zehn Sekunden, bis die richtige deutsche Familie sie fand und begrüßte. Da erlebten sie sofort eine der wichtigsten deutschen Sitten: das Händeschütteln!

AUFGABEN

A Welche Wörter im Text bedeuten . . .?

(bedeuten = *mean*)

stay (*noun*)
scarcely
brothers and sisters
waved
sandwiches
luggage trolleys
on board
fortunately
crossing
calm
exchange (*verb*)
seats
via
exchange partners
excited
platform
nervous
pale
welcomed
experienced
customs
handshaking

B **Fragen zum Text**

1 Warum freuten sich die Schüler?
2 Worauf warteten sie am Bahnhof? (warten auf + **Akk**)
3 Warum konnten sie ihre Koffer kaum tragen?
4 Wer stand noch auf dem Bahnsteig, als der Zug abfuhr?
5 Was machten einige Schüler im Zug?
6 Was machten sie in Ostende?
7 Wie lange dauerte die Reise von Ostende nach Essen?
8 Warum waren die Austauschpartner müde?
9 Warum sahen einige Schüler blaß aus?
10 Was passierte auf dem Bahnsteig?

ROLLENSPIEL

You are one of the English pupils. You are questioned by your penfriend about the journey. (You may like to work from brief notes on the text 'Die Reise'.)

○ DIE BEGRÜSSUNG

(HB = Herr Böttner, FB = Frau Böttner, M = Michelle, A = Anja)

HB Guten Abend, Michelle! (*Er gibt ihr die Hand.*)

M Guten Abend, Herr Böttner . . . Guten Abend, Frau Böttner . . . Guten Abend, Anja . . .

FB Das ist aber nett, daß du endlich da bist!

A Hast du eine gute Reise gehabt?

M Ja, danke.

HB Und wie war die Überfahrt?

M Gut, danke. Die See war ganz ruhig.

A Du bist also nicht seekrank gewesen?

M Nein, gar nicht, aber ich habe trotzdem eine Tablette genommen!

HB Kommt doch zum Auto! Ich nehme deinen Koffer, Michelle. Ihr könnt euch ja später unterhalten. Michelle ist sicher ziemlich müde, ja, Michelle?

M Wie bitte?

A My father asks if you are tired.

M Yes, I am quite tired – oh – ich muß Deutsch sprechen! Ja, ich bin ein bißchen müde.

FB Du kannst auch bald schlafengehen. In zehn Minuten sind wir zu Hause.

(*Im Auto.*)

A Also, Michelle, das ist Essen – oder ein bißchen davon. Später machen wir eine richtige Stadtrundfahrt mit dem Bus.

M Toll! Ich freue mich darauf. Ich finde es so schön, daß ich endlich hier bin . . . aber es ist komisch, auf der falschen Straßenseite zu fahren.

A Auf der f a l s c h e n Straßenseite?

M Nein, ich meine natürlich auf der r e c h t e n Seite!

Wie sagt man . . .?

1 I'm a bit tired
2 Pardon?
3 I'm looking forward to it
4 The sea was calm
5 I must speak German
6 It's funny/strange
7 I mean . . .
8 Great!
9 No, not at all
10 Fine, thanks

QUIZ

A German customs: true or false?

When in Germany, you . . .

1 . . . shake hands, even with your friends.
2 . . . call the parents of your exchange partner **du**.
3 . . . say **du** to all young people.
4 . . . say **du** to animals.
5 . . . start eating as soon as you are given your food.
6 . . . take flowers with you when you go visiting.
7 . . . take your prescription to the **Drogerie**.
8 . . . reply **bitte** when someone thanks you.
9 . . . unwrap a bunch of flowers before you give them to someone.

B Slanging match

You will need to refer to a good dictionary to find out which of the colloquial and slang words on the *left* corresponds to which of the 'standard' words on the *right*. Some you will know already.

pennen	auf Wiedersehen
kriegen	dumm
mitkriegen	der Kugelschreiber
die Kneipe	schlafen
das Klo	die Gaststätte
nee	verstehen
tschüs	sehen
doof	die Toilette
der Kuli	bekommen
gucken	nein

○ DAS FRÜHSTÜCK

Vokabeln 16.1

David Reeves wohnt bei der Familie Glaser . . .

(FG = Frau Glaser, D = David, K = Karsten)

FG Guten Morgen, David. Gut geschlafen?

D Ja, sehr gut, danke.

FG Komm, setz dich bitte hier hin – neben Karsten.

K Was gibt es denn heute zum Frühstück, Mutti?

FG Frische Brötchen vom Bäcker und gekochte Eier. Ich hole sie gleich aus der Küche . . . So . . . Guten Appetit!

D } K } Danke, gleichfalls.

FG Greif doch zu, David! Magst du Brötchen?

D Ja, ich mag sie sehr gern.

FG Karsten, gib David doch die Butter. Du solltest dich doch ein bißchen um deinen Gast kümmern! Was trinkst du am liebsten zum Frühstück, David? Tee, Kaffee, Kakao . . .?

D Zu Hause trinke ich normalerweise Tee, aber Kaffee trinke ich auch sehr gern.

K Und Kakao? Magst du Kakao?

D Das weiß ich nicht. Kakao habe ich noch nie probiert.

K Probier doch ein bißchen davon!

D Ja, gern – aber ganz wenig . . . Mmm – das schmeckt sehr gut!

FG David möchtest du lieber Erdbeermarmelade oder Nutella?

D Nutella? Was ist das?

K Das ist so eine Art Schokolade mit Nüssen zum Aufstreichen.

D Ja, das möchte ich gern probieren. Eigentlich mag ich alles, was Nüsse darin hat.

FG Oh ja – das wollte ich dich gleich am Anfang fragen: gibt es irgendetwas zu essen, was du nicht magst?

D Ich esse fast alles gern. Nur Curry mag ich nicht – und Ananas esse ich auch nicht besonders gern.

K Na, wie schmeckt dir die Nutella?

D Sie schmeckt prima . . . Reichst du mir bitte den Zucker Karsten?

K Bitte.

D Danke. Darf ich mir noch ein Brötchen nehmen, bitte?

FG Bitte! Greif doch zu!

Was du sonst noch sagen kannst:

Danke, ich habe schon.	*Thanks I've got some*
Darf ich bitte etwas . . . haben?	*Please may I have some . . .?*
So etwas mag ich nicht so gern	*I'm not very keen on that kind of thing*
Danke, ich möchte nicht mehr	*No thanks, I've had enough*
Ich kann wirklich nicht mehr essen	*I really can't eat any more*

○ DIE DISCO

In der Bundesrepublik kann man schon mit sechzehn Jahren Bier oder Wein in Diskotheken oder Gaststätten („Kneipen") trinken. Junge Leute zwischen sechzehn und achtzehn Jahren müssen die Disco (bzw. die Kneipe) um 22 Uhr verlassen. Oft müssen Teenager den Personalausweis vorzeigen, damit man weiß, wie alt sie sind. Ausländer müssen ihren Reisepaß bei sich haben.

JUNGE Willst du tanzen?
MÄDCHEN OK!
JUNGE Du tanzt aber sehr gut!
MÄDCHEN Danke. Du auch! Ach, es ist so warm hier!
JUNGE Möchtest du etwas zu trinken?
MÄDCHEN Ja, bitte, ein Bier. (*Er holt zwei Flaschen Bier*)
JUNGE Prost!
MÄDCHEN Prost! Wie heißt du?
JUNGE Ich heiße Martin.
MÄDCHEN Kommst du aus Amerika?
JUNGE Nein, aus Australien.
MÄDCHEN Warst du schon öfter in Deutschland?
JUNGE Nein, ich bin zum erstenmal hier.
MÄDCHEN Und wie gefällt es dir hier?
JUNGE Sehr gut, danke!

AUFGABE

Jetzt sollst du versuchen, einen Disco-Dialog zu schreiben!

ÜBUNGEN

A „Sie" oder „du"? HB 4.3

z.B. Karsten, reichst du mir bitte die Butter?
Frau Glaser, reichen Sie mir bitte den Käse?

1 Astrid . . . den Zucker?
2 Ulli . . . das Salz?
3 Herr Glaser . . . den Pfeffer?
4 Frau Glaser . . . den Salat?
5 Karsten . . . die Milch?
6 Jan . . . die Margarine?
7 Herr Glaser . . . den Ketchup?
8 Astrid . . . das Brot?

B Was magst du? HB 10.8, 12.4

z.B. Magst du Fisch?
Du anwortest so: „Ja, Fisch mag ich sehr gern!"
Oder so: „Eigentlich mag ich Fisch nicht so gern."

Magst du . . .

1 Tomaten?
2 Ananas?
3 Pommes frites?
4 Bratwurst?
5 Grapefruit?
6 Leberwurst?
7 Rotkohl?
8 Apfelsaft?
9 Schlagsahne?
10 Käse?

C Wo soll ich . . .? Wann soll ich . . .? HB 10.8

Wenn du bei einer deutschen Familie bist, mußt du oft Fragen stellen:

z.B. Wo soll ich mich hinsetzen?
(Antwort: Setz dich bitte hier hin!)
Wann soll ich nach Hause kommen?
(Antwort: Sei bitte um eins wieder da!)

Hier sind einige Antworten. Was waren deine Fragen?

1 Du schläfst hier im Gästezimmer!
2 Steh bitte um acht Uhr auf!
3 Schreib deinen Brief im Eßzimmer! Da ist es ruhiger.
4 Du kannst um zehn einkaufen gehen.

D sollte HB 10.8

(sollte = *ought to*)

z.B. (einen Brief an meine Eltern schreiben)
Was möchtest du heute machen?
Eigentlich sollte ich einen Brief an meine Eltern schreiben, aber ich habe keine Lust.

Was möchtest du heute machen?

1 einige Fotos machen
2 Andenken kaufen
3 Briefmarken kaufen
4 Ansichtskarten schreiben
5 Blumen für deine Mutter kaufen

E Asking permission HB 10.8

z.B. **Kann** ich bitte in die Stadt gehen? (*Normal version*)
Darf ich bitte in die Stadt gehen? (*Extra-polite version*)

1 Du willst einkaufen gehen. Was sagst du?
2 Du willst eine Schallplatte auflegen. Was sagst du?
3 Du willst fernsehen. Was sagst du?
4 Du willst Briefmarken kaufen. Was sagst du?
5 Du willst deine Eltern anrufen. Was sagst du?

F Making suggestions HB 10.8

z.B. **Wollen wir** heute schwimmen gehen?

Suggest . . .

1 going into town today
2 playing tennis today
3 Visiting Iris tomorrow
4 going to the cinema tonight
5 going to the disco

G möchte HB 10.8

(möchte = *would like to*)

z.B. Ich möchte **zu Hause anrufen**, wenn das geht.

Now say that you'd like to do these things, if it's all right:

1 buy some presents
2 go to church
3 go swimming
4 have a bath
5 write some postcards

H Fotos — HB 3.6

von + Dativ

z.B. Das ist ein Foto **von meinem Vater**.

Explain some more photos – e.g.

1 my mother
2 my brother
3 my dog
4 my sister
5 my grandparents

I Wer ist wer? — HB 3.9

Genitiv

z.B. Uncle John ist **der Bruder meines Vaters** (= *my father's brother*).

Explain that . . .

1 Uncle Peter is your mother's brother.
2 Auntie Margaret is your father's sister.
3 Auntie Jane is your mother's sister.
4 Tibbles is your sister's cat.
5 Snap is your brother's dog.

ROLLENSPIELE

These role-plays are based on situations you would find yourself in when staying with a German family. A partner, or your teacher, should take the roles of the German family.
The instructions in Exercises C, D and E are telling you what to say – don't try to translate them word for word.

A Die Ankunft

Was sagst du?

Die Familie sagt:

1 Guten Abend.
2 Wie war die Reise?
3 Wann seid ihr abgefahren?
4 Wann hast du aufstehen müssen?
5 War die See rauh?
6 Warst du seekrank?
7 Wieviel Gepäck hast du?
8 Bist du müde?

B Das Mittagessen

Was sagst du?

Die Familie sagt:

1 Hast du Hunger? (**oder**: Bist du hungrig?)
2 Möchtest du ein Glas Wasser?
3 Heute gibt es Bratwurst. Ißt du gern Bratwurst?
4 Guten Appetit!
5 Möchtest du etwas Rotkohl? Magst du so was? (= *that kind of thing*)
6 Schmeckt's?
7 Noch eine Bratwurst?

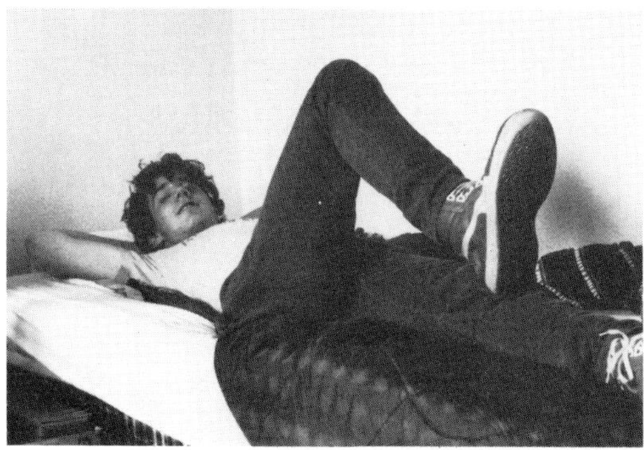

C Das Schlafzimmer/Badezimmer

1 Ask where you should put your suitcase. (**hin**stellen)
2 Ask what time breakfast is.
3 Ask what time you should get up.
4 Ask where the toilet is.
5 Ask where the bathroom is.
6 Ask for a towel.
7 You don't understand how the shower works. Ask for help.

D Du gehst allein weg . . .

1 Ask if you can go into town.
2 Say it's to do some shopping.
3 Say you have to buy presents for your family.
4 Ask how to get there.
5 Ask how often the buses run.
6 Ask where the stop is.
7 Ask when the next bus goes.
8 Ask what time you should be back.

E Meeting one of your partner's friends

1 Exchange names and ages.
2 Exchange some family information.
3 Ask if the person's ever been to (England)*. Say it's your first time in Germany.
4 Talk about hobbies.
5 Arrange for the three of you to go swimming the next day. Fix time and place.

*Warst du schon mal in (England)?

BRIEF

Danke schön

Leeds, den 25. August

Liebe Familie Freiberger!

Am Freitagabend bin ich zu Hause angekommen. Ich war sehr müde – Sie wissen ja, wieviel Gepäck ich hatte, und die Reise war sehr lang. Meine Eltern haben mich natürlich am Bahnhof abgeholt. Die Überfahrt war nicht schlecht, obwohl es windig war.

Ich möchte Ihnen noch einmal für Ihre Gastfreundschaft danken – und auch für die schönen Geschenke. Die Pralinen schmecken meiner Mutter sehr gut, und mein Vater sagt, daß der Wein ausgezeichnet schmeckt! Die fünfzehn Tage in Ihrer Familie waren fabelhaft. Die Ausflüge haben mir auch sehr viel Spaß gemacht. Die Fahrt mit dem Rheindampfer war ein unvergeßliches Erlebnis!

Herzliche Grüße, auch an Bernd und Gerlinde,

Ihr

Gary.

Write a similar thank-you letter to the Reinsberg family, thanking them for your stay. You were seasick on the way home, but you are all right now. Thank them especially for the cigars (**die Zigarren**) for your father and the cologne (**das Kölnisch Wasser**) for your mother. They also gave you a record. You especially enjoyed the day in Cologne.

HÖRVERSTEHENSÜBUNGEN

A Markus und Andrew

1 What does Markus ask Andrew at the start?
2 What is his own answer to the same question?
3 What is Andrew's suggestion for that day?
4 Why does Markus say 'no' to this idea?
5 What does he suggest?
6 Why does Andrew not want to do this?
7 What is Markus' next suggestion?
8 Why does he mention Peter and Malcolm?

B Markus Brodeßer 5

Markus talks about the exchange he is taking part in. Listen carefully to the cassette and decide which of these statements are true and which are false. If you can, correct the false ones.

1 Andrew arrived two weeks ago.
2 He came to Germany by train.
3 He arrived at about 11.30 p.m.
4 He came with a group of fifteen pupils.
5 Markus went with his parents to meet Andrew.
6 Markus felt very pleased before Andrew arrived.
7 On the first day, they stayed at home in Kettwig.
8 On Easter Sunday, they first had breakfast.
9 After breakfast they went for a walk.
10 Markus' grandmother came to lunch.
11 Markus next mentions trips to Münster, Nordkirchen and Xanten.
12 The archeological park and amphitheatre are at Münster.
13 The first trip with the rest of the exchange group included Bonn, the abbey Maria Laach, the castle Burg Eltz, Cochem and the Nürburgring motor-racing circuit.
14 The second trip with the group took them to the Sauerland, the Rhine and a leisure park.
15 Fort Fun is designed to resemble a western town.
16 Andrew will stay about six more days.
17 Markus plans to take him to Cologne, Wuppertal and Holland.
18 In Holland there is a park where they can roller-skate.
19 Markus is enjoying the exchange.
20 Markus is going to England for three weeks in the summer holidays.

BRIEF ZUM LESEN

Read Thomas's letter on the next page, and then answer these questions:

1 How long has Thomas been in England?
2 How is he?
3 What was the best part of the journey?
4 Who met him at the station?
5 What nearly happened when Thomas left the station?
6 What is Thomas' partner like?
7 How did Thomas reply at the beginning, when he had not understood a word?
8 What does Thomas try to do now?
9 What does he find strange about breakfast?
10 How does he describe the tea?
11 What is strange about the main meal of the day?
12 How does he describe baked beans?
13 Why does he have to end his letter?
14 What request does he make at the end?

Gillingham, den 15. April

Liebe Mama, lb. Papa, lb. Mausi!

Jetzt bin ich schon fünf Tage im schönen, verregneten England, und ich lebe noch. Ich weiß, daß Ihr Euch sicher sehr viel Sorgen um mich macht. Es ist ja das erste Mal, daß ich ganz alleine weggefahren bin. Aber glaubt mir: es geht mir gut!
Die Reise von Essen nach Gillingham war aufregend, aber etwas anstrengend. Die Überfahrt mit der Fähre war am besten.
Als wir in Gillingham ankamen, hat Stephen mit seiner Mutter schon auf mich gewartet. Wir kamen aus dem Bahnhof, und ich wollte zum Auto von Stephens Mutter laufen. Genau in dem Moment kam ein klappriger Lieferwagen auf der falschen Straßenseite auf mich zugerast. Wenn Stephen mich nicht zurückgerissen hätte, wäre meine erste Stunde in Gillingham auch meine letzte gewesen. Erst im Laufe des nächsten Tages verstand ich langsam, daß die Autos in England alle auf der falschen Straßenseite fahren.
Stephen ist ganz in Ordnung. Seine Mutter versucht dauernd, mit mir zu sprechen, und am Anfang habe ich kein Wort verstanden. Also habe ich immer nur genickt oder 'yes' gesagt. Das war aber doof. Jetzt versuche ich auch, Antworten auf englisch zu geben. Meistens verstehen die Leute auch, was ich sage, wenn ich es fünfmal wiederhole. ERFOLG!
Es ist alles ganz schön hier, nur das Essen ist etwas komisch. Zum Frühstück gibt es keinen Kaffee, sondern Tee, und der Tee wird auch noch mit Milch verdünnt, bis er wie Kakao aussieht. Das Mittagessen ist abends und heißt 'Tee', und zum Mittagessen hatte ich gestern so etwas wie Bohnensuppe auf Toast. Stephen sagt, es heißt 'baked beans'. Ich muß aber zugeben, daß es sehr lecker war.
Das einzige, was mich stört, sind die Nächte. Sie sind ein eisiger Alptraum. Ich glaube, daß die Engländer noch nicht auf die Idee gekommen sind, daß man nachts frieren könnte. Wo wir nämlich warm und gemütlich unter die Bettdecke kriechen können, haben sie hier nur ein dünnes Deckchen. Es ist, als ob man in eine Tischdecke eingewickelt ist. Eingewickelt? Das Deckchen scheint zu allem Unglück auch noch unter der Matratze festgenagelt zu sein. Ich muß ziehen und reißen, um es loszukriegen und mich einrollen zu können. Der Vorteil ist, daß mir bei dieser Aktion so warm wird, daß ich dann schließlich doch einschlafen kann.
O.k., ich muß jetzt Schluß machen, weil ich mit Stephen zu ein paar Freunden gehe.

Schreibt mir bitte bald zurück!

Euer
Thomas

P.S. Viele Grüße an alle!!

THEMA ELF

KLEIDUNG

EINSTIEG

Describing clothes, choosing the ones you want, buying them, taking them back to complain about them at the shop, getting your clothes cleaned – these are the main features of this **Thema**. Describing clothes involves the use of adjective endings. Other grammar points included are relative clauses (nothing to do with Father Christmas's family!) and two-part conjunctions such as *either . . . or . . .*

VORSCHAU

How to talk about . . .

. . . size	Ich habe Größe . . . Haben Sie das eine Nummer größer/kleiner da?
. . . colour	Welche Farbe möchten Sie? Haben Sie das in Blau oder Grün da? Haben Sie das in einer anderen Farbe da? Das ist mir zu dunkel/zu hell.
. . . appearance	Das sieht sehr schön/hübsch/schick/elegant/altmodisch aus. Das gefällt mir gar nicht. Das gefällt mir nicht so besonders. Das gefällt mir sehr gut. (Plural: **Die** gefall**en** mir sehr gut.)
. . . trying on	Kann ich das anprobieren? Da drüben/Hier vorne ist die Kabine.
. . . fit	Das paßt mir gut/nicht sehr gut/gar nicht. (Plural: Die passen mir gut/nicht sehr gut/gar nicht.) Das ist mir zu eng/weit/groß/klein/lang/kurz.
. . . price	Das ist mir leider zu teuer. Was kostet das? Wie teuer ist das? Den/die/das nehme ich!

○ CHRISTOPH KAUFT JEANS

Hört der Kassette gut zu! Was hat Christoph gesagt? (v = Verkäufer)

v Bitte schön?
c . . .
v Was für Jeans möchten Sie denn?
c . . .
v Also, keine Levis?
c . . .
v Wie gefallen Ihnen die hier?
c . . .
v Achtundvierzig Mark.
c . . .
v Ja, gerne. Welche Größe haben Sie?
c . . .
v Da drüben sind die Kabinen.
(Christoph probiert die Jeans an.)
c . . .
v Moment . . . ja.
(Christoph geht noch einmal in die Umkleidekabine.)
c . . .
v Tut mir leid. Es gibt nur die eine Länge.
c . . .
v Kommen Sie bitte mit zur Kasse.

Einige Hilfen:

ziemlich
leider
ein bißchen zu lang

Welche Größe?

Hemden und Kragen

D	36	37	38	39	41	42	43
GB	14	14½	15	15½	16	16½	17

Anzüge und Mäntel

Herren

D	46	48	50	52	54	56
GB	36	38	40	42	44	46

Kleider und Kostüme

Frauen

D	34	36	38	40	42	44
GB	8	10	12	14	16	18

Schuhe

Kinderschuhe

D	17	18	19	20	22	23	24	25	27	28
GB	1	2	3	4	5	6	7	8	9	10
D	29	30	31							
GB	11	12	13							

Damenschuhe

D	35	36	37	38	39	40
GB	3	4	5	6	7	8

Herrenschuhe

D	40	41	42	43	44
GB	6	7	8	9	10
D	45	46	48		
GB	11	12	13		

Ich möchte . . . in Größe . . . am liebsten in . . .

z.B. Ich möchte einen blauen Pullover in Größe fünfzig – am liebsten in Wolle.

RUTH KAUFT EINEN PULLOVER

(R = Ruth, V = Verkäuferin)

V Guten Tag! Was kann ich für Sie tun?
R Ich möchte einen Pulli.
V Welche Größe brauchen Sie denn?
R Größe 34.
V Welche Farbe möchten Sie?
R Blau – oder grün.
V Hier hätte ich einen Pullover in Blau.
R Der sieht schick aus. Kann ich ihn anprobieren?
V Bitte schön.

R Ja . . . der gefällt mir nicht so besonders. Er paßt mir nicht. Er ist zu klein. Haben Sie den Pullover eine Nummer größer da?
V Ja. Bitte.

R Nein, der gefällt mir doch nicht. Er ist mir zu dunkel.
V Dann wäre hier ein sehr schöner Pullover in Hellblau . . .
R Ja – der gefällt mir sehr gut.
V Ja, er steht Ihnen auch sehr gut.
R Wie teuer ist der denn?
V Fünfundsiebzig Mark.
R Ja . . . den nehme ich!

ROLLENSPIELE

A You are in a boutique looking for a pair of trousers. (**Beachte! die Hose** Singular!)

1 Explain that you want a pair of trousers.
2 Give your size.
3 Give some indication of colour and style.
4 Ask to try a pair on.
5 Ask for a larger size.
6 Find out the price.
7 Say they are too expensive for you and leave.

B You are in a shoe shop looking for a pair of black shoes.

1 Ask for black shoes, and state your size.
2 Express an interest in a pair and try them on.
3 Say they are too small and ask for a bigger size.
4 Try them on and ask the price.
5 Take that pair.

REKLAMATION

K = Kunde/Kundin, V = Verkäufer/Verkäuferin)

K Entschuldigen Sie bitte, ich habe bei Ihnen **die Hose** hier gekauft. **In der Wäsche ist sie aber eingelaufen. Sie** ist jetzt **viel zu klein**, und ich möchte sie umtauschen.

V Aber Sie haben **die Hose** schon getragen! Da kann ich **sie** nicht mehr umtauschen.

K Natürlich habe ich **die Hose getragen**! Ich will **sie** entweder umtauschen oder mein Geld zurückhaben.

V Einen Augenblick, bitte. Am besten hole ich meinen Chef.

ROLLENSPIELE

Here you have a chance to make some more complaints. Use the above dialogue as a model, but put in the following information in place of the words that are printed in bold type.

A Du hast eine Jacke gekauft. Nach der Reinigung ist sie eingelaufen . . .

B Du hast ein Hemd gekauft. Du hast es ausgepackt – drei Knöpfe fehlen . . .

C Du hast einen Anorak gekauft. Du hast ihn im Regen ausprobiert, aber er ist nicht wasserdicht . . .

IN DER REINIGUNG

K Könnten Sie mir bitte **diesen Anzug** reinigen?

V Ja . . .

K Wann kann ich **ihn** wieder abholen?

V **Er** ist **bis morgen früh** bestimmt fertig.

K Und was kostet das, bitte?

V **Neun Mark fünfzig**. Wie ist Ihr Name, bitte?

K **Schröder**.

V Und die Adresse?

K **Mandelweg 1**.

V So, danke schön.

K Ich danke auch. Wiedersehen!

V Wiedersehen!

ROLLENSPIEL

Use the above dialogue in the same way as the previous one. Vary it to work out conversations in which you take a jacket (**eine Jacke**), a raincoat (**ein Regenmantel** m.) or trousers (**eine Hose**) to the cleaners.

GRAMMATIK

HB 9.9

Relativsätze

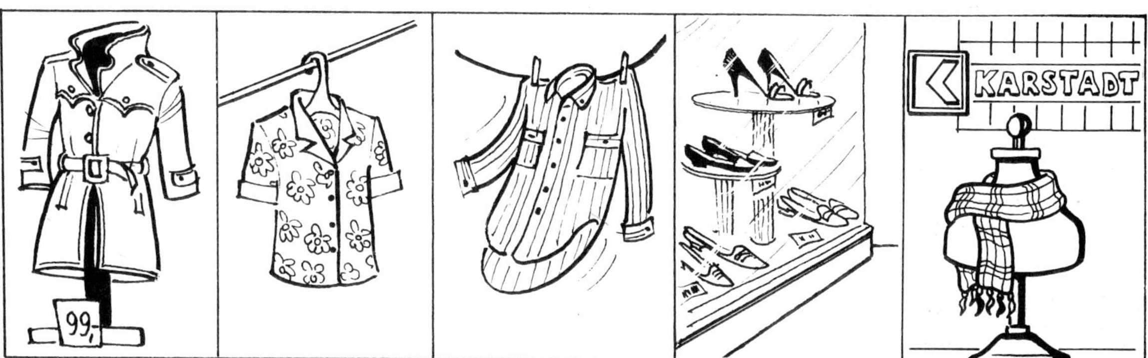

Dieser Mantel kostet DM 99.

Diese Bluse hat Blumen darauf.

Dieses Hemd hat Streifen.

Diese Schuhe sind im Schaufenster.

Diesen Schal sah ich bei Karstadt.

1 ● Welcher Mantel gefällt dir am besten?
○ Am besten gefällt mir **der Mantel, der** neunundneunzig Mark **kostet**.

↑ Nominativ/Subjekt ↑ Verb

2 ● Welche Bluse gefällt dir am besten?
○ Am besten gefällt mir **die Bluse, die** Blumen darauf **hat**.

↑ Nominativ/Subjekt ↑ Verb

3 ● Welches Hemd gefällt dir am besten?
○ Am besten gefällt mir **das Hemd, das** Streifen **hat**.

↑ Nominativ/Subjekt ↑ Verb

4 ● Welche Schuhe gefallen dir am besten?
○ Am besten gefallen mir **die Schuhe, die** im Schaufenster **sind**.

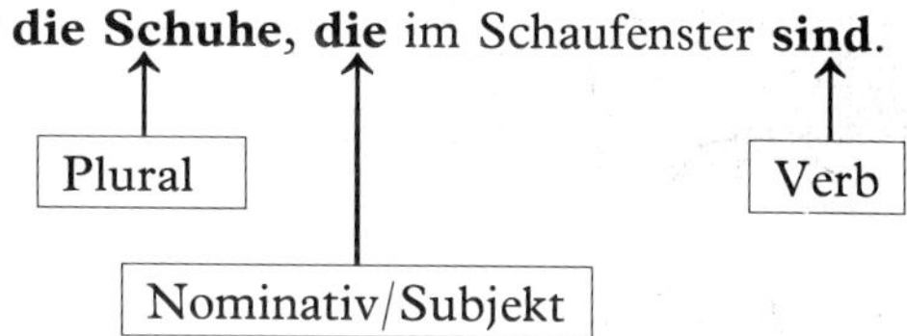

5 ● Welcher Schal gefällt dir am besten?
○ Am besten gefällt mir **der Schal, den** ich bei Karstadt **sah**.

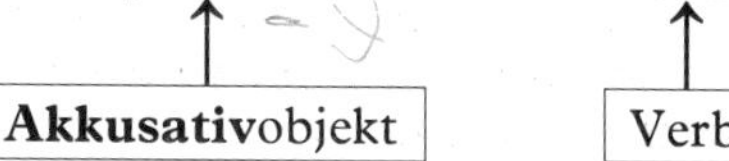

ÜBUNGEN

A Am besten gefällt/gefallen mir . . .

z.B. Am besten gefällt mir die Hose, die einen Gürtel hat.

B

z.B. Welchen Mantel kaufst du?
Ich kaufe **den Mantel, der 102** Mark **kostet**.

Ebenso mit:

1. Welches Hemd kaufst du? (DM 25)
2. Welchen Pullover kaufst du? (DM 40)
3. Welche Badehose kaufst du? (DM 21)
4. Welchen Regenschirm kaufst du? (DM 18)
5. Welche Hose kaufst du? (DM 59)
6. Welche Sonnenbrille kaufst du? (DM 35)
7. Welches T-Shirt kaufst du? (DM 16)
8. Welche Jeans kaufst du? (DM 59)
9. Welche Schuhe kaufst du? (DM 62)
10. Welchen Anzug kaufst du? (DM 399)

C Komisch!

z.B. Diesen Mann haben wir gestern gesehen!
Ja, das ist der Mann, den wir gestern gesehen haben!

1. Diese Frau haben wir am Mittwoch gesehen!
2. Dieser Polizist war auch gestern hier!
3. Diese Sekretärin hat uns auch vorgestern angerufen!
4. Diesen Mercedes haben wir heute morgen gesehen!
5. Diese Russen saßen hinter uns im Flugzeug!

D der/die/das/den?

Herr Wörle ging eines Tages in die Stadt. Im Schaufenster eines Kaufhauses sah er einen Skianzug, _____ ihm sehr gut gefiel. Dieser Skianzug, _____ er sofort kaufen wollte, kostete leider 240 Mark. Er ging schnell in das Kaufhaus, _____ „Kaufheim“ hieß. Die Verkäuferin, _____ sehr nett war, zeigte Herrn Körner den Anzug, _____ ihm sehr gut paßte. Er paßte auch gut zu dem Skipullover, _____ er neulich gekauft hatte. Einige Minuten später stand Herr Wörle wieder auf der Straße. Den Skianzug, _____ so wunderschön war, hatte er doch nicht gekauft. Die Lebensmittel, _____ er für seine Familie kaufen mußte, und das Geburtstagsgeschenk, _____ er für seine Frau kaufen wollte, waren leider viel wichtiger als der neue Skianzug. Wie schade!

E HB 2.1–2.5

○ Wie findest du diese **neuen Pullover?** ← PLURAL!

● Nicht schlecht, aber **der rote Pullover** gefällt mir besser als **der grüne.**

Ebenso mit:

1 Wolljacken – gestreift/kariert

2 Hemden – weiß/grau

3 Anoraks – blau/schwarz

4 Sonnenbrillen – groß/klein

5 Jeans – eng/weit

GRAMMATIK

HB 9.11

Entweder . . . oder . . .

Kurt Wagner hat Geburtstag. Er macht einen sehr langen Einkaufsbummel mit seiner Mutter, um ein Geschenk zu suchen . . .

FW Na, Kurt, es ist schon halb sechs. Was möchtest du haben?

KW Ich glaube, ich möchte **entweder** eine Lederjacke **oder** einen Anzug.

FW Was!? So reich bin ich doch gar nicht. **Entweder** ich kaufe dir etwas Billigeres, **oder** wir fahren sofort nach Hause!

Weder . . . noch . . .

Frau Nieder weiß nicht, was sie kaufen soll. **Weder** die schwarzen **noch** die braunen Schuhe passen zu ihrem neuen Kleid. **Weder** die Verkäuferin **noch** ihre Freundin, Frau Zirkel, kann ihr helfen.

Sowohl . . . als auch . . .

Am Tag der großen Party tragen **sowohl** Frau Glock **als auch** Frau Ziegler ein grünes Kleid aus Seide. Die beiden Kleider sind identisch! Die Verkäuferin im Modegeschäft hat **sowohl** Frau Glock **als auch** Frau Ziegler gesagt, daß es dieses Kleid nur einmal gibt!

ÜBUNG

Entweder **entweder . . . oder . . .** oder **weder . . . noch . . .** oder **sowohl . . . als auch . . .**

„Ich habe vor, meinen Urlaub im sonnigen Süden zu verbringen. Ich möchte _____ nach Italien _____ nach Spanien fahren.“

„Ach was! Ich möchte _____ nach Italien _____ nach Spanien fahren. _____ Italien _____ auch Spanien haben schon zu viele deutsche Touristen! Ich möchte _____ nach Schweden _____ nach Finnland!“

HÖRVERSTEHENSÜBUNG

Fünf Urlaubsreisen

On the cassette you will hear five short dialogues which take place in a department store. Each of the customers is buying clothes for a holiday.

Here are the five holidays:

(a) Eine Reise durch die Sahara
(b) Vierzehn Tage Training und Unterricht auf einer Tennis-Ranch
(c) Skifahren in der Schweiz
(d) Winter in Siberien
(e) Strandurlaub in Spanien

Try to rearrange these so that they correspond to the order in which they are recorded on the cassette.

DIE NEUEN JEANS – AUFSATZ

Joachims alte Jeans . . . alt und schäbig
Sein Vater . . . Er sagte:

Im Schaufenster von „Mister Jeans" . . .
. . . im Angebot

Er . . . (**hinein**gehen)
Er . . . (**an**probieren)
Er sagte zum Verkäufer:
„Ja, . . ."

. . . mit der Straßenbahn
Die Jeans . . . neben ihm auf dem Sitz

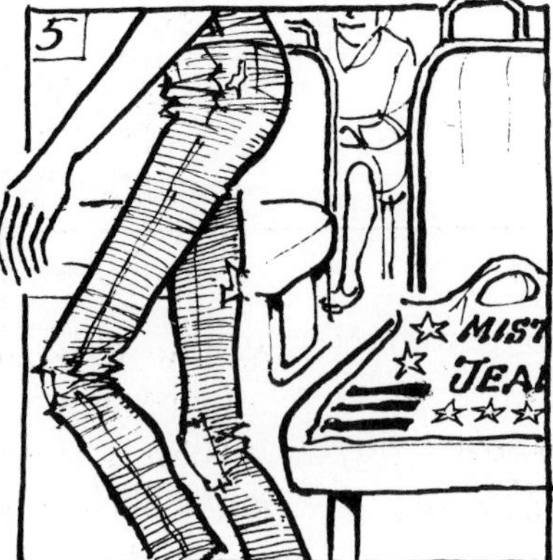

Er . . . (**auf**stehen)
Er . . . (**aus**steigen)
Er . . . (**zurück**lassen)

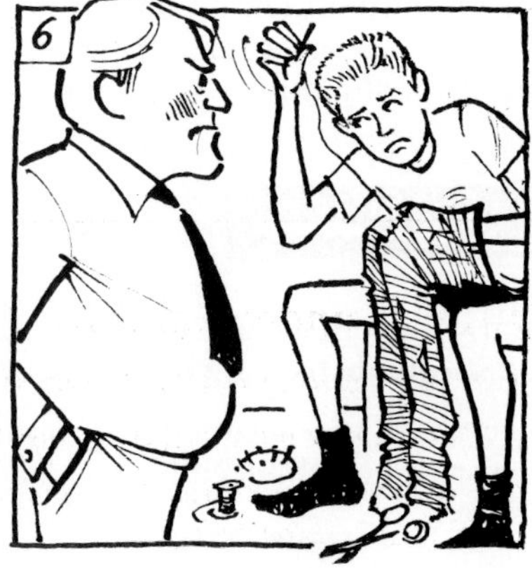

Sein Vater . . . böse
Joachim . . . flicken (=*mend*)!

BRIEF ZUM LESEN

Hamburg, den 2. August

Liebe Jane,

ich habe endlich einen Ferienjob bekommen! Ich arbeite schon seit einer Woche bei Kaufheim in der Abteilung »Damenkonfektion". Am ersten Tag habe ich sehr wenig gearbeitet. Ich habe nur neue Kleider und Hosen ausgepackt und sortiert. Frau Wedemeyer, die Abteilungsleiterin, hat mir geholfen, und sie hat mir auch gezeigt, wie man eine Kundin bedient. Am Nachmittag kam eine Dame herein, die Stretch-Jeans kaufen wollte. Als sie sie anprobierte, dachte ich mir sofort: „Wie scheußlich!", aber Frau Wedemeyer sagte immer wieder: „Wunderschön! Die Jeans stehen Ihnen aber wirklich sehr gut!" Natürlich hat die Dame, die so um die Fünfzig war, sowohl die Jeans als auch einen furchtbaren giftgrünen Pulli gekauft! Frau Wedemeyer meint, wir m ü s s e n sagen, daß alles wunderschön ist, denn sonst verkaufen wir nichts! Was meinst du dazu? Ich habe ein schlechtes Gewissen, wenn ich so etwas mache!

Es ist nicht alles häßlich, was wir verkaufen, und ich bekomme fünfzehn Prozent Rabatt, wenn ich etwas kaufe. Sag mir bitte Bescheid, wenn Du etwas haben möchtest. Dann kann ich es Dir mitbringen, wenn ich Dich das nächste Mal besuche. Wir sind ja ungefähr gleich groß, und alles, was mir paßt, paßt Dir bestimmt auch.

Bis bald!
Viele Grüße
Deine Renate

Did you understand it?

1 Where exactly is Renate working?

2 Describe what she did on her first day.

3 How did Renate react when the customer tried the jeans on?

4 What else did the customer buy?

5 How does Renate feel about treating customers in this way?

6 How did Frau Wedemeyer explain her behaviour?

7 What does Renate offer to do for Jane?

8 Why would this make things cheaper than usual?

9 How would Jane get these things?

10 Why is Renate confident of picking things which are the right size?

Béatrice, eine Schülerin aus Rüsselsheim (bei Frankfurt) berichtet für die Leser des scala-Jugendmagazins über die Mode der Jugendlichen in der Bundesrepublik Deutschland.

Bei uns gibt es im Augenblick viele verschiedene Moderichtungen. Es gibt die Popper, Teds, Punker, Rocker und „alternative“ Typen. Ich bin 17 und gehöre eigentlich nicht zu einer bestimmten Gruppe (die meisten anderen, die ich kenne, auch nicht). Ich wechsle meinen Stil öfters. Ihr fragt euch bestimmt auch morgens beim Aufstehen: Was soll ich heute anziehen? Was ich anziehe, hängt vom Wetter ab – und von meiner Laune (und natürlich von meiner Garderobe im Schrank). Hier in Deutschland ist es meistens nicht sehr warm. Darum muß ich oft eine Hose anziehen. Meistens ist es eine Karottenhose. Diese Hosen sind oben weit und unten eng. Sie sind hier schon lange modern, bei euch bestimmt auch. Dazu suche ich mir dann eine passende Bluse aus, mit kleinem Kragen. Sie muß auch weit sein, damit ich mich gut darin bewegen kann. Dann brauche ich noch einen Pullover, der in der Farbe paßt. Zur Zeit sind handgestrickte Pullover mit schönen Motiven modern.

Was ich anhabe, ist für kühle Tage. Mein Hose steckt in den Stiefeln. Pulli, Jacke und Stiefel sind beige, eine Herbstfarbe.

Im Winter ziehe ich meistens College-Schuhe an – das sind flache Lederschuhe – oder Stiefel. Sehr modern sind Cowboystiefel, in die man dann die Hose reinsteckt, so daß man die Stiefel sehen kann.
Dann suche ich mir noch passenden Modeschmuck aus: kleine Anstecknadeln oder Ohrringe, die farblich gut passen. Manchmal stecke ich mir auch Perlen ins Haar. Die gibt es in allen Farben.
Wenn die Mädchen hier abends tanzen gehen, ziehen sie etwas anderes an. Es ist meistens modischer, ausgefallener oder einfach ganz verrückt. Ich zum Beispiel trage manchmal ein Minikleid, wie sie in Frankreich modern sind – aber hier trägt das niemand. Es kommt natürlich auch ganz darauf an, wo ich hingehe (z. B. Discothek), denn für diese Mode braucht man etwas Mut. Alle Leute gucken dir nach. Alte kritisieren, Junge finden es chic, manche lachen darüber. Aber das ist egal. Wenn dir etwas gefällt, und es steht dir gut – warum sollst du es nicht tragen?
In den Discotheken tragen Mädchen und Jungen knallige, leuchtende Farben. Sehr modern sind jetzt aber auch Khaki (eine Art grün-beige), Gelb, Hell- und Dunkelblau. Am neuesten ist der Safari-Look. Das sind Farben wie Braun, Khaki, Beige und Grün. Auf den Hemden sind bunte Muster, zum Beispiel Löwen, Zebras, Urwald und Jäger. Dazu stecken sich manche Federn ins Haar oder sie tragen Strohhüte.
Ihr seht: Es gibt viele Variationen, aber das ist sicher bei euch auch so, denn Mode macht Spaß! Tschüß

eure

Béatrice

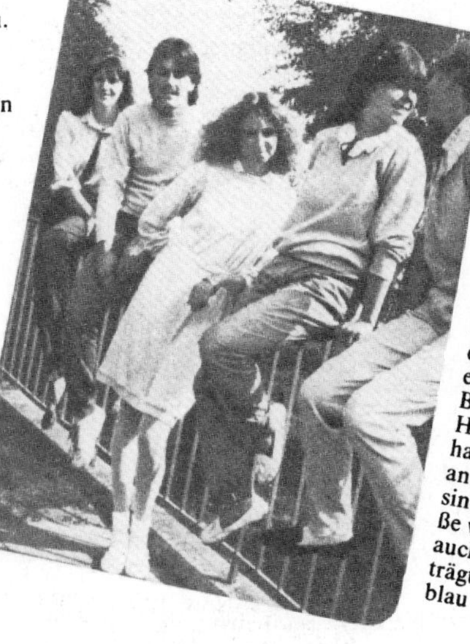

Hier bin ich mit Freundinnen und mit meinem Freund. Links ist die Maria, dann der Stefan, in der Mitte ich, daneben Barbara und Petra. Maria hat eine kleine Lederkrawatte an. Das ist zur Zeit sehr modern, auch für Jungen. Stefan hat enge Jeans an und ein Sweat-Shirt. Ich habe ein gelbes kurzes Kleid an. Bei Barbara könnt Ihr im Haar die Perlen sehen. Sie hat weiße College-Schuhe an. Hose und Sweat-Shirt sind khakifarben. Der große weiße Spitzenkragen ist auch sehr modern. Petra trägt die Modefarben Hellblau und Gelb.

Das hat Beatrice im Jahre 1981 geschrieben. Was trägst du j e t z t gern? Schreibe einige Sätze darüber!

• THEMA ZWÖLF •

STADT

EINSTIEG

Trips to German-speaking countries almost always involve visiting towns. This topic is your chance to master writing off for information about towns before you go to them, asking for help personally at the tourist information office and finding your way about. You will also add to your knowledge of the vocabulary needed for these tasks. In addition, the **Thema** features verbs with a dative reflexive pronoun (often used when talking about activities you are doing), the *future* tense and phrases such as **etwas Neues** (= *something new*).

SCHILDER AUS DER STADT

1 Which of these signs is not pointing to a town or district? Where is it directing people to?

2 Who is allowed to use this car park?

3 What is forbidden in this garden?

4 What might be the English equivalent of this German sign?

5 What is special about the Erftstraße?

6 What is special about the Gellertweg?

○ IM VERKEHRSAMT

(Das Verkehrsamt kann auch **Verkehrsbüro** heißen.)

Was hat man auf der Kassette gesagt? Was hat man **nicht** gesagt?

● Guten Tag.
○ Guten Tag.
● Bitte schön. Kann ich Ihnen helfen?
○ Ich bin heute morgen in Hamburg angekommen, und ich kenne die Stadt Hamburg überhaupt nicht. Bitte, was gibt es hier zu sehen und zu tun?
● Es gibt sehr viel zu sehen und zu tun. Wie lange bleiben Sie voraussichtlich hier in Hamburg?
○ Das weiß ich leider noch nicht. Wahrscheinlich zwei bis drei oder vier Tage.
● Ich gebe Ihnen erst mal einige Prospekte und Broschüren und einen schönen guten Stadtplan.
○ Danke schön. Das ist sehr nett von Ihnen.
● Bitte . . . Haben Sie schon die Alster gesehen?
○ Die Alster? Nein, was ist denn das?
● Das ist ein schöner kleiner See mitten in der Stadt.
○ Wie heißt das nochmal, bitte?
● Die Alster. Sie hat zwei Teile – die kleine Binnenalster und die Außenalster. Da kann man sehr schöne Bootsfahrten machen, wenn das Wetter schön warm ist.
○ Leider regnet es im Moment – und es ist sehr windig.
● Ja, das tut mir sehr leid. Wir haben auch einige gute Museen in Hamburg, zum Beispiel das Museum für Hamburgische Geschichte am Holstenwall.
○ Hmm . . . Ich weiß nicht, was ich am liebsten machen möchte.
● Oder Sie können auch in den Zoo gehen. Hagenbecks Tierpark ist ja weltberühmt, groß und sehr interessant.
○ Nein, das interessiert mich nicht so sehr . . . Wo kann man hier am besten einkaufen gehen?
● Die Mönckebergstraße ist die größte und beste Einkaufsstraße der Stadt. Sie führt hier (*sie zeigt auf den Stadtplan*) vom Hauptbahnhof bis zum alten Rathaus.
○ Gut, danke. Ich glaube, ich gehe auch ins Museum für Hamburgische Geschichte. Ist es sehr weit von hier?
● Nein, es ist gar nicht so weit von hier. Sie können entweder zu Fuß gehen, mit dem Bus, mit dem Taxi, oder mit der U-Bahn fahren – vom Hauptbahnhof Linie drei bis nach Sankt Pauli.
○ Also, Linie drei. Ja, also vielen Dank für Ihre Hilfe.
● Bitte schön. Nichts zu danken. Ich wünsche Ihnen schöne Tage hier.
○ Auf Wiedersehen.
● Auf Wiedersehen.

HAMBURG

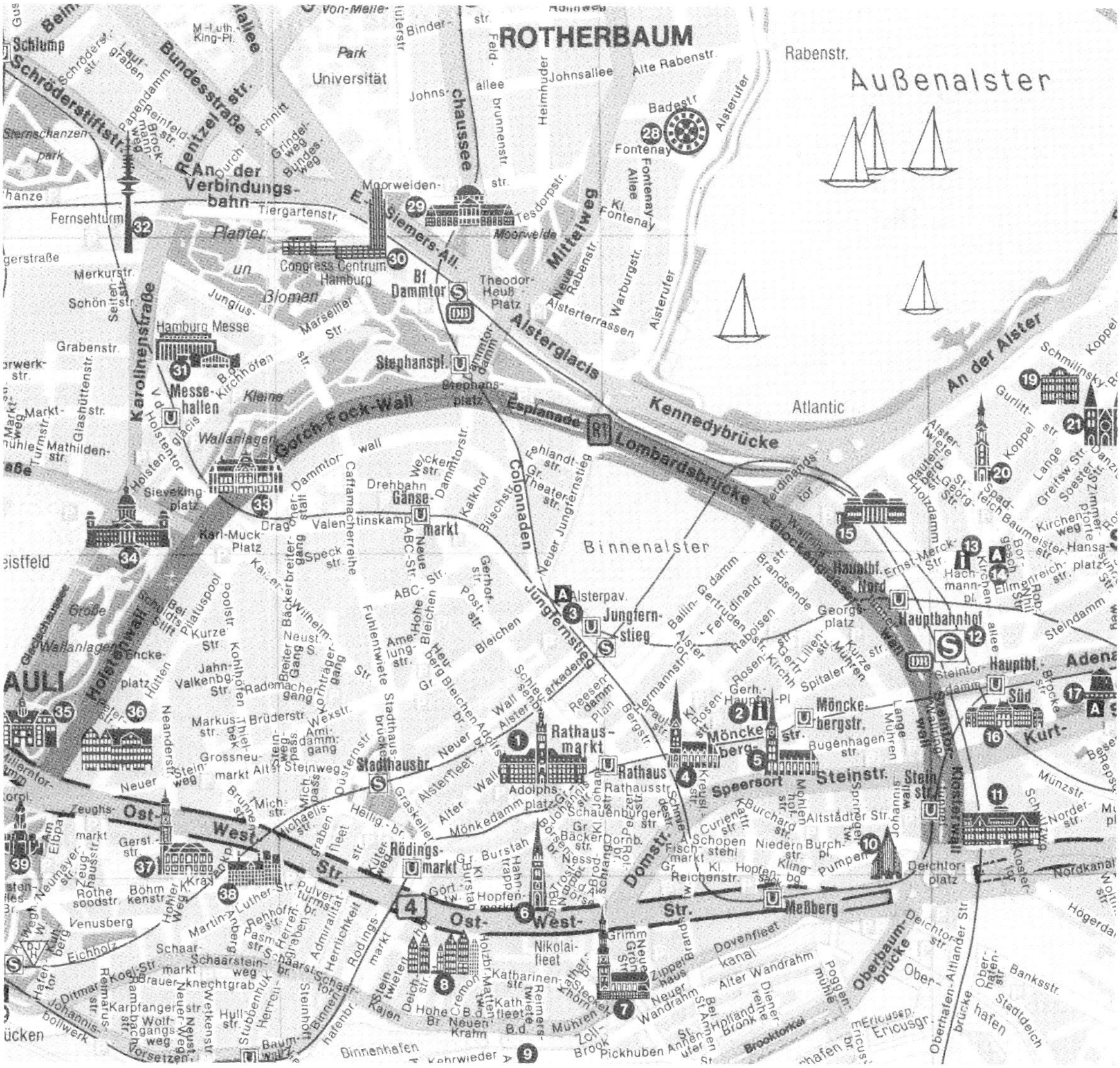

AUFGABE

Several of the phrases from the dialogue will be useful to you when *you* are in a tourist office in Germany – list the ones you think are essential for this situation.

Weitere Möglichkeiten

Was kann ich mir hier ansehen?
Wie komme ich am besten zum/zur/nach . . .?
Welcher Bus fährt zum/zur/nach . . .?
Was kann ich heute morgen/heute nachmittag/heute abend machen?
Können Sie mir bitte sagen, wo es hier einen/eine/ein . . . gibt?
Gibt es einen/eine/ein . . . hier in der Nähe?

ROLLENSPIELE

A You have just arrived in Hamburg and want some information about the city. Your partner is behind the counter in a tourist office.

1 Ask for a street-map, and how much it costs.
2 Ask what there is to see.
3 Say you're not interested in that.
4 Say you're interested in history.
5 Find out about visiting the Hamburg History Museum.

B You are in the tourist office, asking for suggestions for what to do this afternoon.

1 Say why you are there.
2 Reject the first suggestion as rather boring.
3 Express a desire to see the park **Planten un Blomen**.
4 Find out about the cost of entry and opening hours.
5 Enquire about how to get there.

C You are in a travel agent's and want to get yourself, your family and car back to England from Hamburg. Find out all about the ferry service to Harwich.

Museum für Hamburgische Geschichte
Holstenwall 24, Tel. 3 41 09–21 00,
U-Bahn St. Pauli
Hafen, Schiffahrt (Modellsammlung), Modelleisenbahn, Hamburg von der Hammaburg bis heute
Di.–So. 10–17 Uhr

Hagenbecks Tierpark
Geöffnet: täglich von 8 bis ca. 16 Uhr, Erwachsene 6,50 DM, Kinder (3–14 Jahre) 3,25 DM, Ermäßigung für Gruppen ab 20 Personen. Tel. 54 55 45
(Delphinarium im Winter geschlossen)
U-Bahn Hagenbecks Tierpark
Busse: 39, 181, 190, 191

Parks

Planten un Blomen
Erholungs- und Vergnügungspark mit Haupteingang gegenüber dem Congress Centrum. Eintritt frei.
Geöffnet: bis Mitte Oktober 7–22 Uhr, Oktober bis März 7 Uhr bis Einbruch der Dunkelheit.
Alsterpark an der Außenalster
Schöner Blick auf die Innenstadt.
Stadtpark

Fährdienst nach England

Hamburg – Harwich
Ab St. Pauli-Landungsbrücken/Brücke 9/10 jeden 2. Tag, 13 Uhr, mit dem Auto-Hochseefährschiff MS „Prinz Hamlet", im Nov., Dez., Febr., April an allen geraden Tagen, im Sept., Okt., Jan., März an allen ungeraden Tagen.

Fahrzeit: Hamburg – Harwich ca. 20 Stunden. Fahrpreise: einfache Fahrt 118 DM, Hin- und Rückfahrt 212 DM, Kinder unter 14 Jahren die Hälfte.
Einschiffung für Passagiere mit Pkw bis 1 Stunde vor Abfahrt, für Passagiere ohne Pkw bis spätestens 15 Minuten vor Abfahrt.
Auskünfte: Tel. (0 40) 31 24 21 / 22

LESEN

Opposite, there are a number of extracts from a brochure about Essen. Find out first where Essen is and what it is known for. Then study the material here and try to answer the questions.

1 What is special about the City Hall?
2 How many floors has it got?
3 What is the main newspaper in Essen?
4 Whereabouts in Essen is the Baldeneysee?
5 What kind of lake is it?
6 What makes Essen a good place for shopping?

BRIEF

So schreibt man einen Brief an ein Verkehrsamt . . .

Carlisle, den 29. Mai

Sehr geehrte Damen und Herren!

Ich habe vor, meine Sommerferien in Süddeutschland zu verbringen, und ich möchte für einige Tage nach München kommen. Ich möchte Sie deshalb um Auskunft bitten. Ich werde voraussichtlich vom vierten bis zum achten August in der Stadt sein. Ich hätte gern Informationen über die Jugendherbergen in München, und ich möchte auch gern wissen, was es in München zu tun und zu sehen gibt. Ich wäre auch sehr dankbar, wenn Sie mir einen Stadtplan schicken könnten.

Mit freundlichen Grüssen,

Jane Peterson

AUFGABE

Schreibe einen Brief an das Hamburger Verkehrsamt!

Rathaus

Mit 106 Metern ist das Essener Rathaus das höchste in Deutschland. In keinem anderen deutschen Rathaus gibt es so viele Arbeitsplätze wie in dem Essener Neubau mit 1900 Beschäftigten. Führungen und Besichtigung des Ratssaales, des Studio-Theaters und Blick auf das Stadtpanorama von der Aussichtsetage (22. Stockwerk).

Presse

Vier Tageszeitungen mit Lokalteil: Westdeutsche Allgemeine Zeitung (größte deutsche Abonnentenzeitung), Neue Ruhr Zeitung, Essener Tageblatt, Stadtteilzeitung Kettwig, drei Wochenblätter: Borbecker Nachrichten, Werdener Nachrichten, Katernberger Wochenblatt. Druckort für überregionale Publikationen, z. B. Bild, Bild am Sonntag, Welt, Welt am Sonntag, Quick, Neue Revue, Micky Maus, hobby, Playboy.

Freizeit

Baldeneysee (8 km lang, bis 650 m breit), Stausee der Ruhr, in waldreicher Umgebung im Süden des Stadtgebietes gelegen. Beliebtes Ausflugsziel und Wassersportzentrum. Seerundfahrt, etwa 2 Stunden.

Stadtrundfahrten: Omnibusrundfahrten der Essener Verkehrs-AG von April bis Oktober. Sonderrundfahrten nach Vereinbarung.

Einkauf

Essen ist bekannt als „die Einkaufsstadt". City mit rund 700 Kaufhäusern, Fachgeschäften und Boutiquen. City-Center am Rathaus und Hauptgeschäftsstraßen – Kettwiger, Viehofer und Limbecker mit Nebenstraßen – ohne Fahrzeugverkehr. Zahlreiche Nebenzentren in anderen Stadtbezirken, z. B. in Altenessen, Borbeck, Rüttenscheid, Steele und Werden. Vergünstigungen durch Bummelpaß.

WIE FRAGT MAN NACH DEM WEG?

Welche Antwort gehört zu welcher Frage?

Fragen

1 Entschuldigen Sie bitte, wo ist hier der Bahnhof?
2 Entschuldigen Sie bitte, wo ist hier eine Post?
3 Gibt es eine U-Bahnstation hier in der Nähe?
4 Entschuldigen Sie bitte, wie komme ich am besten zum Verkehrsamt?
5 Wissen Sie vielleicht, wo das Rathaus ist?
6 Können Sie mir bitte sagen, wo es nach Bremen geht?
7 Bin ich hier auf dem richtigen Weg zur Michaeliskirche?
8 Ist das weit von hier?
9 Wie lange braucht man bis dahin?
10 Können Sie mir bitte sagen, wo ich hier Geld wechseln kann?
11 Ich habe mich verlaufen! Könnten Sie mir bitte helfen?

Antworten

A Fahren Sie hier geradeaus bis zur Ecke und dann links bis zur Ampel. Da biegen Sie rechts ab. Die Straße bringt sie dann automatisch zur Autobahn. Können Sie das behalten?
B Nein, zu Fuß sind es zehn Minuten.
C Gehen Sie über die Brücke, und halten Sie sich rechts. Sie können es nicht verfehlen. Es ist ein sehr großes altes Gebäude.
D Es tut mir leid. Ich bin auch fremd hier.
E In der Schillerstraße. Gehen Sie hier geradeaus, die Bahnhofstraße entlang, dann sehen Sie eine auf der linken Seite.
F Nein, ganz falsch! Gehen Sie diese Straße 'runter, dann die erste Straße rechts.
G Zehn bis fünfzehn Minuten.
H In der Bismarckstraße. Gehen Sie hier links, dann die zweite Straße rechts. Dann sehen Sie schon den Bahnhof.
I Am besten gehen Sie zur Sparkasse. Gehen Sie diese Straße hoch bis zur Kreuzung, dann links.
J Gehen Sie hier rechts am Dom vorbei, dann sehen Sie das große Schild: Tourist-Information.
K Sehen Sie das große „U“ da? Da drüben auf der rechten Seite!

ROLLENSPIELE

In Xanten zu sehen:

Michaelstor 1
Viktorstatue 2
Regionalmuseum 3
Gotisches Haus 4
Ev. Kirche 5
Meerturm 6
Pesthäuschen 7
Turm der Bischofsburg 8
Klever Tor 9
Stadtmühle 10
Buttermarktpumpe 11
Karthaus 12
Barocker Pavillon 13
Renaissance-Erker 14
Orkstraße 15
Schweineturm 16
Norbertwappen 17
Rokokogiebel 18
Archäologischer Park 19
Antoniushäuschen 20

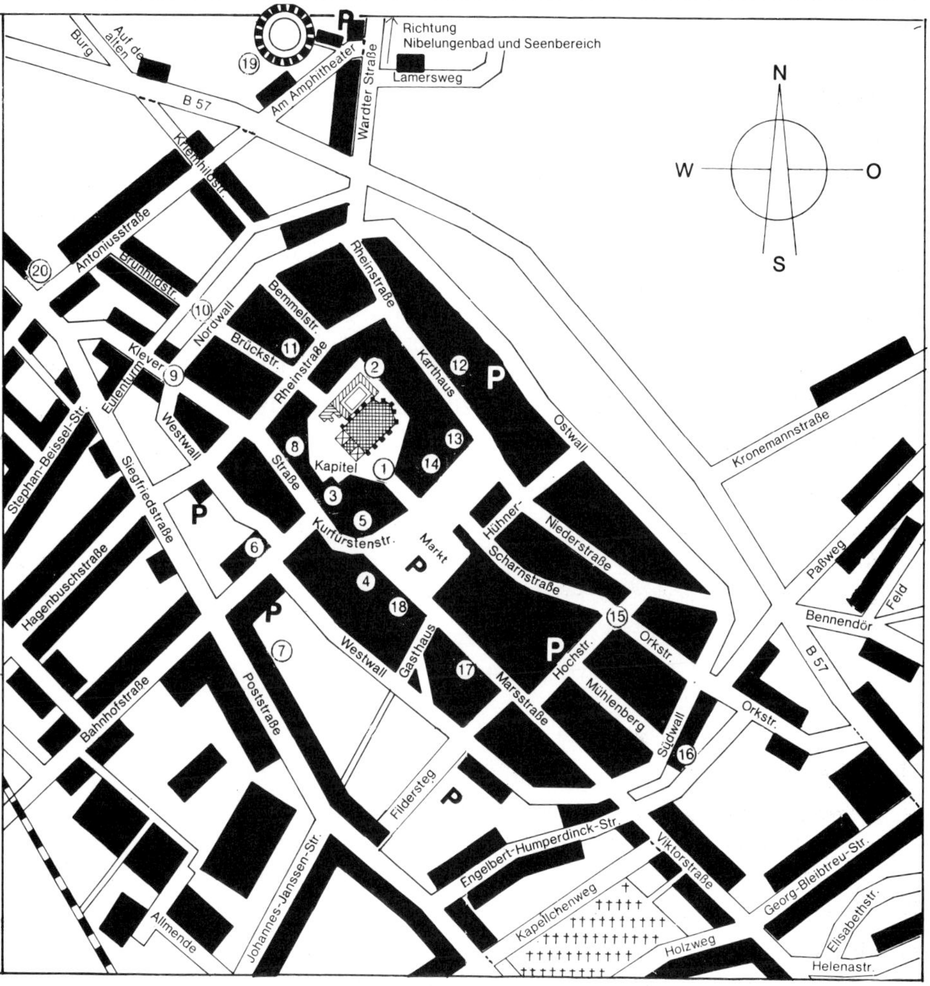

Jetzt fragst du nach dem Weg!

A Du und dein Partner (bzw. deine Partnerin) sind auf dem Parkplatz in der Hochstraße. Dein Partner kommt aus Xanten, aber du bist ein Tourist. Du fragst zum Beispiel: „Wie komme ich am besten zum Michaelstor?“. Dein Partner beschreibt dir den Weg.

B You and your partner each draw an identical street-map. Keep it simple – the map need contain only about six streets. Mark an agreed starting-point in the same place on both maps. From now on you and your partner must keep your maps hidden from each other. One of you marks on your map the position of the following places: **Postamt, Kino, Rathaus, Kirche**. The other marks the position of these places: **Polizeiwache, Kaufhaus, Theater, Verkehrsamt**. Now take turns to ask each other the way to these places. The correct route from the starting-point must be described in German. You do this until both of you have marked on your map all eight places. It does not matter if some of the places turn out to be on the same plot of land!

○ WO SIND WIR?

Höre gut zu und schreibe: 1, 2, 3, 4, 5, 6, 7, 8, oder 9

1

2

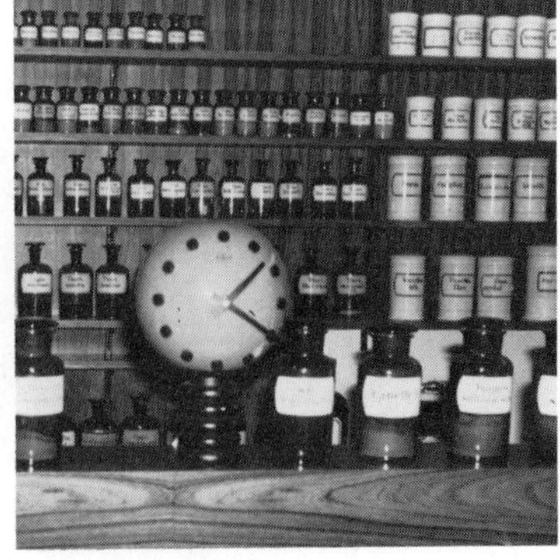

3

4

5

6

7

8

9

GRAMMATIK

HB 10.7b

Reflexive Verben mit Dativpronomen

(Zwei Touristen)

LEIF Also, was machen wir denn jetzt?

ULLA Ich dachte, **wir sehen uns den Dom an**, oder?

LEIF Wollen wir nicht zum Verkehrsbüro gehen? **Da können wir uns einen Stadtplan kaufen**. Oder vielleicht bekommen wir Broschüren umsonst (=*free*).

ULLA Wozu?

LEIF Damit wir wissen, was es hier alles zu sehen gibt.

ULLA O.K., einverstanden, aber **ich kaufe mir** erst mal **ein Eis**. Willst du auch eins? Ich lade dich ein.

LEIF Wenn du zahlst, ja, bitte! **Ich suche mir den teuersten Eisbecher aus**! Da drüben ist ein schönes Eiscafé.

ULLA Und hier ist ein billiger Kiosk. Zwei zu einer Mark, bitte!

ÜBUNG

z.B. Gehen wir jetzt ins Kino? (sich einen Film aussuchen)
Ja, aber wir suchen uns erst mal einen guten Film aus.

1 Gehen wir jetzt ins Café? (sich den Dom ansehen)

2 Wollen wir jetzt die Stadt besichtigen? (sich einen Stadtplan kaufen)

3 Kann ich jetzt zur Schule gehen, Mama? Ja, aber du . . . (sich die Haare kämmen)

4 Darf ich jetzt meine Butterbrote essen? Ja, aber du . . . (sich die Hände waschen)

5 Kann ich jetzt zu Oma gehen? Ja, aber du . . . (sich die Schuhe putzen)

GRAMMATIK

HB 4.11

Nichts Neues, usw.

Ein langweiliger Junge

● Na, Peter, was hast du in den Ferien gemacht?

○ **Nichts Interessantes**.

● Aber du hast doch deine Oma in Berlin besucht, oder?

○ Ja.

● Da hast du aber bestimmt **etwas Interessantes** gemacht!

○ Nein. **Nichts Neues**. Ich war schon fünfmal da. Ich habe schon alles gesehen.

● Was wolltest du denn machen?

○ Weiß ich nicht. Ich finde alles langweilig. Ich will mal **etwas Aufregendes** machen!

ÜBUNG

z.B. Was hast du in Rom gemacht? (interessant)
Ich habe **nichts Interessantes** gemacht.

1 Was hast du in Paris gekauft? (neu)
2 Was hast du im Kino gesehen? (lustig)
3 Was hast du im Restaurant gegessen? (schön)
4 Was hast du in der Zeitung gelesen? (aufregend)
5 Was hast du im Radio gehört? Einen Krimi? (spannend)

GRAMMATIK

HB 10.29

Das Futur

- ● Was machst du in den Ferien, Oliver? Weißt du das schon?
- ○ **Ich werde** wahrscheinlich mit Klaus nach Schleswig-Holstein **fahren**. Da war ich noch nie.
- ● Und was **wirst du** dort **machen**?
- ○ **Wir werden** entweder **zelten** oder in Jugendherbergen **wohnen**. Wir wollen zuerst nach Lübeck, aber **wir werden** auch an die Ostsee **fahren**.

ÜBUNGEN

A Ihr Urlaub mit der Reisegesellschaft Intertour

Setze ins Futur:

Zunächst fahren Sie mit unserem Luxusbus zum Flughafen. Sie geben Ihr Gepäck auf, Sie zeigen Ihren Reisepaß vor, und bald fliegen Sie nach Mallorca. Zwei Stunden später sind Sie schon im sonnigen Süden. Sie wohnen in einem erstklassigen Hotel. Sie essen und trinken gut und preiswert. Sie liegen am Strand und sonnen sich. Herrlich!

B der/die/das/den? HB 9.9

Meine Heimatstadt, _____ Tübingen heißt, ist sehr alt. Die Universität, _____ über fünfhundert Jahre alt ist, hat schöne alte Gebäude, _____ viele Touristen gern besichtigen. Diese Touristen, _____ aus aller Welt nach Tübingen kommen, gehen auch zum Rathaus, _____ am Marktplatz steht. Dieser Platz, _____ fast alle Touristen fotografieren, liegt in der alten Stadtmitte. Die meisten Besucher machen auch Fotos von den alten Kirchen, _____ wir in Tübingen haben. Junge Leute und Studenten treffen sich am liebsten am Neckar, dem Fluß, _____ durch die Stadt fließt. Die Bootsfahrten, _____ man auf dem Neckar machen kann, sind auch sehr beliebt. Viele junge Besucher übernachten in der Jugendherberge, _____ direkt am Fluß liegt.

C Der Stau – Aufsatz

Beachte: Präteritum! Nebensätze!

Herr Eimers beschließt, sein Auto zu verkaufen.
Er kauft ein Fahrrad.
Sein Nachbar heißt Herr Röder.
Herr Röder sieht das Fahrrad.
Er lacht.
Er findet es unglaublich.
Er kauft einen neuen Mercedes.
Er ist stolz auf sein neues Auto.
Die beiden Männer arbeiten in der Innenstadt.
Sie fahren beide um sieben Uhr los.
Herr Röder sagt: „Sie kommen bestimmt zu spät an. Wollen Sie nicht lieber mitfahren?"
Herr Eimers antwortet nicht.
Die beiden Männer fahren los.
In der Innenstadt ist viel Verkehr.
Herr Röder wird ungeduldig.
Er steht sehr lange in einem Stau.
Herr Eimers fährt an ihm vorbei.
Herr Eimers kommt rechtzeitig zur Arbeit.
Herr Röder hat vierzig Minuten Verspätung.
Sein Chef ist wütend!

D **z.B.** Post – Brief aufgeben   HB 10.33
Ich muß zur Post gehen, um einen Brief aufzugeben.

1 Bahnhof – Fahrkarte kaufen
2 Reisebüro – Urlaub buchen
3 Verkehrsamt – Stadtplan kaufen
4 Postamt – Briefmarken kaufen
5 Konditorei – Torte kaufen
6 Bank – Reiseschecks einlösen
7 Innenstadt – mir die Fachwerkhäuser ansehen
8 Theater – zwei Plätze reservieren
9 Einkaufszentrum – einkaufen

BRIEF

Schreibe einen Brief an einen deutschen Briefpartner (bzw. an eine deutsche Briefpartnerin) in dem du deine Heimatstadt beschreibst!

HÖRVERSTEHENSÜBUNGEN

A Eine Autofahrerin und eine Politesse

(eine Politesse = *traffic warden*)

1 Why does the woman say „**Ach, nein**!"?

2 Why does she want to park there?

3 What does the traffic warden demand from her?

4 What does the woman reply?

5 What does the woman then ask the traffic warden to do?

6 What does the woman offer to do, if the traffic warden does this?

B Thomas will nach Kettwig

This is a very short dialogue. Listen to it carefully and try to pick out all the information it contains. Notice that Thomas asks three questions, and receives three answers.

C Meine Heimatstadt (Dietmar Dux 3)

Listen carefully to this interview and try these true/false sentences. Write **R** (for **richtig**) for the true sentences, and **F** (for **falsch**) for the false ones. Then listen again, and see if you can correct the information in the false sentences.

1 Dietmar's home city is Munich.

2 It is in South Germany.

3 It is in the Alps.

4 It has 1.5 million inhabitants.

5 It was founded around 1100.

6 The **Deutsches Museum** is the world's largest technological museum.

7 The sights include the opera and the former royal residence.

8 Dietmar lives with his family.

9 His family live in the city itself.

10 Their district is called **Schwabing**.

• THEMA DREIZEHN •

KOMMUNIKATIONEN

EINSTIEG

This Thema focuses on three familiar systems of communication – the telephone, the television and the computer.

Finding yourself on the end of a phone in a foreign country can be pretty alarming. So the aim is to give you the confidence to use a public call box, to answer the phone correctly, to spell your name and address intelligibly and to take down a message. You are also likely to watch TV while you are abroad. Discussing television programmes is a feature of everyday conversation in most countries – all you need is a little help and you will be able to join in. And as for computers – well they are here to stay.

The grammar points are a selection of minor ones.

-,10 1,- 5,-

ein modernes Telefon

■ **Besetzt – verwählt?**
Nicht einhängen! Grüne Taste drücken, neu wählen.

-,10 -,50 1,-

ein altmodisches Telefon

Wo und wie man telefonieren kann

Telefonieren ist ganz einfach, wenn man zu Hause ein eigenes Telefon hat, aber man kann auch von jedem Postamt und von einem der vielen gelben Telefonzellen (Telefonhäuschen, „öffentlicher Fernsprecher“) telefonieren.

Das Fernsprechnetz ist in der Bundesrepublik vollautomatisch. Das heißt, man kann alle Nummern selbst wählen.

Wie telefoniert man?

1. **Man nimmt den Hörer ab.**
2. **Man wirft Geld ein.**
3. **Dann wählt man die Nummer.**
4. **Jetzt hört man ein langes „tüüt . . . tüüt . . . tüüt . . . “. Das bedeutet, daß das andere Telefon klingelt. Sobald jemand den Hörer abnimmt, kann das Gespräch beginnen.**
5. **Wenn man ein schnelles „tüt . . . tüt . . . tüt . . . “ hört, ist die Leitung besetzt.**
6. **Wenn die Leitung besetzt ist, oder wenn das Gespräch zu Ende ist, bekommt man das nicht verbrauchte Geld zurück.**

AUFGABE

Notruf

* 110 wählen! (Feuerwehr: 112)
* Namen und Adresse genau angeben!
* Den Namen vielleicht buchstabieren!
* Den Unfall bzw. die Krankheit kurz beschreiben!
* Vor der Haustür auf der Straße warten!

Buchstabiertafel (Inland)

A wie **Anton**	**O** wie **Otto**
Ä wie **Ärger**	**Ö** wie **Ökonom**
B wie **Berta**	**P** wie **Paula**
C wie **Cäsar**	**Q** wie **Quelle**
Ch wie **Charlotte**	**R** wie **Richard**
D wie **Dora**	**S** wie **Samuel**
E wie **Emil**	**Sch** wie **Schule**
F wie **Friedrich**	**T** wie **Theodor**
G wie **Gustav**	**U** wie **Ulrich**
H wie **Heinrich**	**Ü** wie **Übermut**
I wie **Ida**	**V** wie **Viktor**
J wie **Julius**	**W** wie **Wilhelm**
K wie **Kaufmann**	**X** wie **Xanthippe**
L wie **Ludwig**	**Y** wie **Ypsilon**
M wie **Martha**	**Z** wie **Zacharias**
N wie **Nordpol**	

z.B. Hier Peter Sdrojewski, Albrechtstraße 9. S D R O J E W S K I. Hier auf der Straße ist ein Verkehrsunfall passiert. Schicken Sie schnell einen Krankenwagen! Ich warte hier vor der Haustür.

Ebenso mit:

Sczesny – Autounfall

(*your own name and address*) – Mutter – Fieber – 40 Grad

WAS SAGT MAN AM TELEFON?

Wenn man in Deutschland den Hörer abnimmt, sagt man normalerweise nicht „Hallo" oder die Nummer, sondern man sagt seinen Namen – z.B. „Schmidt". Gewöhnlich sagt man nur den Familiennamen. Wenn man als Gast bei einer deutschen Familie ist, sagt man nicht den eigenen Namen, sondern: „Hier bei Zimmermann", „Hier bei Meier", usw.

○ TELEFONGESPRÄCHE

A Michael ruft Detlef an

Hört gut zu!

Wie hat man das gesagt?

1 Speaking!
2 Hi!
3 How are you?
4 Do you feel like coming?
5 At about eight o'clock
6 Tomorrow night
7 The line's bad
8 Thanks for the invitation
9 OK, I'll do that
10 See you tomorrow!
11 Say hello to Silke for me
12 Bye!

B Ein Anruf von Angela

Was sagen sie?

● Frisch.
○ Guten ____ Frau Frisch?
● Am ____
○ Guten Abend. Hier ist Angela aus England.
● Angela! Wie ____! Heike! Angela ist am ____! Sag mal, Angela, ____ du aus England ____?

○ Ja. Ich wollte fragen, wann Heike nächste Woche nach London fährt. Wir wollen sie am Bahnhof abholen.
● Das ist ____ ____. Ja, sie ____ ____ ____ und – Heike, weißt du genau, wann du in ____ ____? ____ Uhr, sagt sie.
○ Ist das Victoria?
● Viktoria?
○ Ja, der Victoria-Bahnhof in London.
● Ist das der Viktoria-Bahnhof, Heike? Ja!
○ Also, nächsten ____ um ____ Uhr. Sagen Sie ihr bitte, wir werden da sein, und wir holen sie ab.
● Das ist ____ ____ ____ ____ und deinen Eltern, Angela. Heike ____ ____ ____ ____ ihren Besuch. Grüß bitte deine Eltern von uns, ja?
○ Ja, und schönen Gruß an Heike! Auf Wiederhören!
● Wiederhören!

C Telefonieren macht nicht immer Spaß

Hört gut zu!

Wie sagt man . . .?

1 Can I please speak to Mr Schmidt?
2 There's no one answering!
3 I'm putting you through.
4 I've got a wrong number.
5 Can you spell that?
6 Good-bye! (*when telephoning*)
7 Hold on please!
8 The line's engaged.
9 Sorry!
10 This is Mr Meyer speaking.

D Kann ich etwas ausrichten?

Practise taking messages from the telephone calls you hear on tape.

ROLLENSPIELE

Thema 7 und HB 12.3

A
● Ask to speak to Susanne (or Stefan).
○ Say it is you speaking. Greet the caller and ask how he/she is.
● Reply and invite S. to your birthday party on Saturday.
○ Say that's nice of the caller, and find out when and where the party will be.
● Give these details.
○ Ask if you should bring anything.
● Suggest that S. brings some cassettes or records.
○ Thank the caller for the invitation and say you're looking forward to the party.
● Say good-bye till Saturday.
○ Reply.

B
- ● Say 'Good evening' and explain that you are Andrea (or Andreas) Schmidt phoning from Germany.
- ○ Be surprised and pleased. Say it's Joanne (or John) speaking. Find out if A. is phoning from Germany.
- ● Say yes. Say you want to know when J. is arriving in Stuttgart.
- ○ Say you're travelling next Wednesday. Say you arrive at 22.25.
- ● Check if J. is travelling by train.
- ○ Say yes.
- ● Say you'll pick J. up at the station.
- ○ Say that's nice of A. Thank her/him.
- ● Say the time and place of arrival again to check them.
- ○ Confirm that these are correct. Say you're looking forward to it.
- ● Send best wishes to J's family and say 'Bye!'
- ○ Reply.

C
- ● Say it's Kai speaking and check that you are speaking to Angelika.
- ○ Say it's Angelika speaking.
- ● Ask if she feels like seeing a video (**der Videofilm**) that evening.
- ○ Ask what kind of video.
- ● Say a detective film (**der Krimi**).
- ○ Say it doesn't interest you.
- ● Urge her to come.
- ○ Refuse. Say you've a lot of homework.
- ● Say that's rubbish. Suggest a disco.
- ○ Agree. Ask to be called for at eight.
- ● Agree and say bye till then.
- ○ Reply.

D ROLLE A You like discos, but don't like swimming or tennis. You don't mind the cinema. You're busy every night except Tuesday and Friday.

ROLLE B You are keen on sports. You hate discos. You go to the cinema occasionally. You're very busy, but can always fit things in.

B phones A to arrange something for next week.

E Work out a conversation in which you phone the doctor because you are ill.

ÜBUNGEN

A ich interessiere mich für + Akkusativ   HB 10.31

z.B. Ich interessiere mich für das Theater.

Ebenso mit:

1 animals
2 stamps
3 the cinema
4 pop music
5 motor-bikes
6 German wine
7 Switzerland
8 football
9 table tennis
10 old records

B sich erinnern an + Akkusativ   HB 10.31

z.B. Erinnerst du dich an **unsere alte Deutschlehrerin**?
Ja, ich erinnere mich an **sie**.

Ebenso mit:

1 unser alter Lehrer
2 deine alte Französischlehrerin
3 unsere alten Nachbarn
4 der alte Hausmeister
5 mein Freund Martin

C „sich treffen" oder „treffen"?   HB 10.42

1 Wann wollen wir (*meet*)?
2 Peter (*met*) Renate vor dem Theater.
3 Ich (*meet*) viele interessante Leute.
4 Wir (*met*) am Bahnhof.
5 Die beiden beschlossen, (*to meet at 7 p.m.*).

D „Herr" oder „Herrn"?   HB 1.6

Bei der Betriebsfeier (=*firm's party*)

URSULA Also, Rolf, wer sind die Leute da drüben?
ROLF Das ist _____ Meyer, und neben ihm steht _____ Belz. _____ Belz ist der Assistent von _____ Meyer. Und da in der Ecke steht _____ Lampe. Er ist _____ Meyers Chef. Hinter _____ Lampe siehst du _____ Schwarz. _____ Schwarz arbeitet mit _____ Meyer im Büro. Kannst du das behalten?
URSULA Nein! Nochmal, bitte!

E „hätte" und „wäre" als Höflichkeitsformen   HB 10.40a

These two words are used for extra politeness, replacing the present tense of **haben** and **sein**.
Präsens von **haben** ⟶ hätte, hättest, hätte, usw.
Präsens von **sein** ⟶ wäre, wär(e)st, wäre, usw.

Now use **hätte** and **wäre** to make these sentences more polite.

1 **Hast** du Lust, heute abend auszugehen?
2 Das **ist** alles.
3 Sie holen mich um neunzehn Uhr ab? Das **ist** sehr nett von Ihnen.
4 Entschuldigen Sie bitte, ich **habe** eine Frage . . .
5 **Haben** Sie Lust mitzukommen?

LESEN

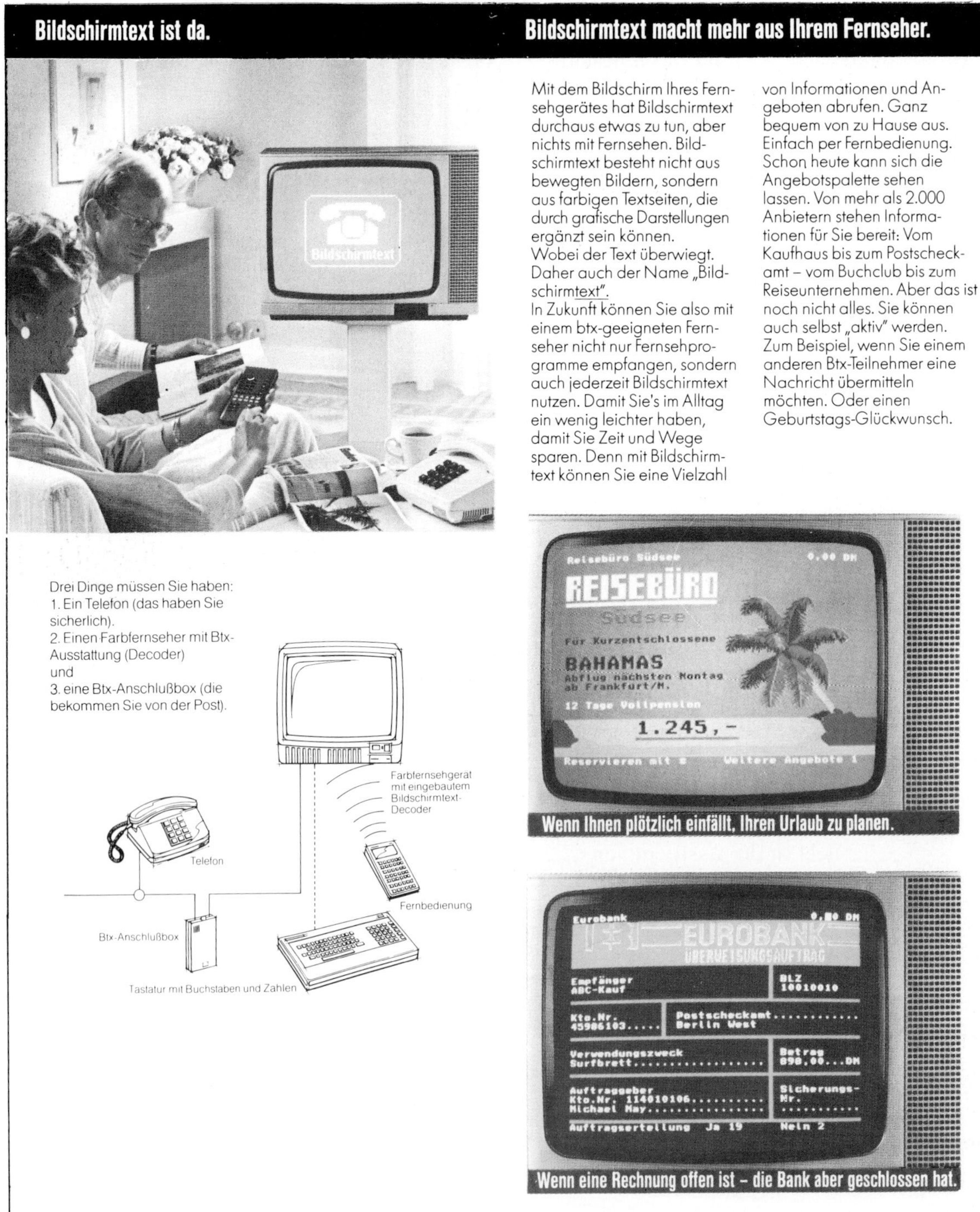

What is **Bildschirmtext** and what can you do with it? How does this compare with what is available in your country?

MORGEN KAUFE ICH EINEN VIDEORECORDER – AUFSATZ

HÖRVERSTEHENSÜBUNGEN

A Eine Familie will fernsehen

1 What kind of programme is being shown on Channel 1?

2 What kind of programme is being shown on Channel 2?

3 What kind of programme is being shown on Channel 3?

4 Which programmes do the different members of the family want to see?

5 What are the two suggestions made by the youngest member of the family, to avoid such problems in future?

B Ein Engländer ruft an

1 On which date will the English guest arrive?

2 Which day of the week will that be?

3 What will the host do for the guest?

4 What does the host then ask?

5 How does the guest reply?

6 How does the host react to this?

7 What is the reason given by the guest?

8 What does the host suggest as an activity during the stay of the English guest?

Montag, 30. Juni

1. Programm

16.00 Schaukelstuhl

16.45 Der Papala(n)gi auf Reisen

17.10 Winnie Puuh

17.35 Tour de France
4. Etappe: Einzelzeitfahren in Francorchamps

17.50 Tagesschau

Regionalprogramme

München: 18.15 Mike Andros – Reporter der Großstadt. **Frankfurt:** 18.10 Karino – Die Geschichte eines Pferdes. **Hamburg/Bremen:** 18.00 Sportschau. **Saarbrücken:** 18.20 Karino – Die Geschichte eines Pferdes. **Berlin:** 18.05 Mike Andros – Reporter der Großstadt **Stuttgart/Baden-Baden:** 18.30 Karino – Die Geschichte eines Pferdes. **Köln:** 18.00 Pariser Geschichten.

20.00 Tagesschau

20.15 Der Graf von Monte Christo
2. Das Vermächtnis des Abbé Faria

21.15 Der schrecklich gute Nachbar. Frankreich und die Deutschen

22.00 Solo für Spaßvögel
Mit Dietmar Eirich

22.30 Tagesthemen

23.00 ◧ Citizen Kane
Amerik. Spielfilm, 1941

Mit Orson Welles' meisterhaftem Erstlingsfilm aus dem Jahre 1941 beginnt eine sechs Filme umfassende Reihe dieses bedeutenden Regisseurs und Schauspielers, dem die ARD bereits 1978 eine kleine Werkschau gewidmet hatte. „Citizen Kane" erzählt die Geschichte eines amerikanischen Pressezaren (Orson Welles), der als junger Mann auszieht, um gegen Korruption und Unehrlichkeit zu kämpfen, am Ende seiner Laufbahn aber seine eigenen Prinzipien beiseiteschiebt ...

2. Programm

16.00 Grundstudium Mathematik
Extrema und Extrema unter Nebenbedingungen

16.30 Einführung in das Familienrecht
11. Wo Eltern mit Gewalt sich sorgen
Stellung des ehelichen Kindes

17.00 Heute

17.10 ◧ Lassie
Der Doppelgänger

17.40 Die Drehscheibe

18.20 Chopper 1 ... bitte melden
Freiflug für Parker

19.00 Heute

19.30 Hits Hits Hits
Das Beste aus Disco
Ilja Richter präsentiert Exile, Eruption, Blondie, Peter Maffay, Dschinghis Khan, Luv, Clout, Boney M., Gebrüder Blattschuss, Hallervorden & Feddersen, Suzi Quatro & Chris Norman u. a.

Patrick Hernandez (Foto) ist heute abend mit seinem Erfolgstitel „Born to be alive" vertreten

20.15 Wie würden Sie entscheiden?
Rechtsfälle im Urteil des Bürgers
Gitta und die guten Sitten

21.00 Heute-Journal

21.20 Das Fernsehspiel der Gegenwart:
Unter Verschluß
Von Wilma Kottusch mit Lisa Kreuzer
Regie: Wilma Kottusch

23.00 Sport aktuell:
Tour de France
Bericht vom Tage

23.10 Heute

3. Programm

NDR/RB/SFB mit HR und WDR

20.15 Hypotheken – Europas unbewältigte Vergangenheit
Auschwitz – Ein Opfer kehrt zurück

21.25 Das ist geschenkt
Spielfilm, USA 1934

22.30 Elternstammtisch
Mathematik für die Mehrheit

SÜDWEST

20.20 Karl Valentin und Liesl Karlstadt. Musik zu zweien

20.35 Städtereise am Bildschirm
Schanghai – ein Tag in einer Zehn-Millionen-Stadt

21.35 Jazz am Montagabend

22.15 Astronomie ohne Fernrohr
Die Erforschung des Himmels in Vor- und Frühgeschichte (1)

BAYERN

19.00 Im Reich des Kublai Khan
Französisch-italienisch-jugoslawischer Spielfilm

Nach bangen Monaten der Ungewißheit kann der junge Venezianer Marco Polo (Horst Buchholz) endlich seinen Vater (Massimo Girotti) und seinen Onkel Matteo (Mica Orlovic) wieder in die Arme schließen. Die beiden – sie gehören zu den angesehensten Kaufleuten der Dogenstadt – sind von einer gefahrvollen Handelsreise in den Fernen Osten zurückgekehrt, gesund, aber mit leeren Händen. Doch die Botschaft, die sie für den Papst mitbringen, ist wertvoller als alle kostbaren Waren ...

21.00 Blickpunkt Sport

22.00 Das historische Stichwort
Vor 50 Jahren endete die Besetzung des Rheinlandes

22.05 Museen heute
Das Puppentheatermuseum in München

LESEN

A Look at the programme guide opposite, and then try to answer these questions:

1 Which channel does not vary at all from region to region?

2 Where would you have to live to see the film about Marco Polo?

3 On the first channel, the news is called **die Tagesschau.** What do you think is its title on the second channel?

4 At what time is there a pop music programme?

5 At what time is there a television play?

B This is an item about a television programme on Sunday night – on teenage magazines. Do you agree with the claim made in the second sentence?

Use what German you know to do a class survey of how much time is spent on different kinds of reading – and on watching television.

Kritik am Sonntagabend

Die Welt der Jugendzeitschriften

Über 50 Prozent der Jugendlichen lesen regelmäßig Jugendzeitschriften. Nach Comic-Heften sind sie oft die Hauptlektüre, die mehr Interesse als Bücher, Zeitschriften und sogar Fernsehen findet. Mit welchen Mitteln schaffen es die Zeitschriften-Macher, ihr Publikum zu fesseln? Untersuchungen zeigen, daß sie sich der Jugendkultur anpassen, sie aber auch prägen

C Falsch verbunden?

„Storch!“

„Maria? Hier Manfred. Na, was sagst du denn? Willst du mich heiraten, oder nicht?“

„Entschuldigen Sie bitte“, sagte Gisela, „ich heiße nicht Maria . . .“

„Sie heißen nicht Maria? Wie heißen Sie denn?“ fragte der Fremde.

„Gisela – Gisela Storch.“

„Gisela!? Ein wunderschöner Name!“

„Danke schön!“ antwortete Gisela, „Schade, daß Sie sich verwählt haben!“

„Ja, schade – oder vielleicht ist es doch nicht schade.“

„Wie meinen Sie?“

„Ach“, erwiderte der junge Mann traurig, „ich habe Maria schon tausendmal gebeten, mich zu heiraten, aber sie antwortet jedesmal mit ‚Jein‘. Sie liebt mich nicht. Vielleicht liebe ich sie auch nicht . . .“

„Das tut mir wirklich leid, aber Sie sind falsch verbunden . . .“

„Richtig! Maria und ich waren schon immer falsch verbunden . . . S i e verstehen mich! Fräulein Storch – Gisela — Sie müssen mir helfen! Haben Sie heute abend Zeit . . .?“

Die Geschichte ist nicht fertig. Schreibe das Ende!

• THEMA VIERZEHN •

HAUS UND WOHNUNG

➡ EINSTIEG

In this **Thema** you will learn vocabulary and phraseology connected with houses and flats. You probably know some of this already. The **Thema** teaches you how to talk about and describe homes and rooms. Also covered are flat (or room) hunting, and removals.

The grammar content of this **Thema** includes the conjunction **nachdem** with the Pluperfect tense. Learning this will enable you to cope with sentences of the type *After I had done my homework, I watched television*. You will also learn how to talk about getting things done for you by other people (**lassen** + infinitive). The **Thema** also brings together the various uses of the common expressions involving **hin** and **her**.

ZWEI WOHNUNGEN

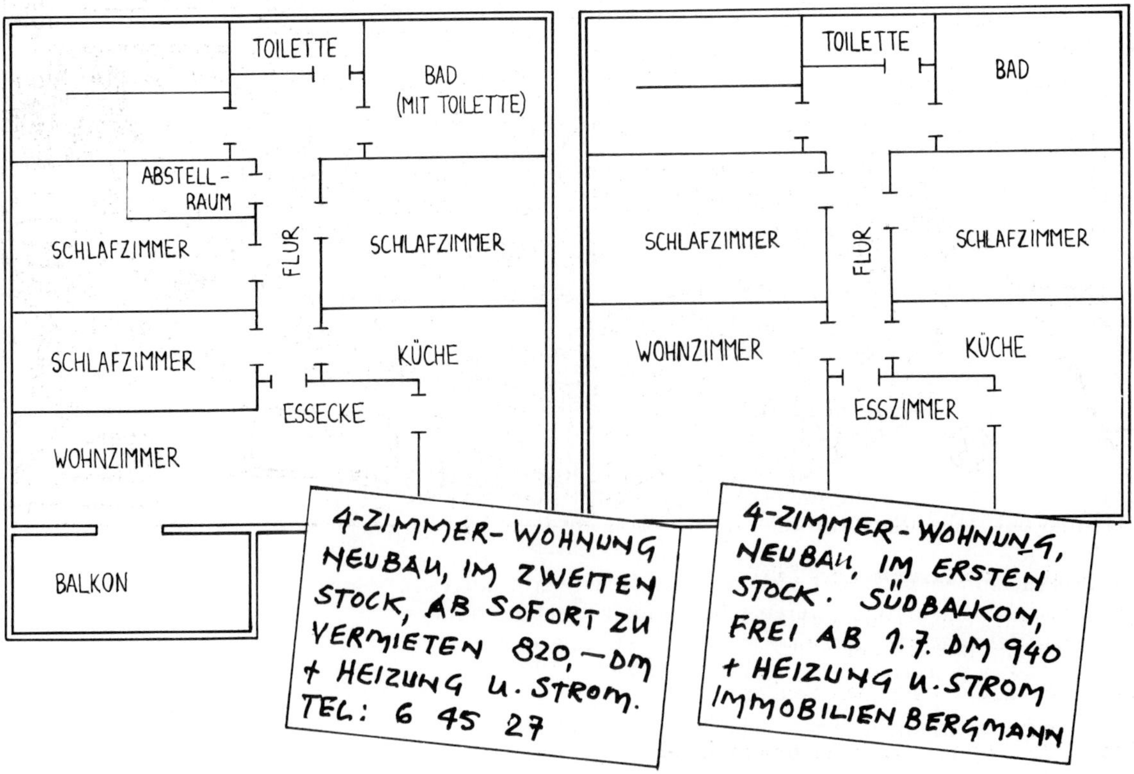

TOILETTE
BAD (MIT TOILETTE)
ABSTELL-RAUM
SCHLAFZIMMER
FLUR
SCHLAFZIMMER
SCHLAFZIMMER
KÜCHE
ESSECKE
WOHNZIMMER
BALKON

4-ZIMMER-WOHNUNG
NEUBAU, IM ZWEITEN
STOCK, AB SOFORT ZU
VERMIETEN 820,– DM
+ HEIZUNG U. STROM.
TEL: 6 45 27

TOILETTE
BAD
SCHLAFZIMMER
FLUR
SCHLAFZIMMER
WOHNZIMMER
KÜCHE
ESSZIMMER

4-ZIMMER-WOHNUNG,
NEUBAU, IM ERSTEN
STOCK. SÜDBALKON,
FREI AB 1.7. DM 940
+ HEIZUNG U. STROM
IMMOBILIEN BERGMANN

Was sind die Vor- und Nachteile der zwei Wohnungen?

Herr Eckert hat eine Frau und zwei kleine Kinder. Er verdient DM 2500 pro Monat. Welche Wohnung sollte er wählen? Warum?

Herr und Frau Brandt haben einen elfjährigen Sohn, und Frau Brandts Mutter wohnt auch bei ihnen. Herr Brandt verdient DM 2000 pro Monat. Welche Wohnung sollten Brandts wählen? Warum?

Was für ein Haus hat deine Familie? Was sind die Vor- und Nachteile davon? Möchtest du lieber woanders (= *elsewhere*) wohnen?

DAS ZIMMER EINES STUDENTEN

Vokabeln 14.2

Was sind die Sachen auf dem Bild?

z.B. Nummer eins ist die Tür.
Nummer zwei ist ein Bild.

Kannst du das Zimmer beschreiben?

Kannst du d e i n Zimmer beschreiben?

○ WOHNUNGSSUCHE

- ● Guten Tag, ich habe Ihre Annonce in der Zeitung gesehen . . . Ist das Zimmer noch frei?
- ○ Ja.
- ● Dann hätte ich einige Fragen.
- ○ Ja, bitte!
- ● Wie groß ist das Zimmer?
- ○ Zwanzig Quadratmeter. (20 qm)
- ● Ist es ruhig da?
- ○ Ja, es ist sehr ruhig!
- ● Hundertfünfzig Mark steht in der Annonce; wie hoch sind die Nebenkosten?
- ○ Ungefähr fünfunddreißig Mark im Monat.
- ● Ja, das macht zusammen . . . hundertfünfundachtzig Mark. Das ist viel für mich . . .
- ○ Das ist aber ein sehr schönes Zimmer. Wollen Sie es sich mal ansehen?
- ● Ja, bitte. Wann kann ich es mir ansehen?
- ○ Heute nachmittag ab fünfzehn Uhr.
- ● Und wie ist die genaue Adresse?
- ○ Lindenweg 56.
- ● Gut, ich komme. Ich bin so gegen halb vier da. Vielen Dank!
- ○ Nichts zu danken. Wiederhören!
- ● Auf Wiederhören!

ROLLENSPIEL

Partnerarbeit: einer spielt den Menschen, der ein Zimmer sucht, der andere spielt die Rolle des Hauswirts (bzw. der Hauswirtin).

GRAMMATIK

ÕÕ HB 10.28

nachdem und das Plusquamperfekt

z.B. Frau Sommerfeld kochte Kaffee. Dann deckte sie den Tisch.
Nachdem sie Kaffee **gekocht hatte**, deckte sie den Tisch.

Herr Sommerfeld stand auf. Dann ging er ins Badezimmer.
Nachdem er **aufgestanden war**, ging er ins Badezimmer.

A Der Alltag eines Studenten

1 Oliver Schnettler wachte langsam auf. Er ging ins kleine Badezimmer seiner Wohnung. (Nachdem er langsam. . . .)

2 Er wusch sich. Er rasierte sich.

3 Er zog sich an. Er kochte Kaffee.

4 Er frühstückte schnell. Er nahm seine Tasche.

5 Er ging aus der Wohnung. Er rannte zur Uni.

Er kam zu spät – wie immer!

B **z.B.** Nachdem Ulli sich gewaschen hatte, kämmte er sich.

lassen + Infinitiv

HB 10.32a, 10.7c

Mein Wecker ist kaputt. Ich **lasse** ihn **reparieren**.
Meine Jacke ist sehr schmutzig. Ich muß sie **reinigen lassen**.
Ich **lasse mir** einen neuen Anzug **machen**, weil ich im Juli heiraten werde.
Frau Winkler ist jetzt reich. Sie **läßt sich** ein neues Haus **bauen**.

C 1 Mein Fernseher ist kaputt. Ich lasse . . .

2 Mein Mantel ist schmutzig. Ich . . .

3 Mein alter Anzug ist viel zu schäbig. Ich . . .

4 Meine Haare sind viel zu lang. Ich . . .

5 Dieses Haus ist viel zu klein. Wir . . .

D Brigitte's Wohnung gefällt ihr gut, aber sie hat viele Probleme damit. Zum Glück hat sie Geld! Was muß sie machen?

z.B. Die Fenster sind schmutzig.
Sie muß sie putzen lassen.

Ebenso mit:

1 Der Toaster ist kaputt. Sie muß . . . (reparieren)

2 Die Waschmaschine funktioniert auch nicht richtig. Sie muß . . . (reparieren)

3 Das Wohnzimmer ist nicht sehr schön. Die Tapeten sind zehn Jahre alt. Sie muß . . . (neu tapezieren)

4 Sie hat keine Garage für ihr Auto. Sie muß . . . (bauen)

5 Die Decke des Badezimmers sieht sehr schlecht aus. Sie muß . . . (anstreichen)

○ DER MAKLER UND DIE STUDENTIN

(*Beim Makler.*)

● Ja, das ist eine sehr schöne Ein-Zimmer-Wohnung, Frau Henning.

○ Was für Möbel hat das Zimmer?

● Es hat ein kleines Bett, ein bequemes Sofa, einen Couchtisch, einen Schreibtisch unter dem Fenster, einige Stühle und einen Teppich natürlich.

○ Kann ich da kochen?

● Ja, Sie haben eine supermoderne Koch-Ecke, wo Sie kochen können.

○ Und ein eigenes Bad?

● Ja, Sie haben ein separates Badezimmer mit WC, Dusche und Waschbecken.

○ Und wie hoch ist die Miete nochmal?

● Zweihundert Mark. Nehmen Sie die Wohnung? Ich kann sie wirklich empfehlen!

○ Vielleicht sollte ich sie mir erst mal ansehen. Wann kann ich die Wohnung besichtigen?

● Äh . . .

Was ist hier falsch? Wie sollte die Beschreibung sein?

GRAMMATIK

HB 10.6b

„hin" und „her"

z.B. ● Gehst du zur Party?
○ Wenn du **hin**gehst, gehe ich auch **hin**.

Komm her! Ich sagte, du sollst **her**kommen!

Der Film beginnt gleich. Wir müssen sofort **hinein**gehen.
Der Nächste, bitte! Kommen Sie bitte **herein**!

Wir gingen langsam **den Berg hinunter**. (=*down the hill*)
Wir fuhren mit dem Bus **zur Burg hinauf**. (=*up to the castle*)

Heute fahren wir in die Stadt (**hinein**).
Meine Schwester kam endlich aus dem Badezimmer (**heraus**).

ÜBUNG

hin/her/hinaus/herunter/usw.

Jutta kam langsam die Treppe ____ und ging ins Wohnzimmer ____. Dort setzte sie sich ____. Sie war erschöpft und wollte sich eben ___legen, als das Telefon klingelte. Es war ihr Freund, Axel.

„Na, Jutta", sagte er, „was machen wir heute abend? Wo___ wollen wir gehen?"

„Ach, ich bleibe zu Hause. Ich bin so müde. Ingrid hat uns zu ihrer Party eingeladen, aber ich will nicht ___."

„Was hast du? Bist du krank? Natürlich müssen wir ___gehen!"

„Nein, ich habe keine Lust, wieder in die Stadt ___zufahren."

„Also, gut, ich komme zu dir."

„Was? Du willst ___kommen? Nein, das geht nicht. Meine Eltern haben Besuch."

„Du, ich habe eine Idee. Fahren wir zur alten Burg ____. Da können wir ein Glas Wein trinken, und du kannst dich ausruhen."

„In Ordnung – aber wie kommen wir ____?"

„Ich hole dich um acht Uhr ab. Bis dann!"

DER UMZUG

Der achte Juni war für uns der Tag des großen Umzugs. Mein Vater hatte eine neue und bessere Stelle in Dortmund bekommen, und deshalb mußten wir unsere alte Wohnung in Köln aufgeben und ins Ruhrgebiet ziehen. Ich hatte keine große Lust dazu. Ich hatte viele Freunde in Köln, und meine Schule gefiel mir auch ganz gut. Wir mußten aber umziehen, und bald kam der große Tag. Zwei Männer trugen unsere Möbel und viele Kisten in einen riesigen Möbelwagen. Dann fuhren sie ab. Wir durften bei McDonalds zu Mittag essen, was meine Eltern selten erlauben! Dann stiegen wir ins Auto und fuhren nach Dortmund. Endlich kamen wir vor der neuen Wohnung an. Ich sah sie zum erstenmal. Ich mußte zugeben, daß sie viel größer und viel moderner war als die alte. Auf der Treppe sah ich einen Jungen und ein Mädchen, die ungefähr in meinem Alter waren. Es waren die Kinder unserer neuen Nachbarn. Sie lächelten und sagten: „Willkommen in Dortmund!" Ich dachte: „Vielleicht finde ich doch Freunde hier."

Fragen zum Text

1 An welchem Tag findet diese Geschichte statt?
2 Was machte die Familie des Erzählers an diesem Tag? (der Erzähler = *narrator*)
3 Warum mußte die Familie jetzt nach Dortmund ziehen?
4 Warum wollte der Erzähler nicht umziehen?
5 Wann am Tag des Umzugs kam der Möbelwagen?
6 Wann ging die Familie zu McDonalds?
7 Was machte sie da?
8 Wie war die alte Wohnung im Vergleich zu der neuen Wohnung? (im Vergleich zu = *in comparison with*)
9 Wer begrüßte den Erzähler?
10 Waren sie älter oder jünger als er?

DIE FETE – AUFSATZ

Hat die Geschichte ein Happy End? Das darfst du entscheiden (= *decide*)!

HÖRVERSTEHENSÜBUNGEN

A Was beschreibt man hier?

You will hear five short descriptions of pieces of furniture and household equipment. You have to decide what the five things are.

B Markus Brodeßer 6

1 How large is Markus' room?

2 Where is his desk?

3 What are the two cupboards he mentions?

4 Where does he keep his books (two places)?

LESEN

16 Mietgesuche

a) Wohnungen

Wir suchen für unsere Tochter zum 1. Oktober 83 kleine Wohnung, 30 m2 (Kochnische, Bad), evtl. möbliertes Zimmer, Uninähe. Zuschriften: Firma Karl Becker, Postfach 123, 5790 Brilon, 0 23/56 78.

Einfamilienhaus für leitenden Angestellten, mit Garten, oder Vier-/Fünfzimmerwohnung, schöne Wohnlage, Köln/nähere Umgebung, gesucht. Heinrich Immobilien, Köln 99 14 31.

Angestellte, alleinstehend, sucht Zweizimmerwohnung oder Kleinwohnung, Köln und Umgebung. Immobilien Meyer, Köln 23 46 3

Beamtenehepaar, beide berufstätig, sucht Zwei- bis Dreizimmerwohnung, gern Balkon oder Garten. Immobilien Schmitz, Köln 9 23 45.

Solide Studentin sucht Zimmer oder Appartement, auch möbliert, Stadtmitte/nähere Umgebung. Merzenich Immobilien, Köln 21 91 1

Dolmetscher sucht Einfamilienhaus, 25 km Umkreis. Burtell Immobilien, Köln 9 32 20.

Zahnarzthelferin sucht zum 15. 9. oder später ein Zimmer, Küche, Bad, möglichst Köln 41. Köln 9 62 74, ab 13.30 Uhr.

b) Möblierte Räume

Musikstudent (19) sucht Zimmer mit Übungsmöglichkeit für Klavier. Flügel wird gestellt. Zuschriften erbeten ✉ LO 1234 KStA, Breite Straße 70, 5000 Köln 1.

Student sucht Möbliertzimmer, Köln und Umgebung. Köln 9 22 31.

Ingenieur sucht Appartement oder Kleinwohnung, Köln und Umgebung. Immobilien Stiegelmeier, Köln 9 22 31.

Study these small ads which were put in a Cologne newspaper by people looking for flats, then try to answer these questions:

1 For what date was the first flat wanted? For whom did the advertiser want the room or flat? What size of flat was wanted? What facilities should it have? To what must it be near?

2 What kind of house or flat is the **leitender Angestellter** looking for? (**Angestellter** = *a white-collar worker with a salary*)

3 How can you tell that the third advertiser is a woman? Where is she prepared to live, apart from Cologne itself?

4 What would the *civil service couple* like their future flat to have?

5 How does the student describe herself? Where does she want to live?

6 Who is looking for a family house within 25 km of Cologne?

7 Who is looking for a room by the 15th September?

8 What is essential for the music student's room?

9 Can you translate the whole of the next advertisement?

10 Who is the final advertiser?

• THEMA FÜNFZEHN •

VERBRECHEN

EINSTIEG

This **Thema** is about the police and crime. On visits to German-speaking countries you might well come in contact with the police: you may have to report something to them, or the police might stop you for some reason. You need to be able to cope with these situations. Newspapers, fiction – and examination papers – often feature stories about crime, so some are included here.

As usual, there is also a grammar content. The passive (how to say, for example, *My passport has been stolen.*) is quite a large area of grammar. It's not absolutely essential at this exam level to know the Passive, but in real life everyone uses it quite naturally.

AUF FRISCHER TAT ERTAPPT

Drei Kriminalbeamte standen in der Löwen-Apotheke in der Marktstraße: Kommissar Priebsch und seine beiden Assistenten, Murr und Haller. Der Einbrecher stand ihnen gegenüber. Wachtmeister Zeiser legte ihm gerade Handschellen an. Es war schon der zwölfte Einbruch in eine Apotheke innerhalb von drei Monaten. Immer wurde* Rauschgift gestohlen*. Priebsch, Murr und Haller arbeiteten schon seit dem ersten Einbruch intensiv an diesem Problem, aber sie hatten erst jetzt Erfolg. Ein Passant hatte das zerbrochene Fenster bemerkt und die Polizei alarmiert. Zeiser war sofort mit seinem Streifenwagen zum Tatort gerast und hatte den Verbrecher auf frischer Tat ertappt. Fünf Minuten später waren seine Kollegen von der Kripo angekommen.

„Na, was haben Sie dazu zu sagen?“ fragte Priebsch.

„Ich gestehe . . . aber . . . ich möchte bitte allein mit Ihnen sprechen, Herr Kommissar“, sagte der Dieb.

„Vorsicht, Herr Kommissar!“ unterbrach Haller: „Er will uns 'reinlegen. Vielleicht hat er noch eine Waffe bei sich.“

„Er hat keine Waffe mitgebracht – ich habe ihn durchsucht“, sagte Zeiser.

„I c h habe keine Angst vor ihm“, sagte Kommissar Priebsch und nahm seinen Revolver in die Hand. „Sie können im Auto auf uns warten. Ich bringe ihn gleich heraus.“

Die anderen Polizisten verließen die Apotheke. Einige Sekunden lang war es ganz still.

„Was machen wir denn nun?“ fragte der Einbrecher endlich.

„Wir? D u kommst ins Gefängnis – was denn sonst? Du hast doch versagt!“

„Was? Du willst mich im Stich lassen? Für wen habe ich denn so viele Drogen gestohlen? Für dich? Nur für dich!"

„Nein, nicht für mich – für meinen Sohn. Karl stirbt, wenn er keine Drogen mehr bekommt. Aber jetzt muß ich einen neuen Assistenten suchen. Du Idiot! Du hast überhaupt nicht aufgepaßt!"

„Und was ist, wenn ich singe?"

„Meinst du, man wird es dir glauben? Ich bin doch Kriminalkommissar!"

In diesem Moment ging die Tür plötzlich auf.

„Hände hoch! Nein, nicht Sie, sondern S i e, Herr Kommissar!" sagte Murr.

„Was macht ihr denn da? Seid ihr verrückt geworden?"

„Nein, nicht wir sind verrückt, sondern Sie, Herr Kommissar", erwiderte Haller, „der Polizeipräsident hat Sie schon seit Jahren in Verdacht. Wir mußten Sie beobachten, bis Sie einen Fehler machten. Diesen Fehler haben Sie heute abend gemacht. Wir haben Ihr Gespräch gehört und auf Tonband aufgenommen."

„Aber mein Sohn! Mein Sohn!" schrie der Kommissar. Die Handschellen schlossen sich schnell. Beide Verbrecher wurden* festgenommen*.

*Passiv!

AUFGABEN

A To help you understand this story, find the words and phrases in the text which correspond to the following (they are in order of appearance):

1 burglar
2 sergeant
3 handcuffs
4 break-in
5 drugs
6 passer-by
7 the broken window
8 patrol car
9 caught red-handed
10 I confess
11 be careful!
12 trick (*verb*)
13 weapon
14 revolver
15 prison
16 failed
17 leave in the lurch
18 'spill the beans'
19 hands up!
20 mad
21 under suspicion
22 observe, watch
23 recorded
24 arrested

B Das ist doch falsch! Was ist richtig?

1 Zeiser war ein Kriminalbeamter.
2 Zeiser bemerkte das zerbrochene Fenster.
3 Dies war der erste Einbruch in eine Apotheke.
4 Priebsch fuhr mit einem Streifenwagen zur Apotheke.
5 Haller durchsuchte den Einbrecher.
6 Der Dieb brachte einen Revolver mit.
7 Priebsch und der Dieb unterhielten sich (= *talked*) im Polizeiauto.
8 Priebsch brauchte das Rauschgift für seine Tochter.
9 In Zukunft will Priebsch selbst Einbrecher werden.
10 Haller und Murr mußten die Apotheke beobachten.

C Wie kann man das anders sagen?

Benutze Ausdrücke aus dem Text!

1 Er **rief** die Polizei **an**.
2 Er **sah** das zerbrochene Fenster.
3 Er hat **einen Revolver** mitgebracht.
4 Was? Du willst **mir nicht helfen**?
5 Du **bist nicht vorsichtig gewesen**?
6 Ich **sage der Polizei alles**.

D Fragen zum Text

1 Mit wem fuhr Priebsch zur Apotheke?
2 Warum brach der Dieb in die Apotheke ein?
3 Was machte der Passant, als er das zerbrochene Fenster sah?
4 Woher wußte Zeiser, daß der Dieb kein Gewehr hatte?
5 Für wen hatte der Einbrecher das Rauschgift gestohlen?
6 Was machten Murr und Haller, als der Kommissar sagte: „Ich bin doch Kriminalkommissar!"
7 Was hatten Murr und Haller für den Polizeipräsidenten gemacht?
8 Was machten sie, während der Kommissar und der Einbrecher sich unterhielten?
9 Wer war Karl?
10 Was machten Murr und Haller zum Schluß (=*finally*)?

GRAMMATIK

HB 10.34

Das Passiv

Aktiv	Passiv
Diebe **bestehlen** immer mehr Touristen an unseren Bahnhöfen.	Immer mehr Touristen **werden von Dieben** an unseren Bahnhöfen **bestohlen**.
Gestern **faßte** die Polizei zwei junge Taschendiebe am Hauptbahnhof.	Gestern **wurden** zwei junge Taschendiebe am Hauptbahnhof **von der Polizei gefaßt**.
Letzte Woche **hat** ein Gericht in Hamm den zweiundzwanzigjährigen Lehrling Udo S. zu sechs Monaten Gefängnis **verurteilt**.	Letzte Woche **ist** der zweiundzwanzigjährigen Lehrling Udo S. **von einem Gericht** in Hamm zu sechs Monaten Gefängnis **verurteilt worden**.

Beachte! Ich glaube, du bist verrückt **ge**~~worden~~ **geworden**. (Aktiv)
Der Dieb ist **verurteilt worden**. (Passiv)

ÜBUNGEN

A **z.B.** Das zerbrochene Fenster wurde bemerkt. (Passiv)
(Ein Passant . . .)
Ein Passant bemerkte das zerbrochene Fenster. (Aktiv)

Setze diese Passivsätze ins Aktiv:

1 Die Polizei wurde alarmiert. (Ein Passant . . .)
2 Der Dieb wurde auf frischer Tat ertappt. (Zeiser . . .)
3 Priebsch wurde von Haller unterbrochen. (Haller . . .)
4 Die Polizisten wurden nicht hereingelegt. (Priebsch . . .)
5 Der Einbrecher wurde von Zeiser durchsucht. (Zeiser . . .)
6 Das Rauschgift wurde gestohlen. (Der Einbrecher . . .)
7 Priebsch wurde von Haller und Murr beobachtet. (Haller und Murr . . .)
8 Sein Gespräch mit dem Einbrecher wurde gehört. (Haller und Murr . . .)
9 Das Gespräch wurde auf Tonband aufgenommen. (Haller und Murr . . .)
10 Der Kommissar wurde festgenommen. (Haller . . .)

B Vervollständige die Passivsätze in diesem Zeitungsartikel:

> Gestern w....... der Bankräuber Willy K. von d....... Polizei .... Willy K. wurde zuerst bekannt, als DM 200 000 von einer Sparkasse in Ulm .....stohl..... w....... Er w....... seit drei Jahren .....such....... Viele Banken in Süddeutschland s..... in den letzen drei Jahren .... w....... Endlich w....... er in München von einem Polizisten .... Er w..... sofort fest ....

Die Verben:

fassen
stehlen
suchen
ausrauben
sehen
festnehmen

C Ein Polizist hielt mich gestern an. Er fragte mich, warum ich bei Gelb über die Ampel gefahren war. Ich wollte es zuerst nicht glauben, aber man hatte mich fotografiert. Es kostete mich zwanzig Mark. Dann untersuchte er meinen Wagen. Er sagte, daß meine Reifen schlecht aussehen. Mein Vater hat sie erst vor einem Jahr gekauft. „Und noch etwas", sagte er unfreundlich: „Ihr Bremslicht funktioniert nicht. Sie müssen es sofort reparieren." „Ja, natürlich", antwortete ich, „ich bringe den Wagen gleich morgen in die Werkstatt." Endlich durfte ich weiterfahren!

Vervollständige:

1 Der Autor wurde gestern . . .	(*stopped by a policeman*)
2 Er . . .	(*was photographed*)
3 Sein Auto . . .	(*was examined*)
4 Die Reifen wurden . . .	(*were bought a year ago by his father*)
5 Das Bremslicht mußte . . .	(*had to be repaired*)

○ DIE POLIZEI – DEIN FREUND UND HELFER

T = Touristin, P = Polizist

T Entschuldigen Sie – könnten Sie mir bitte helfen? Mein Koffer ist weg.

P Sie meinen, Sie haben ihn verloren, oder was?

T Nein, er ist gestohlen worden! Am Bahnhof. Ich wollte eben eine Fahrkarte lösen, ich stand am Schalter . . . und als ich mich umdrehte, war der Koffer weg.

P Haben Sie etwas Verdächtiges bemerkt?

T Ja, vielleicht. Ich habe einen jungen Mann gesehen. Er stand hinter mir in der Schlange, aber als ich mich umdrehte, war er weg.

P Wie sah der Mann aus? Können Sie ihn beschreiben?

T Nun, er war etwas größer als ich, und er hatte dunkelblondes Haar. Ich glaube, er trug eine graue Jacke.

P Wie alt war er?

T Um die Zwanzig, oder so.

P Um wieviel Uhr war das?

T Vor einer halben Stunde – so gegen halb elf.

P Und wie sah der Koffer aus?

T Das war ein ziemlich großer Koffer aus braunem Plastik.

P Können Sie mir sagen, was darin war?

T Ja, natürlich – meine Kleidung, mein Fotoapparat, und so weiter – alles, was ich für meinen Urlaub brauche.

P Sind Sie gegen Diebstahl versichert?

T Ja, ich habe eine Reiseversicherung.

P Gut. Nehmen Sie bitte einen Moment Platz. Wir wollen mal sehen, was wir für Sie tun können.

Wie sagt man . . .?

1 my suitcase has gone
2 I was just about to . . .
3 something suspicious
4 fair hair
5 I think . . .
6 half an hour ago
7 can you tell me . . .
8 everything that I need
9 insured against theft
10 a travel insurance policy

ROLLENSPIEL

Erstelle einen Dialog, in dem du dem Polizisten erklärst, daß dein Reisepaß weg ist. Erzähle, wo und wie er gestohlen wurde, und wie er aussieht.

○ ROT BLEIBT ROT, DA HELFEN KEINE AUSFLÜCHTE

○ Guten Tag, Ihre Personalien, bitte!

● Aber natürlich, Herr Wachtmeister. Habe ich etwas falsch gemacht?

○ Ja, Sie sind bei Rot über die Straße gegangen.

● Was? Also, das kann nicht stimmen. Ich weiß genau, daß die Ampel grün war.

○ Ich habe Sie aber gesehen, und mein Kollege im Streifenwagen hat Sie auch gesehen. Sind Sie Ausländer?

● Ja, ich bin Engländer.

○ Was machen Sie in Deutschland?
● Ich bin in Urlaub.
○ Sie wissen aber bestimmt, daß man so etwas nicht machen darf.
● Nein. Ich wußte überhaupt nicht, daß das verboten ist. Und ich habe nicht bemerkt, daß die Ampel rot war. Es tut mir wirklich leid.
○ Tja, diesmal können Sie gehen – aber vergessen Sie nicht: wenn die Ampel Rot zeigt, dürfen Sie nicht über die Straße gehen.
● Ja, danke schön, Herr Wachtmeister. Das ist sehr nett von Ihnen. Es wird nie wieder vorkommen!

Wie sagt man . . .?

1 have I done something wrong?
2 that can't be right
3 I'm sure that . . .
4 I'm on holiday
5 I didn't know at all
6 illegal, forbidden
7 I didn't notice
8 I'm really sorry
9 that's very nice of you
10 it won't happen again

ROLLENSPIELE

A Du bist mit deinen Eltern in Deutschland. An einer Ampel ist dein Vater bei Rot durchgefahren. Ein Polizist hält euch an. Nur du kannst Deutsch . . .

B Du hast den letzten Bus verpaßt und gehst allein eine dunkle Straße entlang zur Jugendherberge zurück. Plötzlich hält ein Polizeiwagen neben dir . . .

C A role-play for groups of three: two of you agree on the details of a burglary you have committed. The third plays a detective. By interviewing the two 'suspects' separately, the detective tries to find inconsistencies in their stories.

○ HÖRVERSTEHENSÜBUNGEN

A Auf der Polizeiwache

1 What does the policeman first ask?
2 How does he try to calm Frau Kröger down?
3 What is the exact description given by Frau Kröger?
4 What is she talking about?
5 What does the policeman promise to do?

B Ein verdächtiger Engländer

The garden of a German house, late one night . . .

1 What does the policeman ask?
2 What does the English person say in reply?
3 What has made the policeman suspicious?
4 What does he demand to see?
5 Why is this not possible?
6 What is the English person's excuse?
7 What is the name of the family?
8 What does the policeman then want to know?
9 What explanation does the English person give?
10 What does the policeman decide to do?

HÖRSPIEL

Oma und die Diamanten

Szene 1: Im Flughafen
Personen: Oma, ein Passagier, ein Zollbeamter, Omas zwei Enkel.
Wer spricht diese Sätze?

1 Wo ist denn mein Koffer?
2 Bitte schön.
3 Soll ich Ihnen helfen?
4 Das ist aber nett.
5 Ich schaffe das schon.
6 Und die Diamanten?
7 Keine Angst!
8 Ins beste Hotel der Stadt.

Szene 2: An der Rezeption
Was sagen sie? Was sagen sie nicht?

1 Wie lange wollten Sie bleiben?
2 Vielleicht etwas länger, wenn es uns nicht gefällt.
3 Unser Gepäck ist leider in das falsche Flugzeug eingeladen worden.
4 Sie müssen leider im voraus bezahlen.
5 Könnten Sie sie mir bitte in Ihrem Geldschrank aufbewahren?
6 Da drüben ist der Fahrstuhl.
7 Der Boy bringt Sie auf Ihre Zimmer.

Scene 3: Im Hotelzimmer
Bilde Sätze:

A	B
1 Jetzt sehen wir uns	A Koffer genommen.
2 Ich hatte aber Angst,	B unter dem falschen Boden.
3 Ich bekomme	C in Ruhe!
4 Hier müßten sie sein –	D den Koffer nicht auf.
5 Oma hat den falschen	E unsere Diamanten an.
6 Lassen Sie uns doch	F als die Dame sagte, wir müssen im voraus bezahlen.

Szene 4: An der Rezeption
Vervollständige:

Kommen sie bitte ___ ! Eine ältere ___ und zwei ___ ___ sind vor ___ ___ hier angekommen. Sie sind ___ gekleidet, und sie haben nur ___ ___ . Sie sagen, sie haben ___ , aber ich ___ kein Wort davon.
Wunderbar! Ich glaube, das sind internationale ___ , die wir seit ___ suchen.

DER LADENDIEB UND DAS PUNKERMÄDCHEN – AUFSATZ

LESEN

Dieb ließ sich einschließen

Kurz vor Geschäftsschluß betrat ein 20jähriger Autoschlosser ein Kaufhaus der Innenstadt, versteckte sich in den Auslagen und ließ sich einschließen. Gegen 21.30 Uhr schritt er zur Tat. Eine Lederreisetasche füllte er mit einer Lederjacke, Zigaretten, einem Radio, Herrenoberhemden und Krawatten. Er war gerade dabei, eine weitere Tasche mit Diebesgut zu füllen, als er von der Besatzung einer Funkstreife auf frischer Tat ertappt wurde.

Rembrandt auf Befehl geraubt?

Gaben Kunstsammler den Auftrag? In Lausanne verschwanden zwei kostbare Rembrandt-Radierungen aus dem Museum. Die Wärter hatten den Schaden nicht bemerkt, weil die Diebe sie durch erstklassige Reproduktionen ersetzten.

A

1 Why did the young man stay behind when the store closed?

2 What was his usual job?

3 Where did he put the things he stole?

4 What did he take?

5 What happened when he started to fill another bag?

B Complete this English summary:

The author of the article wonders whether _____ might have been behind the theft of _____ precious etchings by _____. These disappeared from a _____ in Lausanne. The museum attendants did not notice the crime at first, because the _____ replaced the etchings with _____ _____.

• THEMA SECHZEHN •

ESSEN UND TRINKEN

➡ EINSTIEG

Food and drink naturally play a big role in our daily lives. When abroad, mealtimes are even more interesting and important occasions than at home, because most of what is eaten and said is slightly or completely different from what we are used to. You probably learned some vocabulary and phrases connected with this subject in your first few months of learning German; in this **Thema** your knowledge will be refreshed and extended. You need to know something about German food in general, how to express your reactions to food and say what you like or dislike, how to cope with meals in a restaurant, a snack-bar or someone's home. It is also interesting to be able to understand German recipes (and perhaps try them out). Talking about food involves expressions of liking with **gern** and also the verb **schmecken**. Minor grammar points of more general relevance are included, too. These are **etwas, was . . .** , and similar expressions.

VORSCHAU

Vokabeln 16.2

A Wie heißen diese Sachen auf deutsch?

B Welche Sachen ißt du gern/nicht gern?

C Welche Sachen sind gesund/ungesund?

DIE DEUTSCHE KÜCHE

Zwei Briefe zum Lesen und Vergleichen

Bremen, den 9. September

Liebe Teresa,

Du hast mich gebeten, etwas über das Essen in Deutschland zu schreiben. Also, ich beginne beim Frühstück, da es ja die erste Mahlzeit des Tages ist. Zum Frühstück gibt es normalerweise Brot (z.B. Graubrot oder Schwarzbrot), Toast, oder Brötchen, mit Butter und Margarine und Marmelade. Oft ißt man auch Wurst, Schinken oder Käse, und manchmal essen wir ein gekochtes Ei. Dazu trinken die meisten Leute Kaffee, aber wir trinken Kakao. Das Mittagessen ist die warme Mahlzeit. Man kann natürlich alles mögliche essen, aber gewöhnlich gibt es Fleisch oder Würstchen mit Kartoffeln oder Nudeln und Gemüse. Statt Gemüse essen wir oft einen kleinen Salat als Beilage. Der typische Nachtisch ist Pudding. Am Wochenende trinken wir nachmittags meistens Kaffee, und wir essen Kuchen dazu. Später gibt es Abendbrot: Brot mit Wurst, Käse, usw. Dazu trinkt man zum Beispiel Bier oder Tee. Wenn wir Besuch haben, öffnen wir abends eine Flasche Wein. Dazu knabbern wir oft Salzstangen oder Kartoffelchips. Zwischendurch gibt es kurze Pausen, in denen wir nicht essen! Eßt Ihr in England auch so viel?

Viele Grüße,
Deine Annegret

Annegrets Brief
Sammle die Informationen!

1 Was ißt und trinkt man in Deutschland:
zum Frühstück?
zum Mittagessen?
zum Abendbrot?

2 Was ißt und trinkt man sonst?

Mainz, den 9. September

Lieber James,

Du hast mich gebeten, etwas über die deutsche Küche zu schreiben. Also, sie ist sehr schwer zu beschreiben, da wir heutzutage so viele ausländische Sachen essen. Ich gehe zum Beispiel sehr gern zu Macdonalds. Ab und zu gehe ich mit meinen Klassenkameraden in eine Pizzeria. Die gibt es an jeder Straßenecke! Es gibt auch sehr viele griechische Lokale, und sie sind sehr beliebt. Ich esse sehr gern Souflaki! Natürlich kann man auch in Balkanrestaurants und Chinarestaurants essen. Im Sommer treffe ich meine Freunde meistens im italienischen Eiscafé. Da schmeckt das Eis sehr gut. Wenn ich genug Geld habe, bestelle ich einen teuren Eisbecher mit Schlagsahne. Zum Frühstück esse ich auch nichts Deutsches. Ich esse entweder Müsli oder Cornflakes. Meine Schwester hat allerdings ganz andere Eßgewohnheiten als ich. Alle zwei Wochen fängt sie eine neue Schlankheitskur an. Dann ißt sie nur Joghurt, Quark und Obst. Die ist aber sowieso verrückt!

Leider muß ich jetzt Schluß machen, denn meine Mutter ruft mich. Ich glaube, sie hat uns eine französische Zwiebelsuppe gekocht. Lecker!

Herzliche Grüße,
Dein

Falk

Falks Brief

Sammle die Informationen!

1 Das Essen, das er beschreibt, ist nicht deutsch, sondern . . .

2 Souflaki kommt aus Griechenland. Woher kommen Hamburger? Pizza? Müsli? Cornflakes? Zwiebelsuppe? Quark?

BRIEF

Schreibe einen (oder zwei!) Briefe über das Essen in deinem Land.

IM RESTAURANT

SPEISEKARTE

VORSPEISEN

Russische Eier	DM 4,10
Wurstsalat, Butter, Brot	DM 4,30
Krabbencocktail mit Toast	DM 7,50

SUPPEN

Bouillon mit Ei	DM 1,90
Ochsenschwanzsuppe	DM 3,50
Französische Zwiebelsuppe	DM 3,80

FÜR DEN EILIGEN GAST

Bockwurst mit Brötchen	DM 3,20
Bockwurst mit Kartoffelsalat	DM 4,50
Bratwurst mit Brötchen	DM 3,20
Currywurst mit Pommes frites	DM 5,50

WARME SPEISEN

Jägerschnitzel, Pommes frites, Salatteller	DM 12,50
Zigeunerschnitzel, Pommes frites, Salatteller	DM 13,—
Wiener Schnitzel, Salzkartoffeln, Gemüse, Salat	DM 14,20
Filetsteak mit Champignons, Pommes frites und Salatteller	DM 14,50
Ungarisches Gulasch, Nudeln, Salatteller	DM 10,50
Schweinekotelett paniert, Pommes frites, Gemüse	DM 11,70
Forelle blau, Salzkartoffeln, Salatteller	DM 16,80

NACHSPEISEN

Gemischtes Eis mit Sahne	DM 3,20
Eisbecher mit Früchten und Sahne	DM 4,80
Quark mit Früchten	DM 2,50
Rotweinpudding	DM 2,50

GETRÄNKE

Pils 0,33 l	DM 2,90
Export 0,33 l	DM 2,70
Mineralwasser 0,33 l	DM 2,—
Coca-Cola 0,33 l	DM 2,60
Fanta 0,33 l	DM 2,60
Apfelsaft 0,33 l	DM 2,60
Doornkaat 2 cl	DM 2,80
Jägermeister 2cl	DM 2,90
Weinbrand 2cl	DM 2,90
Tasse Kaffee oder Tee	DM 2,20
Kännchen Kaffee oder Tee	DM 4,30

BEDIENUNG UND MEHRWERTSTEUER INKLUSIVE

Was sagt man im Restaurant?

KELLNER Guten Tag.
TOURIST Guten Tag. Eine Person, bitte.
KELLNER Ja. Kommen Sie bitte mit. Hier am Fenster, vielleicht?
TOURIST Ja, danke.
KELLNER So, die Speisekarte und die Weinkarte.
TOURIST Danke.

KELLNER Haben Sie schon gewählt?
TOURIST Ja . . . ich glaube, ich nehme das Filetsteak, bitte.
KELLNER Ja, und zu trinken?
TOURIST Ein kleines Bier, bitte.
KELLNER Danke schön. Kommt sofort!

KELLNER So, hat es geschmeckt?
TOURIST Ja, sehr gut, danke.
KELLNER Möchten Sie einen Nachtisch?
TOURIST Ja, bitte, Quark mit Früchten.

TOURIST Herr Ober!
KELLNER Ja?
TOURIST Zahlen, bitte.
KELLNER Neunzehn Mark siebzig, bitte.
TOURIST Bitte (*Er gibt dem Kellner DM 25.*) Zweiundzwanzig Mark.
KELLNER Danke schön – und drei Mark zurück. Wiedersehen!
TOURIST Wiedersehen!

Was man sonst sagen kann

Fräulein!
Einen Tisch für drei, bitte!
Als Vorspeise nehme ich . . .
Einmal Jägerschnitzel und zweimal Zigeunerschnitzel.
Es stimmt so.

AUFGABEN

Vokabeln 16.7, 16.1

A Wie sagt man . . .?

1 The menu please!
2 Can we have the wine list, please?
3 As my starter, I'll have Russian Eggs.
4 I think I'll have prawn cocktail.
5 Waiter!
6 Waitress!
7 One pork chop and two trout, please.
8 This tastes excellent.
9 The bill please!
10 Keep the change.

B Wie sagt der Kellner (bzw. die Kellnerin) . . .?

1 For how many people?
2 Here by the window?
3 Have you chosen?
4 What would you like to drink?
5 Anything else?
6 Won't be a minute.
7 Did you enjoy it?
8 Would you like a dessert?
9 Would you like coffee?
10 That comes to DM 36,90.

ROLLENSPIELE

Seht die Speisekarte noch einmal an!

A Du hast Hunger! Bestelle ein gutes Essen!

B Du gehst mit einem Freund (bzw. einer Freundin) ins Restaurant . . .

C Du hast wenig Zeit, aber du hast Hunger . . .

D Du bist mit einem Gast von dir im Restaurant. Ihr wollt gut essen, aber leider geht alles schief . . . (**z.B.** Die Suppe ist kalt. Ihr müßt stundenlang warten. Der Kellner ist unhöflich, usw.)

POSTKARTE

Wolfgang Schröder besucht eine englische Familie. Eines Abends gehen alle essen. Das Essen schmeckt nicht schlecht, aber am nächsten Tag sind alle krank. Schreibe Wolfgangs Postkarte an seine Eltern . . .

AUFSATZ

Herr und Frau Stalb gehen ins Restaurant. Sie bekommen den besten Tisch. Sie können nicht verstehen, warum sie alles umsonst bekommen. Alles schmeckt ausgezeichnet. Nach dem Essen kommt der Besitzer (= *owner*) zu ihnen und sagt, daß sie seine millionsten Kunden sind.

Mache aus diesen Informationen eine Geschichte!

SCHNELLIMBISS

„Hier essen, oder zum Mitnehmen?"

Man muß nicht ins Restaurant gehen, wenn man Hunger hat. Man kann auch in einer **Imbißstube** essen. (Es gibt auch andere Namen wie **Stehimbiß, Schnellimbiß** und **Wurstbude**. Da muß man immer im Stehen essen, oder das Essen mitnehmen.) Da kann man zum Beispiel eine **Bockwurst mit Brötchen** essen. Man kann auch Senf oder Ketchup dazu essen. Weitere Spezialitäten der Imbißstube sind **Bratwürste** (außer den normalen Bratwürsten gibt es auch Schinkenwurst, Currywurst, Thüringer, usw.) **Pommes frites** (oft sagt man nur „Eine Portion Pommes") mit Ketchup oder Mayonnaise, und **Schaschlik**. Dazu trinkt man zum Beispiel Cola, Fanta oder Sprite.

IN DER CAFÉ-KONDITOREI

„Tasse oder Kännchen?"
„Mit oder ohne Sahne?"

Gegen sechzehn Uhr gehen viele Leute in die **Café-Konditorei**, um Kaffee zu trinken. Oft geht man zunächst in die Konditorei, um sich den **Kuchen** und die **Torten** anzusehen und etwas auszuwählen. Die Verkäuferin gibt einem einen kleinen Zettel mit einer Zahl darauf. Dann setzt man sich an einen Tisch und bestellt Kaffee oder Tee. Man gibt der Kellnerin den Zettel, damit sie weiß, was für Kuchen oder Torte sie bringen soll. Man muß aber nicht Kuchen essen. Man kann einfach Kaffee trinken, oder ein **Eis** essen. In den **Eiscafés** (oder: **Eisdielen**) bekommt man viele Eissorten und große leckere **Eisbecher.**

○ MITTAGESSEN ZU HAUSE

Was hat der englische Gast gesagt?

„...und habt ihr Kartoffeln in England?"

FRAU N. So, das Essen ist fertig. Gut, wir sind alle da.

RAINER Was gibt's denn heute, Mutti?

FRAU N. Frikadellen mit Kartoffeln und Rotkohl. Magst du Frikadellen, Robert?

ROBERT Ich habe sie _____, aber sie sehen gut aus, und sie _____.

RAINER Und Rotkohl? Habt ihr Rotkohl in England?

ROBERT Ja, ich glaube schon, aber _____.

RAINER Und habt ihr Kartoffeln in England?

FRAU N. Rainer, benimm dich doch!

ROBERT (*Lacht.*) Ja, Kartoffeln _____.

FRAU N. So guten Appetit!

ROB/RAI Danke, _____.

FRAU N. Na, Robert, schmeckt's?

ROBERT Ja, danke, Frau Nelle, es _____.

FRAU N. Gut, das freut mich _____. Möchtest du noch eine Frikadelle?

ROBERT Oh, ja bitte.

FRAU N. Bitte!

ROBERT Darf ich mir noch _____.

FRAU N. Aber natürlich – greif doch zu!

ROBERT Rainer, _____?

RAINER Bitte!

ROBERT Danke.

FRAU N. Noch eine Kartoffel, Robert?

ROBERT Nein, danke, ich _____.

RAINER Gibt es heute Nachtisch, Mutti?

FRAU N. Ja, Mandelpudding.

RAINER Ach nein! Mandeln mag ich nicht!

FRAU N. Das ist mir egal. Es gibt entweder Mandelpudding oder nichts!

RAINER O.K. Ich esse den Mandelpudding.

ROBERT Mmm – der Pudding _____.

FRAU N. Siehst du, Rainer, die Engländer haben Geschmack – mehr als du jedenfalls. Robert, gibt es irgendetwas zu essen, was du nicht magst?

ROBERT Eigentlich _____. Nur Ananas _____.

FRAU N. Noch ein bißchen Pudding, Robert?

ROBERT Nein, danke, Frau Nelle, ich kann wirklich _____.

RAINER Komm, Robert! Wir gehen auf den Spielplatz und spielen Fußball!

ROBERT Toll – aber _____. Frau Nelle, kann ich _____. Soll ich _____?

FRAU N. Danke, Robert, das ist nett von dir. Du bist ein Gentleman. Rainer, hilf ihm doch! Zeig ihm, wo alles hingehört!

RAINER Ja, Mutti. Und ich wollte Fußball spielen. Ich bin froh, daß i c h kein englischer Gentleman bin!

Wie sagt man . . .? Vokabeln 16.1

Beachte! Nicht alle sind im Dialog.

1 What's for lunch?
2 Help yourself!
3 Sit here, Herr Braun!
4 I've never tried that.
5 That smells good.
6 Does it taste good?
7 Could you pass me the salt?
8 Would you rather have something else?
9 Some more milk?
10 Just a little, please.
11 Do you like tomatoes?
12 I can't eat any more.
13 Did you enjoy it?
14 Thanks, I've got enough.
15 I'm not keen on potatoes.
16 I'm full.
17 This is delicious.
18 May I take some more bread?
19 Shall I clear the table?
20 Shall I dry the dishes?

ÜBUNGEN

A schmecken HB 10.30

z.B. Schmeckt dir **der Rotkohl**, Karin?
Ja, Mutti, **er** schmeckt **ausgezeichnet**!

Schmecken dir **die Zwiebeln**, Karin?
Nein, Mutti, **sie** schmecken **mir gar nicht**!

Ebenso mit:

1 die Bratwurst
2 der Salat
3 das Brot
4 der Wein
5 die Tomaten
6 die Nudeln
7 die Soße
8 der Pudding
9 das Mineralwasser
10 der Kaffee

B Was ißt du (nicht) gern?

z.B. Ißt du gern Tomaten?
Du antwortest **entweder** so:
Ja, Tomaten esse ich sehr gern!
oder so:
Nein, Tomaten esse ich eigentlich nicht so gern.

Ißt du gern . . .

1 Kuchen?
2 Zwiebeln?
3 Leberwurst?
4 Ananas?
5 Pudding?
6 Sauerkraut?
7 Pommes frites?

Trinkst du gern . . .

8 Cola?
9 Wein?
10 Bier?

C May I have some more?

z.B. Darf ich mir noch etwas Fleisch nehmen?
Darf ich mir noch Kartoffeln nehmen?
Darf ich mir noch ein Stück Kuchen nehmen?

Ebenso mit:

1 Wurst
2 Käse
3 Kartoffeln
4 ein Stück Torte
5 Brötchen
6 Fisch
7 Suppe
8 Milch
9 Kaffee
10 ein Bonbon

GRAMMATIK

HB 9.10

alles, was . . .
nichts, was . . .
etwas, was . . .
das Beste, was . . .

Beispiele

Ich habe Hunger, aber **alles, was** auf der Speisekarte steht, ist viel zu teuer!
Meine Frau kann **nichts** essen, **was** Zwiebeln darin hat.
Es tut mir leid, wenn es nicht schmeckt. Es ist **das Beste, was** wir haben.

ÜBUNG

z.B. Wir essen nichts. Es macht dick.
Wir essen nichts, was dick macht.

Ebenso mit:

1 In meinem nächsten Brief beschreibe ich dir alles. Wir haben es in Marokko gegessen.
2 Das ist das Teuerste. Man kann das hier essen.
3 Ich esse nichts! Es schmeckt nach Olivenöl!
4 Mir gefällt alles. Es hat Tomaten darin.
5 Ich habe etwas gegessen. Es hat mich krank gemacht.
6 Ich habe dir etwas bestellt. Es wird dir bestimmt schmecken.
7 Das ist leider alles. Das ist vegetarisch.
8 Wir essen nichts. Es kostet über zwanzig Mark.

HÖRVERSTEHENSÜBUNGEN

A Geburtstagsfeier im Restaurant

1 On what date was Jutta's birthday?
2 When did the family always go to a restaurant?
3 Who went to the restaurant with Jutta?
4 What was the first unpleasant thing to happen?
5 What was wrong with the soup?
6 What was the main course?
7 What happened to Jutta's portion?
8 What did the waiter do to make up for this?
9 What was the dessert?
10 What put the Kärchers off it?
11 How much was the bill?
12 What did Frau Kärcher tell the waiter?
13 What was the waiter's reaction?
14 What did the Kärchers do?

Your opinion:

15 Did the Kärchers do the right thing?

B Markus Brodeßer 7

Markus is asked by Andrew about the things that he likes (and dislikes) to eat and drink. Here is a list of the things he mentions. Listen carefully and find out whether he likes or dislikes these things – and try to catch any other comments he makes about them.

Sauerbraten (a kind of sweet-and-sour beef)	**Sprudel**
Klöße (dumplings)	Milk
Salad	Orange juice
Pizza	Beer
Pancakes	Wine
Fish	Coffee

LESEN – REZEPTE ZUM AUSPROBIEREN

Frikadellen

Zutaten
500g Hackfleisch
1 grüne Paprikaschote
100g Käse
1 Ei
2 EL Semmelbrösel
1 große Zwiebel
Salz, Pfeffer, Senf, Paprika.

EL = Eßlöffel

Zubereitung
Den Käse, die Paprikaschote und die Zwiebel in kleine Würfel schneiden. Das Fleisch mit allen anderen Zutaten gut vermischen. Aus dieser Masse etwa acht Frikadellen formen. Etwas Öl in einer Pfanne erhitzen, und die Frikadellen braten (zirka zwanzig Minuten).

Kartoffelpuffer (Reibekuchen)

Zutaten
1 kg Kartoffeln
3 Eier
4 EL Mehl
Salz und Pfeffer
Fett

Zubereitung
Die Kartoffeln schälen und reiben. Kartoffeln, Eier, Mehl, Salz und Pfeffer gut vermischen. Aus diesem Teig flache Scheiben formen und in Fett backen, bis sie knusprig sind. Dazu schmeckt Apfelmus sehr gut.

Frikadellen sehen wie Hamburger aus, aber sie sind runder und dicker.

• THEMA SIEBZEHN •

NATUR

➡ EINSTIEG

Aspects of **Natur** selected for this **Thema** are:
● Outdoor activities such as skiing, camping and hiking ● Youth-hostelling ● Weather

All of these are areas of vocabulary and phraseology which are relevant both to real life and to your examination.

There is also a major new grammar area in this **Thema**. This is the Subjunctive as used in reported speech. Like the Passive in **Thema 15**, this is a fairly complex subject which is useful but not necessarily essential at GCSE level. Again it will be up to your teacher and you to decide how much attention to devote to it.

POSTKARTE

Wintergrüße vom
Schiparadies Penken im Zillertal
Blick auf das Schigebiet mit Gasthof Bergrast, Gschösswandhaus und Ahornspitze

Dienstag

Liebe Mutti, lieber Vati,
wir sind gestern hier angekommen. Das Wetter ist herrlich, und das Hotel ist klasse. Ich bin schon zweimal skigefahren. Wir haben einen erstklassigen Lehrer. Marianne hat sich den Fuß verstaucht, aber mir geht's sehr gut! Bis bald!
Viele Grüße
Eure Klaudia

TIROLER KUNSTVERLAG CHIZZALI · 6040 INNSBRUCK · NEU-RUM, KAPLANSTRASSE 10

KTV

Mayrhofen
Wanderland für alle Jahreszeiten

STIFT STAMS 4s REPUBLIK ÖSTERREICH

6290

Herrn u. Frau
Walter Brückner
Baumweg 9
D-8000 München 40

Du bist Marianne. Was schreibst du an deine Eltern?

Die Skitour von der Klasse 9b
Ein Bericht von Klaudia Brückner

Unsere Skitour war ein Riesenerfolg. Wir kamen erst gegen 1500 Uhr in Mayrhofen an, und daher gingen wir am ersten Tag noch nicht Skilaufen. An den anderen Tagen war das Wetter herrlich. Wir hatten einen sehr guten Schweizer Skilehrer namens Urs. Das normale Skifahren machte mir wie immer sehr viel Spaß, aber der Langlauf gefiel mir und vielen anderen auch sehr gut. Jeden Tag mußten wir um halb sechs aufstehen. Gleich nach dem Frühstück schnallten wir unsere Skier an, und dann ging es los. Es ging fast den ganzen Tag bergauf, denn wir wollten in einer Berghütte übernachten. Wir waren alle sehr müde, als wir endlich ankamen! An einem Tag stiegen wir zum Gipfel hinauf. Nachdem wir dort Pause gemacht und die schöne Aussicht fotografiert hatten, begann die Abfahrt ins Tal hinunter. Der Hang war steil, und wir konnten sehr schnell hinunterfahren. Leider kamen nicht alle unverletzt im Tal an. Marianne Scheding stürzte und verstauchte sich den Fuß, so daß sie weder laufen noch skifahren konnte. Wir anderen mußten sie ins nächste Dorf hinuntertragen. Zum Glück war nichts gebrochen. Nächstes Jahr wollen wir trotzdem noch einmal hinfahren!

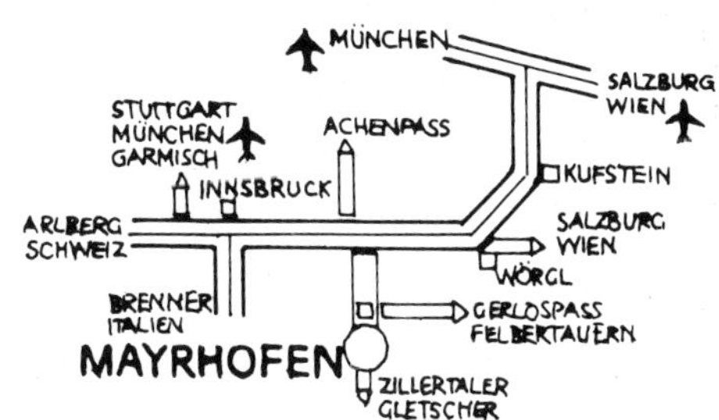

Das ist doch falsch! Was ist richtig?

1 Das Wetter war schlecht.
2 Urs kam aus Österreich.
3 Das normale Skifahren machte Klaudia keinen Spaß.
4 Am Mittwoch ging Klaudia um halb sechs ins Bett.
5 Die Schüler wollten in einer Jugendherberge übernachten.
6 Klaudia machte Fotos vom Gipfel.
7 Klaudia verstauchte sich das Knie.

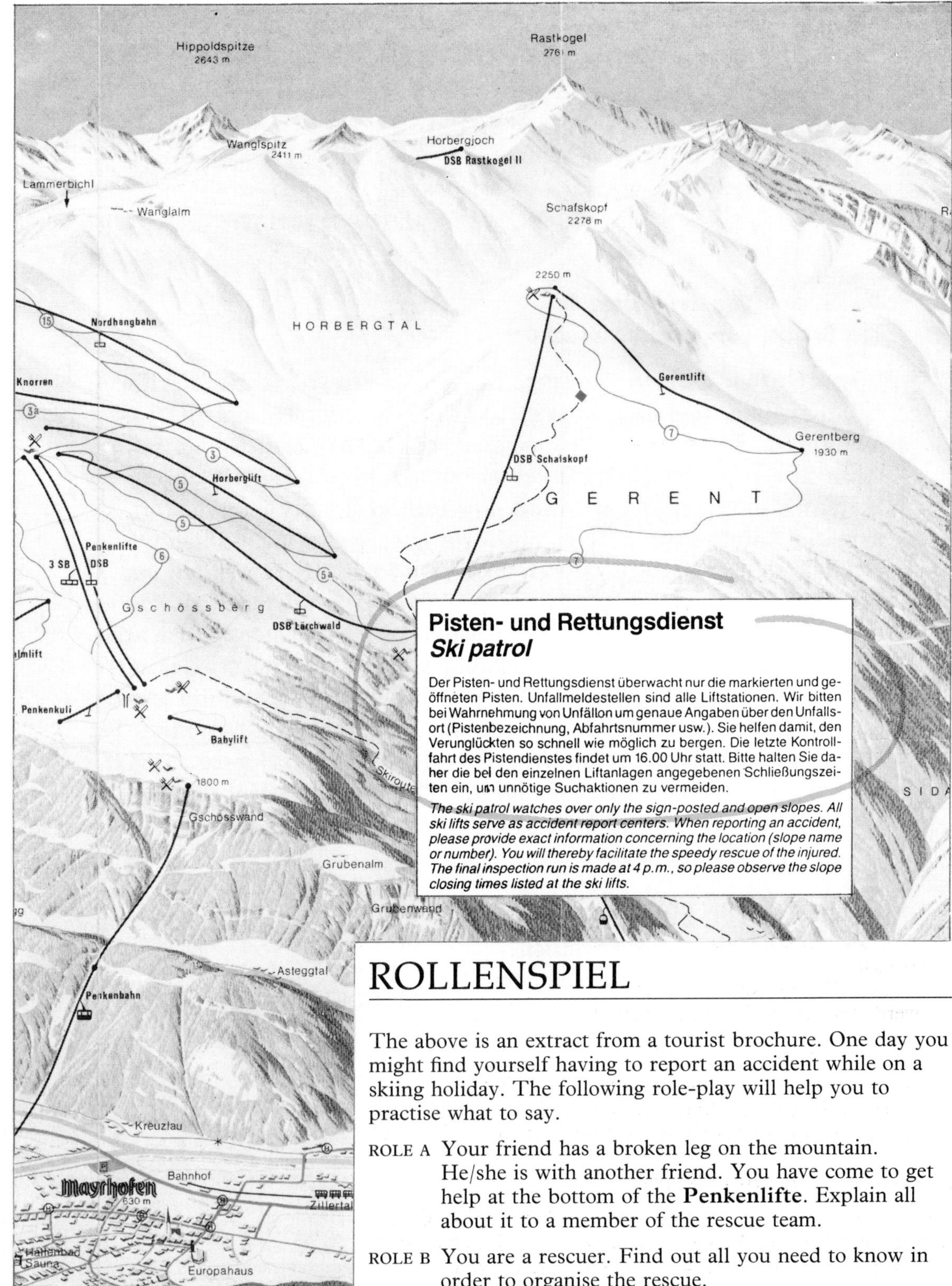

Pisten- und Rettungsdienst
Ski patrol

Der Pisten- und Rettungsdienst überwacht nur die markierten und geöffneten Pisten. Unfallmeldestellen sind alle Liftstationen. Wir bitten bei Wahrnehmung von Unfällen um genaue Angaben über den Unfallsort (Pistenbezeichnung, Abfahrtsnummer usw.). Sie helfen damit, den Verunglückten so schnell wie möglich zu bergen. Die letzte Kontrollfahrt des Pistendienstes findet um 16.00 Uhr statt. Bitte halten Sie daher die bei den einzelnen Liftanlagen angegebenen Schließungszeiten ein, um unnötige Suchaktionen zu vermeiden.

The ski patrol watches over only the sign-posted and open slopes. All ski lifts serve as accident report centers. When reporting an accident, please provide exact information concerning the location (slope name or number). You will thereby facilitate the speedy rescue of the injured. The final inspection run is made at 4 p.m., so please observe the slope closing times listed at the ski lifts.

ROLLENSPIEL

The above is an extract from a tourist brochure. One day you might find yourself having to report an accident while on a skiing holiday. The following role-play will help you to practise what to say.

ROLE A Your friend has a broken leg on the mountain. He/she is with another friend. You have come to get help at the bottom of the **Penkenlifte**. Explain all about it to a member of the rescue team.

ROLE B You are a rescuer. Find out all you need to know in order to organise the rescue.

slope = die Piste (-n) (und siehe Vokabeln 7.2)

BRIEFE AN JUGENDHERBERGEN

Birmingham, den 6. Mai

An den Herbergsvater
DJH „Auf dem Stintfang"
2000 Hamburg

Sehr geehrter Herr!

Ich möchte hiermit drei Betten für den 6. und 7. August reservieren, und zwar für drei sechzehnjährige Mädchen. Wir werden unsere eigenen Schlafsäcke mitbringen. Wir möchten in der Jugendherberge frühstücken. Servieren Sie andere Mahlzeiten? Bitte teilen Sie mir mit, was es kosten wird.

Ich bitte Sie höflichst um eine baldige Antwort.

Mit freundlichen Grüssen,

Annette Martin

Was man sonst schreiben kann

Ich habe die Absicht, meine Sommerferien in (Neustadt) zu verbringen.
Ich möchte Sie um Auskunft bitten.
Ich werde voraussichtlich vom (vierten) bis zum (elften) (Juli) in Neustadt sein.
Könnten Sie mir bitte (einen Stadtplan) schicken?
Ich wäre sehr dankbar, wenn Sie (mir helfen) könnten.
Wir möchten höchstens (dreißig) Mark pro Nacht bezahlen.
Ich möchte wissen, ob (es ein Schwimmbad in der Nähe gibt).

Schreibe folgenden Brief

Du willst Ende August mit drei Freunden (bzw. Freundinnen) nach Travemünde an der Ostsee fahren. Ihr wollt Schlafsäcke entleihen (= *hire*). Ihr möchtet Auskunft über die Stadt und ihre Umgebung. Schreibe einen passenden Brief an die Jugendherberge!

○ AUF DEM CAMPINGPLATZ

URLAUBER Haben Sie noch einen Platz frei?
PLATZWART Sind Sie angemeldet?
URLAUBER Nein.
PLATZWART Was haben Sie denn – ein Zelt oder einen Wohnwagen?
URLAUBER Ein Zelt – ein Vier-Mann-Zelt
PLATZWART Ja, wir haben noch einige Plätze frei. Da drüben am Ostende, zum Beispiel. Das ist Platz Nummer 86.
URLAUBER Was kostet der Platz?
PLATZWART Vier Mark fünfzig pro Nacht. Wie lange wollen Sie bleiben?
URLAUBER Wahrscheinlich drei Nächte.
PLATZWART Ja, das geht. Kann ich bitte Ihre Campingkarte sehen?
URLAUBER Bitte. Müssen wir im voraus bezahlen?
PLATZWART Ja. Dreizehn Mark fünfzig, bitte.
URLAUBER So, bitte.
PLATZWART Danke, und Ihre Karte bekommen Sie zurück.
URLAUBER Können wir hier Lebensmittel kaufen?
PLATZWART Ja. Da drüben ist unser Laden.
URLAUBER Und wo sind die Toiletten und Duschen?
PLATZWART Im anderen Gebäude da – neben dem Laden.
URLAUBER Ach so, ja. Danke schön. Können wir jetzt unser Zelt aufschlagen?
PLATZWART Ja, ich glaube, das ist alles. Ich wünsche Ihnen schöne Tage und gutes Wetter.
URLAUBER Das wollen wir hoffen. Danke schön. Auf Wiedersehen!
PLATZWART Auf Wiedersehen!

ROLLENSPIEL

Imagine you arrive at a campsite with your parents who do not speak German. You have a car and caravan. You haven't booked and you want to stay for two nights. Find out if there are warm showers and where you can get a meal.

GRAMMATIK

HB 10.38.a,b

Indirekte Rede

(*Direct speech – an interview in a Youth Hostel*)

○ REPORTER Wie ist dein Name, bitte?
MÄDCHEN Maria Taul.
REPORTER Und wo kommst du her?
MÄDCHEN Aus Österreich.
REPORTER Gefällt es dir hier in der Jugendherberge?
MÄDCHEN Ja, es gefällt mir sehr gut hier. Ich reise sehr gern, und es macht mir viel Spaß, Leute aus anderen Ländern kennenzulernen . . .

(*Indirect speech – the article in the local newspaper*)

Junge Ausländer in unserer Jugendherberge

In der Jugendherberge treffen sich junge und nicht so junge Leute aus aller Welt. Gestern zum Beispiel wohnten Besucher aus Österreich, Frankreich, Italien und Großbritannien zusammen unter einem Dach. Maria Taul ist Österreicherin. Sie sagte, es gefalle ihr sehr gut in der Jugendherberge. Sie reise sehr gern, und es mache ihr viel Spaß, Leute aus anderen Ländern kennenzulernen

ÜBUNGEN

Mit Hilfe dieser zwei Interviews, schreibe den Rest des Artikels!

A REPORTER Wie heißt du, bitte?
JUNGE Ich heiße Jean-Paul Gardet. Ich komme aus Frankreich.
REPORTER Bist du zum erstenmal in einer deutschen Jugendherberge?
JUNGE Ja, und ich bin zum erstenmal in Deutschland. Ich mache eine Fahrradtour mit zwei Schulkameraden. Ich lerne viele neue Freunde kennen, und ich finde die alten Kirchen und Schlösser sehr schön und sehr interessant.

B REPORTER Wie heißt du, bitte?
JUNGE Ich heiße Ian, Ian Black. Ich bin Schotte.
REPORTER Und was machst du hier?
JUNGE Ich mache eine Wandertour.
REPORTER Allein?
JUNGE Ja. Es macht mir Spaß, allein zu reisen. Ich habe ein kleines Ein-Mann-Zelt, und bei schönem Wetter zelte ich meistens, aber ab und zu übernachte ich in Jugendherbergen. Ich finde die deutschen Jugendherbergen sehr gut.

GRAMMATIK

HB 10.38c

Indirekte Fragen

Die Fragen des Polizisten	Indirekte Fragen
Der Polizist fragte den Einbrecher: „Wie heißen Sie?“	Der Polizist fragte den Einbrecher, **wie** er **heiße**.
„Haben Sie eine Waffe?“	Er fragte ihn, **ob** er eine Waffe **habe**.
„Wo wohnen Sie?“	Er fragte ihn, **wo** er **wohne**.
„Was haben Sie hier gesucht?“	Er fragte ihn, **was** er im Haus **gesucht habe**.
Der Polizist fragte den Hausbesitzer: „Können Sie den Einbrecher beschreiben?“	Er fragte den Hausbesitzer, **ob** er den Einbrecher **beschreiben könne**.
„Würden Sie ihn wiedererkennen?“	Er fragte ihn, **ob** er den Einbrecher **wiedererkennen würde**.
Der Polizist fragte mich: „Haben Sie etwas gesehen?“ „Können Sie uns helfen?“	Er fragte mich, **ob** ich etwas **gesehen hätte**. Er fragte, **ob** ich der Polizei helfen **könne/könnte**.

ÜBUNG

Fragen auf dem Campingplatz

z.B. „Haben Sie noch einen Platz frei?"
Sonja fragte den Platzwart, ob er noch einen Platz frei habe (oder: hätte).

Ebenso mit:

1 „Haben Sie Platz für ein Vier-Mann-Zelt?"

2 „Was kostet der Platz?"

3 „Wo sind die Toiletten?"

4 „Können wir hier Lebensmittel kaufen?"

5 „Müssen wir im voraus bezahlen?"

6 „Können wir unser Zelt aufschlagen?"

7 „Haben Sie eine Landkarte von der Umgebung?"

8 „Dürfen wir ein Lagerfeuer machen?"

DAS ZELT UND DIE JUGENDHERBERGE – AUFSATZ

DAS WETTER

Zu welchem Bild gehört jeder Satz?
Beachte! Zu einigen Bildern gehören zwei Sätze.

A Es ist windig.
B Es friert.
C Das Wetter ist schön.
D Es ist stürmisch.
E Es ist heiß.
F Es ist bewölkt.
G Es ist ein Grad unter Null.
H Es donnert und blitzt.
I Es ist warm.
J Es ist kalt.
K Es schneit.
L Es ist kühl.
M Es regnet.
N Es ist trüb.
O Es ist neblig.
P Es ist wolkig.

Diese Wörter findet man oft in Wettervorhersagen. Zu welchen Bildern gehören sie?

Niederschlag	Sonnenschein
Schauer	Bewölkung
Wärmegewitter	Frost
mäßiger Wind	Schneefall.

LESEN

Bild am Sonntag

Das Wetter am Sonntag

Leicht wärmer, mit Temperaturen um 17 bis 20 Grad. Hier und da Niederschläge mit stürmischen Winden aus westlichen Richtungen.

A **True or false?**

1 This is a forecast for Sunday.
2 The weather will be slightly cooler.
3 There will be rain everywhere.
4 The highest temperature will be 17°C.
5 There will be a gentle breeze from the west.

B What is this forecast predicting?

HÖRVERSTEHENSÜBUNGEN

DAS WETTER:

VORHERSAGE FÜR DAS AUSLAND, MORGEN: **Dänemark:** Schneeschauer, kalt. **Frankreich:** Heiter, später Regen, 10 Grad. **Spanien:** Stark bewölkt, im Norden Regen, um 17 Grad. **Kanarische Inseln:** Heiter bis wolkig, 22 Grad. **Österreich/Schweiz:** Heiter bis wolkig, einzelne Schneeschauer, 4 Grad. **Italien:** Heiter bis wolkig, im Süden Schauer, um 15 Grad. **Jugoslawien:** Bewölkt, Schauer, um 10 Grad.

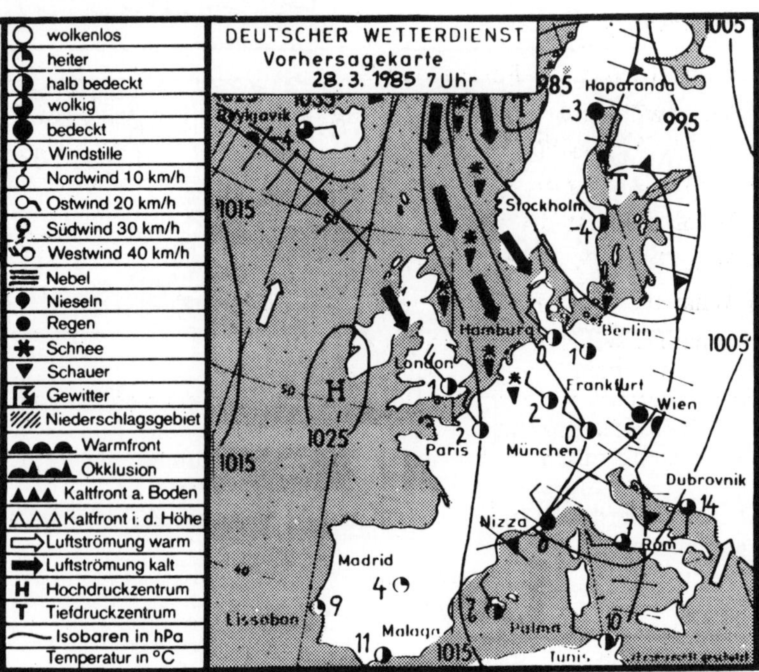

A **Wie ist das Wetter?**

Listen to the four phone-calls. Each holiday-maker is talking about the weather. Look at the weather forecasts as well. Where is each speaker phoning from?

B Wettervorhersagen

Understanding radio and TV forecasts is difficult, since they are often very quick and short. They are also often full of technical language. However, you need not understand all of this in order to get the general idea of what is being predicted for the next day. Three are recorded on cassette. You will probably need to listen to them several times before writing the answers to the questions. Some key words are given to help you:

Forecast 1

1 What will the weather be like in the south-east?
2 What will it be like elsewhere?
3 What is said about rain?
4 What are the lowest temperatures predicted?
5 What are the highest temperatures predicted?
6 How windy will it be?

Föhn	*a warm wind in South Germany*
zeitweise	*at times*
sonst	*otherwise*
schwach	*weak*
stark	*strong*
mäßig	*moderate*

Forecast 2

1 What will the weather basically be like?
2 What is predicted at times?
3 What are the lowest temperatures predicted?
4 What are the highest temperatures predicted?
5 How windy will it be?

veränderlich	*changeable*
örtlich	*in places*

Forecast 3

1 Until when is this forecast valid?
2 What will there be in places in south-east Baden-Württemberg?
3 How will the weather be elsewhere?
4 What is expected for the later part of the day?
5 What is predicted for low-lying areas?
6 What are the highest temperatures predicted?
7 What are the lowest temperatures predicted?

stellenweise	*in places*
Aufheiterungen	*clear spells*
Eintrübung	*becoming dull*
Niederungen	*low-lying areas*

Der SZ-WETTERBERICHT

MOND und SONNE

20. 2.	27. 2.	 6. 3.	 14. 3.

SA 7.24
MU 19.01

MA 8.27
SU 17.34

Wetteramt München
Wettervorhersage
für 14.2.83 7h

Warmfront am Boden, in der Höhe; Kaltfront; Okklusion; ● Regen ❟ Nieseln ✱ Schnee ≡ Nebel ▼ Schauer ☇ Gewitter; Niederschlagsgebiet, Temp. in C-Grad; warme / kalte Luftströmung, Luftdruck in Millibar; H = barometrisches Hoch-, T = Tiefdruckgebiet

Wetterlage: Das Hoch mit Kern über der Nordsee verlagert sich unter Abschwächung südostwärts und bestimmt heute und morgen das Wetter im größten Teil Deutschlands. Im weiteren Verlauf dringt skandinavische Kaltluft südwärts vor.

Das Wetter in München

12. Febr. 1983 Bavariaring	Temp. °C	Uhrzeit
Temperaturmaximum	–2	14.00
Temperaturminimum	–4	7.14
Bodenminimum	–5	—
Mitteltemperatur	–3	—

12. Febr. 1982 (vor einem Jahr)	°C
Temperaturmaximum	12
Temperaturminimum	0
Bodenminimum	–2
Mitteltemperatur	5

Münchner Temperaturhistorie (°C) für den 14. Februar

1981		1973		1958		1933		1883	
max.	min.	max.	min.	max.	min.	max.	min.	max.	min.
0	–7	5	–1	18	5	3	–3	0	–2

Die Welt gestern, 13. Februar, 12 Uhr (GMT) | **Werte vom 12. Februar**

Ort	Wetter	Wind km/Std.	Temp. in °C	rel. Luftfeucht. in %	Luftdr. Meer.h. in mbar	Temperatur max.	Temperatur min.	Sonne in Std.	Niedersch. mm in 24 Std.
Berlin	heiter	NNW 7	0	59	1021	0	–1	0	0.5
Essen	wolkenslos	ONO 22	–4	80	1020	–2	–4	0.6	0.1
Frankfurt	heiter	NO 18	–2	75	1018	0	–2	0	0.0
Hamburg	wolkig	Windst.	–2	75	1022	–1	–6	4.1	0.0
München	bedeckt	O 18	–4	85	1016	–2	–4	0	2
Nürnberg	heiter	O 20	–1	69	1016	–1	–3	0	3
Stuttgart	wolkig	O 25	–3	74	1013	–1	–4	0	–
Wendelstein	heiter	SSO 33	–4	35	—	–8	–14	2.0	0.6
Zugspitze	heiter	S 40	–9	67	—	–16	–19	8.4	0

Ort	Temp.	Ort	Temp.	Ort	Temp.	Ort	Temp.
Athen	14	Madrid	–1	Stockholm	–3	Hongkong**	14
Barcelona	3	Moskau	–6	Tel Aviv	20	Peking**	–2
Bozen	2	Neapel	11	Tunis	18	Tokio**	2
Dubrovnik	14	Nizza	9	Wien	–1	Rio de Janeiro*	26
Innsbruck	–1	Palma	9	Zürich	–3	New York*	–7
Istanbul	–	Paris	–2	Delhi**	19	Washington*	–8
Kanar. Inseln	16	Rom	13				
London	2	Salzburg	1				

* 12 Uhr GMT (morgens nach Ortszeit)
** 12 Uhr GMT (abends nach Ortszeit)

Vorhersage für Montag und Dienstag

Südbayern

In Alpennähe anfangs noch starke, sonst aufgelockerte Bewölkung, kaum Niederschlag. Tageshöchsttemperaturen um –4 Grad, nachts Frost bis unter –10 Grad. Mäßiger Ostwind.

Alpengebiet

Teils starke, teils aufgelockerte Bewölkung, höchstens geringfügiger Schneefall. Höchsttemperaturen um –6, in 2000 m um –12 Grad, Tiefstwerte bis –15 Grad. Auf den Bergen östlicher Wind.

Rhein-Main-Gebiet

Teils heiter, teils wolkig, kein Niederschlag. Höchsttemperaturen um –2, Tiefstwerte um –10 Grad. Schwacher Wind.

Nordbayern

Gebietsweise hochnebelartige Bewölkung, sonst heiter bis wolkig, kein Niederschlag. Nachmittags leichter, nachts und morgens vielfach strenger Frost bis unter –10 Grad. Nordöstlicher Wind.

Deutsches Küstengebiet

Heiter bis wolkig und niederschlagsfrei. Höchsttemperaturen um –3, Tiefstwerte um –12 Grad. Schwacher Wind.

1 Where is there a high on the map?
2 What will the highest temperature be in Southern Bavaria?
3 Will it be rainy there?
4 What will the temperature be at 2000 metres?
5 What will the weather be like in the Rhine/Main area?
6 Was the weather in Munich warmer or colder one year before this forecast?
7 Which was the warmest place in Germany on the 13th February?
8 What were the wind directions in Berlin and Essen?
9 Which European city listed had the warmest weather?
10 Which city outside Europe had the warmest weather?

THEMA ACHTZEHN

UNFÄLLE

EINSTIEG

The accidents referred to in the title of this topic are mostly road accidents. Accidents do unfortunately occur in real life – including to tourists visiting German-speaking countries – so you may well come across them in an examination too.

There is very little new grammar to learn – just **statt zu** + infinitive (*instead of doing something*) and **ohne zu** + infinitive (*without doing something*). The Passive and Subjunctive both often occur in texts about accidents, so there is also a chance to revise them here.

VORSCHAU – VERKEHRSUNFÄLLE

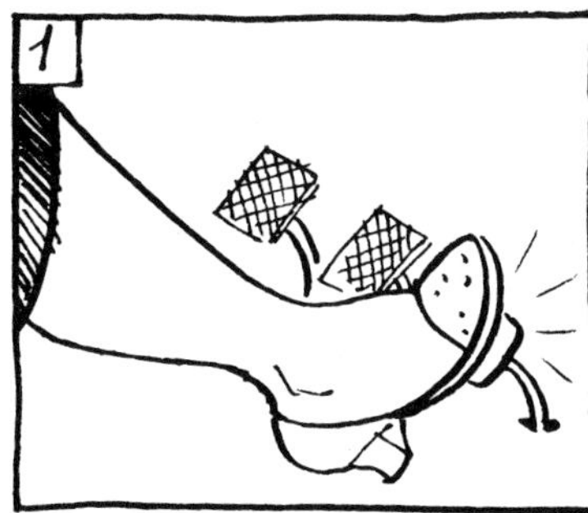

Sie gibt Gas.

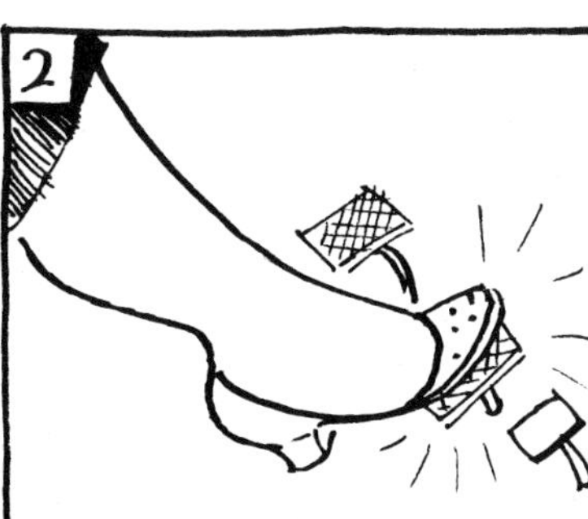

Sie bremst.

Das Auto schleudert auf der nassen Straße.

Das Auto schleudert gegen einen Baum.

Die beiden Autos stoßen zusammen. Auto A stößt mit Auto B zusammen.

Das Auto fährt den Mann um.

Das Auto überfährt den Mann.

Sie fährt viel zu schnell. Die Geschwindigkeitsbegrenzung ist fünfzig Stundenkilometer.

Er stürzt von seinem Fahrrad.

AUFGABE

Welche Verben sind regelmäßig? Welche sind unregelmäßig? Wie sagt man diese Sätze im Präteritum und im Perfekt?

FAHRERFLUCHT?

Die Straßen waren naß im bitterkalten Regen. Es war schon dunkel, obwohl es erst sechzehn Uhr war. Vor dem Fabrikeingang stieg Moritz Schuster auf sein Mofa. Er war müde nach den acht Stunden Arbeit. Er war neunzehn Jahre alt und wohnte bei seinen Eltern in einer Sozialwohnung, nicht weit von seinem Arbeitsplatz. Automatisch fuhr er die Benderstraße entlang und bog nach rechts in den Corneliusweg ein. Die alte Dame, die gerade über die Straße ging, sah er nicht. Er fuhr sie um, ohne zu wissen, was passierte. Trotz der Kälte fing er sofort an zu schwitzen. Er bremste, hielt an und ging zurück. Sie lag bewegungslos am Straßenrand. Moritz hatte Angst. Er wollte ihr helfen, aber er wollte auch weg. Die Straße war leer. Niemand wußte, was passiert war. Was tun? Einige Meter weiter stand eine Telefonzelle – neben seinem Mofa. Mit Tränen in den Augen ging er langsam auf die Telefonzelle und das Mofa zu.

AUFGABEN

A Welche Wörter im Text haben folgende Bedeutung?

1 moped
2 work place
3 along
4 no one
5 council flat
6 motionless
7 to sweat
8 tears
9 bitterly cold
10 eyes
11 cold (*noun*)
12 edge of the road

B Fragen zum Text

1 In welcher Jahreszeit findet diese Geschichte statt?

2 Wo arbeitete Moritz Schuster?

3 Wie fuhr er zur Arbeit?

4 Warum war er müde?

5 Wer wohnte mit Moritz in der Sozialwohnung?

6 Warum fuhr er „automatisch" die Benderstraße entlang?

7 In welcher Straße passierte der Unfall?

8 Wo war die alte Dame?

9 Wieso fuhr Moritz sie um?

10 Was sah er, als er zurückging?

11 Wieso war es möglich zu fliehen, ohne der Dame zu helfen?

12 Was mußte Moritz tun, wenn er einen Krankenwagen rufen wollte?

13 Nach dem Unfall hatte Moritz zwei Möglichkeiten. Was machte er deiner Meinung nach? (Ich glaube, daß . . .)

ÜBUNGEN

A statt zu + Infinitiv — HB 10.32b

(statt zu + **Inf** = *instead of -ing*)

z.B. Petra fuhr nicht mit dem Auto in die Stadt.
Sie fuhr mit dem Bus.
Statt mit dem Auto in die Stadt **zu fahren**, fuhr sie mit dem Bus.

1 Sie ging nicht sofort zum Kino.
Sie bummelte durch die Stadt.

2 Sie kam nicht rechtzeitig an.
Sie kam zu spät.

3 Jan-Peter hatte nicht sehr lange gewartet.
Er war schon hineingegangen.

4 Er suchte Petra nicht.
Er sah sich den Film an.

5 Petra suchte Jan-Peter nicht.
Sie ging nach Hause.

B ohne zu + Infinitiv — HB 10.32b

(ohne zu + **Inf** = *without -ing*)

z.B. Reiner B. fuhr ab. Er prüfte die Reifen nicht.
Reiner B. fuhr ab, **ohne** die Reifen **zu prüfen**.

1 Reiner B. fuhr bei Rot durch. Er sah die Ampel nicht.

2 Er erschreckte einen Radfahrer. Er wußte nicht, was er tat.

3 Er fuhr schnell in die Kurve. Er bremste nicht.

4 Er gab Gas. Er paßte nicht auf.

5 Er stieß mit einem Lastwagen zusammen. Er hatte ihn nicht gesehen.

6 Der Lkw-Fahrer fuhr weiter. Er hielt nicht. Reiner B. war tot.

C Passiv

HB 10.34

Oft braucht man das Passiv, um Unfälle und ähnliche Situationen zu beschreiben:

z.B. Ein Auto überfuhr Herrn Maier = Herr Maier wurde von einem Auto überfahren.

Setze diese Sätze ins Passiv:

1 Ein Lkw überholte uns.

2 Regine verursachte den Unfall.

3 Ein Junge rief einen Krankenwagen.

4 Man brachte Frau Wrobel ins Krankenhaus.

5 Ein Feuerwehrmann rettete das Mädchen.

6 Der Fahrer sah den Fußgänger nicht.

7 Jochen holte den Arzt.

D Indirekte Rede

HB 10.38

Herr Seidel sagte, daß . . .

1 „Ich habe meine Reifen vor der Reise geprüft."

2 „Ich fahre immer sehr vorsichtig."

3 „Ich habe rechtzeitig gebremst."

4 „Der Radfahrer ist auf der falschen Straßenseite gewesen."

5 „Ich habe versucht anzuhalten."

6 „Ich habe ihn trotzdem umgefahren."

E Indirekte Fragen

HB 10.38

Der Polizist fragte Herrn Huber, ob . . ./wo . . ./wie . . ./usw.

1 „Herr Huber, wie alt ist Ihr Wagen?"

2 „Wann haben Sie Ihre Bremsen das letzte Mal geprüft?"

3 „Kann ich Ihren Führerschein (= *driving licence*) sehen?"

4 „Wie lange fahren Sie schon?"

5 „Wohin fahren Sie?"

6 „Haben Sie die Ampel gesehen?"

7 „Warum haben Sie nicht gehalten?"

8 „Haben Sie nicht gebremst?"

9 „Ist Ihr Auto noch fahrtüchtig (= *drivable*)?"

10 „Könnten Sie es bitte da drüben parken?"

TOTALSCHADEN – AUFSATZ

Mache aus diesen Sätzen einen Aufsatz!
Nicht vergessen: Nebensätze!

Die Straßen waren naß.
Es regnete in Strömen.
Es gab viel Verkehr auf der Autobahn.
Die meisten Fahrer fuhren sehr schnell.
Ein Porsche versuchte, einen Lkw zu überholen.
Es war sehr gefährlich.
Der Lkw-Fahrer wollte einen anderen Lkw überholen.
Er sah den Porsche nicht.
Er scherte aus (= *pulled out*).
Der Fahrer des Porsche bremste.
Es war zu spät.
Er geriet ins Schleudern.
Er schleuderte gegen die Leitplanke (= *barrier*).
Dann stieß er mit dem Lastwagen zusammen.
Der Lkw-Fahrer war unverletzt.
Den Autofahrer brachte man mit dem Hubschrauber (= *helicopter*) ins Krankenhaus.
Er hatte Glück.
Er erlitt nur Rippenbrüche (= *suffered only broken ribs*).
Sein Auto wurde aber als Totalschaden abgeschrieben (= *was written off*).

VORSICHT! – NACHERZÄHLUNG

Roland – Geschenke – die Sonnenbrille – komisch – selbst im Haus – führen zu + **Dat** – wie gewöhnlich – Micky – Ball – am vorigen Abend – die Treppe – nach unten gehen – dunkel – die Treppe **hinunter**gehen – viel schneller als sonst – sich (**Dat**) etwas (**Akk**) wünschen – die Taschenlampe.

ROLLENSPIELE

A Stelle dir vor, du hast einen Verkehrsunfall gesehen. Ein Autofahrer hat einen jungen Mann überfahren, der auf einem Zebrastreifen über die Straße ging. Erstelle das Gespräch zwischen dir und einem Polizisten. Der Polizist muß so viele Fragen stellen wie möglich.

B Dieses Diagramm zeigt einen Unfall.

Erstelle einen Dialog zwischen den beiden Autofahrern (bzw. Autofahrerinnen). Beide glauben, daß Sie ganz unschuldig (= *innocent*) sind!

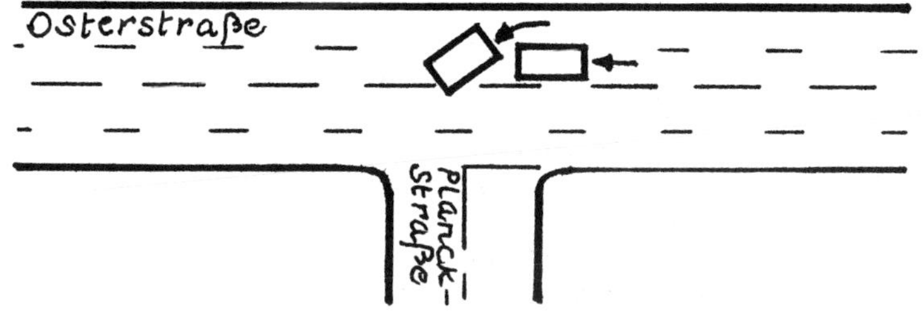

Hier einige Hilfen:

auf der rechten/linken Spur *in the right-/left-hand lane*
links neben mir *on my left*
ausscheren *to pull out*
die Stoßstange *bumper*
abbiegen (*irreg.*) *to turn off*
blinken *to indicate*

HÖRVERSTEHENSÜBUNGEN

A Nach dem Unfall

1 What is the attitude of the two men?

2 What damage do they say was done in the accident?

3 Who interrupts them?

4 What had actually happened in the accident?

5 What threat is made at the end?

B Unfall im Kaufhaus

A display of goods has collapsed . . .

1 What does the manager first ask?

2 What is broken?

3 What does the customer first say about it?

4 How much were the goods worth?

5 How (according to the customer) did it happen?

6 Why is the customer at this display?

7 How does the customer react when the manager mentions paying for them?

8 What is the manager going to do now?

LESEN

A ersticken = *to suffocate*

1 How hot was the weather?

2 Where was the dog's mistress?

3 Where was the dog?

4 What kind of dog was it?

5 What happened to the dog?

Frauchen in der Sauna – Hund erstickt

Bei 60 Grad erstickte ein Boxer-Hund in Offenbach in einem parkenden Auto. Seine Besitzerin hatte ihn dort zurückgelassen – sie war in der Sauna.

B 1 What does the title of this cutting mean?

2 What nationality was the man who was involved in the accident?

3 What nationality was the woman?

4 What was her profession?

5 Which of the two was knocked down?

6 What was the result of the accident?

● Zu Fuß auf Autobahn

Beim Überqueren der Westautobahn am Walserberg wurde Montag früh der griechische Kraftfahrer Konstandinos Konstantinidis (47) vom Wagen der deutschen Augenärztin Dr. Hella Richter (36) erfaßt und auf die Fahrbahn geschleudert. Der Grieche wurde dabei schwer verletzt.

C Look through the cutting carefully and decide which are the key words. Look them up in a dictionary, then try to complete the summary in English:

The _____ of this accident is as yet unknown. Hermann Schaler, aged _____ was a _____ from Mühlbach. On the Mandlwandstraße near Mitterberg, his car left the road and _____ 100 metres over a _____. He lay in the _____ for _____ _____, because he was _____. In the end he was able to _____ himself. He was taken to Schwarzach hospital suffering from a _____ _____.

● Absturz mit Auto

Aus noch unbekannter Ursache kam in der Nacht auf Montag der Bergmann Hermann Schaler (24) aus Mühlbach auf der Mandlwandstraße bei Mitterberg mit seinem Wagen von der Fahrbahn ab und stürzte 100 Meter über einen steilen Abhang. Er blieb fünf Stunden lang in dem Autowrack eingeklemmt liegen, ehe er sich selbst befreien konnte. Schaler wurde mit einem Handbruch ins Krankenhaus Schwarzach eingeliefert.

IN DEN BERGEN

An einem schönen Septembertag machten vier junge Leute ein Picknick auf einer schönen Wiese in Süddeutschland. Ihre Fahrräder lagen neben ihnen im Gras, während sie die Butterbrote aßen, die sie von der Jungendherberge mitgebracht hatten. Nachdem sie alles gegessen hatten, blieben sie noch eine Weile da, um die schöne Aussicht auf die Berge zu genießen Ein Berg, der nicht sehr weit von ihnen entfernt war, faszinierte Falk, den ältesten Jungen, besonders. „Wie wär's mit einer Bergwanderung?" fragte er. „Seht ihr die kleine Berghütte da oben? In zwei Stunden können wir da sein." „Was machen wir mit den Rädern?" fragte Regine, das jüngste und kleinste Mitglied der Gruppe. „Die können wir ruhig hier lassen. Keiner wird sie klauen!" erwiderte Falk. Alle waren von Falks Vorschlag so begeistert, daß sie sich sofort auf den Weg machten. Obwohl sie nur Jeans, T-Shirts und Turnschuhe trugen, hatten sie keine Angst, denn das Wetter war freundlich, und der Berg sah klein aus.

Leider erreichten sie die Berghütte nicht. Mit dem kalten Nebel, der bald die Berge einhüllte, hatten sie nicht gerechnet.

AUFGABEN

A Welche Wörter im Text haben folgende Bedeutung?

1 mountain hike
2 sandwiches
3 youth hostel
4 plimsolls
5 thrilled
6 "nick" or "pinch"
7 mountain hut
8 fog
9 meadows
10 member

B

Im Text steht . . .	Wie sagt man . . .?
an einem schönen Septembertag	on a cold January day
nachdem sie alles gegessen hatten	after they had had their picnic
wie wär's mit einer Bergwanderung?	how about a picnic tomorrow?
was machen wir mit den Rädern?	what shall we do with our suitcases?
mit dem kalten Nebel . . . hatten sie nicht gerechnet	they had not reckoned on the bad weather

C **Diese Geschichte ist nicht fertig. Schreibe das Ende!**

• THEMA NEUNZEHN •

FUNDBÜRO POST·BANK

➡ EINSTIEG

This **Thema** is here to help you cope with 'official' situations when abroad. The scenarios: lost-property offices, post-offices and banks. Most of the material is based on dialogues which simulate the real-life situations. Dialogues like these are also a good preparation for the typical role-plays that occur in oral examinations.

There is only one small grammar point, which is slightly related to the subject of lost property: distinguishing **derselbe** and **der gleiche** – the two ways of saying *the same*.

○ IM FUNDBÜRO

BEAMTER Guten Tag. Was kann ich für Sie tun?

BETTINA Guten Tag. Ich habe meinen Regenmantel verloren. Vielleicht können Sie mir helfen.

BEAMTER Wo haben Sie den Regenmantel verloren?

BETTINA Das weiß ich nicht genau. Ich habe einen Einkaufsbummel in der Stadt gemacht, und ich habe ihn irgendwo liegenlassen.

BEAMTER Wann war das?

BETTINA Ich bin nicht sicher. Heute morgen – vor zwei oder drei Stunden.

BEAMTER Können Sie Ihren Regenmantel beschreiben?

BETTINA Ja. Das ist ein grüner – ein dunkelgrüner – Regenmantel mit Gürtel . . . ziemlich lang . . .

BEAMTER Der Gürtel?

BETTINA Nein, ich meine natürlich den Regenmantel!

BEAMTER Ist Ihr Name drin? (drin = darin)

BETTINA Ja, und in einer der Taschen ist ein Brief, den ich aufgeben wollte. Mein Name steht natürlich auf dem Umschlag.

BEAMTER Haben Sie in den Geschäften schon nachgeschaut?
BETTINA Nein, ich bin sofort hierhergekommen.
BEAMTER Am besten machen Sie das gleich, aber zuerst schreibe ich Ihren Namen und Ihre Anschrift auf.
BETTINA Mein Name ist Heidemann, Bettina Heidemann, und ich wohne Rembrandtstraße sechs.
BEAMTER Kommen Sie morgen oder übermorgen vorbei, falls (=wenn) Sie den Regenmantel nicht finden.
BETTINA Das tu' ich. Vielen Dank für Ihre Hilfe.

(*Später. In der Konditorei.*)

VERKÄUFERIN Bitte schön?
BETTINA Ich war heute morgen hier, und jetzt vermisse ich meinen Regenmantel . . . Hab' ich ihn zufällig hier liegenlassen?
VERKÄUFERIN Einen Regenmantel? Moment, ich schaue nach . . . Es tut mir leid. Wir haben keinen Regenschirm da.
BETTINA Regenschirm? Ich habe einen Regenmantel verloren!
VERKÄUFERIN Wir haben überhaupt nichts gefunden. Gehen Sie doch zum Fundbüro!
BETTINA Danke, da war ich schon. Wiedersehen!
VERKÄUFERIN Wiedersehen!

(Noch später)

KIND Mutti, dieser Regenmantel paßt mir doch gar nicht. Er ist viel zu lang. Und dieses häßliche Dunkelgrün gefällt mir auch nicht!

Was man sonst sagen kann

Ich habe meinen Fotoapparat **in** der Bäckerei **vergessen** (=liegenlassen).
Ist zufällig ein Paar Handschuhe **abgegeben worden**?
Die Handschuhe sind **aus Leder/aus Wolle**.
Die Uhr ist **aus Gold/aus Silber**.
Es ist schwer zu sagen.
Er/sie/es bedeutet mir sehr viel.

Was man sonst hören kann

Welche Marke/Farbe/Größe?
Wie hoch schätzen Sie ungefähr den Wert?
Ist es sehr wertvoll?
Wieviel ist es wert?

AUFGABEN

A Wie sagt man das auf deutsch?

Es ist/sind . . .

1 a small black leather suitcase
2 a pair of dark brown woollen gloves
3 a dark blue plastic handbag
4 a large gold ring
5 a small silver watch

B Ich glaube . . .

Ich glaube, ich habe es ____ vergessen

1 in the underground
2 in the bus
3 at the railway station
4 in the café
5 in the travel agent's
6 in the tourist information office
7 in the youth hostel
8 at the camp-site
9 in the hotel
10 at home

C **Ich habe mei_ ___ verloren!**

ROLLENSPIELE

A While in Germany, you lose your gloves in the tram. You go to the lost-property office. Explain to the official, giving as many details as possible:

1 what you have lost
2 when this happened
3 where it happened
4 what the gloves are like
5 that your name was inside them
6 where you are staying
7 that you would like them to be sent to your home address.

B At the lost-property office, explain that your father (who does not speak any German) has lost his leather wallet. Say when and where, describe the wallet and say what was in it.

C In the underground, you find a gold necklace. Take it to the lost-property office, report where you found it, etc. Make up the details.

BRIEFE

Chesterfield, den 4. September

Roger Hall
11 Walton Close
Chesterfield
Derbyshire S40 5SH
England

An das
Städtische Fundbüro
2300 Kiel 1

Sehr geehrte Damen und Herren!

Während meines Urlaubs in Kiel habe ich meinen Fotoapparat verloren. Ich war vom 18. August bis zum 1. September in Kiel und habe die Kamera am Ende meines Aufenthalts verloren. Ich glaube, dass ich sie im Bus liegenliess, als ich zum Bahnhof fuhr. Die Kamera ist eine Ricoh 500 RF - eine ziemlich kleine Kleinbildkamera. Ich schätze den Wert auf etwa zweihundert Mark, und die Fotos, die darin sind, bedeuten mir sehr viel. Bitte teilen Sie mir mit, ob Sie die Kamera im Fundbüro haben. Falls Sie sie haben, wäre ich Ihnen sehr dankbar, wenn Sie sie mir schicken könnten. Porto und Verpackung würde ich natürlich gern bezahlen.

Ich danke Ihnen im voraus für Ihre Hilfe.

Mit freundlichen Grüssen,

Roger Hall.

(die Kleinbildkamera = *35 mm camera*
Porto und Verpackung = *postage and packing*)

A Schreiben Sie einen Brief an das Fundbüro in Hamburg, in dem Sie nach Ihren Schlüsseln fragen!

B Sie haben Ihr Tagebuch (= *diary*) in einem Hotel liegenlassen. Schreiben Sie einen passenden Brief an das Hotel!

GRAMMATIK

HB 2.11

derselbe/der gleiche

- ● Ist das Ihr **Anorak**?
- ○ Moment mal . . . das ist **die gleiche Farbe** und vielleicht **die gleiche Größe** . . . aber ich glaube, die **Taschen** sind anders. Nein, das ist nicht **derselbe Anorak**!

Ebenso mit:

1 Jacke – Muster (das Muster=*pattern*) – Farbe – Größe

2 Handschuhe – Größe – Marke – Farben sind etwas dunkler

3 Schal – Farbe – Stoff (der Stoff=*material*) – die Qualität ist nicht so gut

DIE DEUTSCHE BUNDESPOST

Informationen für Touristen

Deutsche Bundespost

Wenn man einen Brief aufgeben will, geht man gewöhnlich zur Post. Dort kann man seinen Brief in den Briefkasten einwerfen. Wenn man noch keine Briefmarke hat, muß man ins Postamt hineingehen. Dort muß man oft einige Minuten warten, weil so viele Leute vor den Schaltern Schlange stehen. Über den Schaltern sieht man folgende Schilder: **Postwertzeichen in kleinen Mengen** („Postwertzeichen" ist Beamtensprache und heißt „Briefmarken"), **Postlagernde Sendungen** (da kann man Briefe abholen), **Paketannahme** (da gibt man Pakete auf), **Telegramme**, **Einzahlungen** and **Ferngespräche**. Wenn man nur Briefmarken kaufen will, geht man natürlich zum Schalter „Postwertzeichen". Dort sagt man zum Beispiel:

- ● Guten Tag. Ich möchte bitte eine Sechziger und zwei Fünfziger.

Oder:

- ● Guten Tag. Ich möchte bitte eine Sechzig-Pfennig-Marke und zwei Fünfzig-Pfennig-Marken.

Oder:

- ● Guten Tag. Ich möchte bitte eine Marke zu sechzig Pfennig und zwei zu fünfzig Pfennig.
- ● Guten Tag. Ich möchte bitte zwei Marken zu einer Mark.
- ● Ich möchte das bitte nach Großbritannien schicken.
- ● Was kostet ein Brief (bzw. eine Postkarte) nach Großbritannien, bitte?
- ● Was macht das zusammen?

Wenn man genug Kleingeld hat, oder wenn das Postamt geschlossen ist, kann man die Briefmarkenautomaten benutzen, die draußen neben dem Eingang stehen.

AUFGABE

Du bist auf der Post. Wie bittest du um diese Briefmarken?

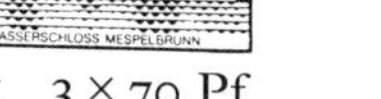

1 3 × 70 Pf

2 6 × 90 Pf

3 1 × 50 Pf

4 1 × DM 1,-

5 2 × DM 1,-

ROLLENSPIEL

Erstelle einen Dialog, in dem du einen Brief und fünf Postkarten nach England schicken willst. Du sollst fragen, was die Briefmarken kosten, und sie kaufen.

BIRGIT SUCHT EINE NEUE STELLE

Birgit ging ins Eßzimmer und setzte sich an den großen Tisch. Sie hatte die Stellenanzeige in der Zeitung gerade gesehen und wollte ihren Bewerbungsbrief so schnell wie möglich schreiben, denn sie brauchte dringend Arbeit. Ihr Mann war schon seit acht Monaten arbeitslos, und die Familie brauchte Geld. Die Firma ORGA würde wahrscheinlich viele Bewerbungen erhalten, und daher wollte sie ihren Brief sofort zur Post bringen. Sie freute sich, daß sie sowohl Englisch als auch Französisch konnte. Bald war der Brief fertig. „Also, ich laufe schnell zur Post", sagte sie sich, „ich kaufe eine Marke und gebe den Brief auf. Hoffentlich wird man meinen Brief morgen bekommen." Nachdem sie ihren Mantel angezogen hatte, ging sie schnell zum Postamt. Ohne auch nur einen Augenblick zu zögern, warf sie den Brief in den Briefkasten ein. Erst als sie hineingehen wollte, um die Briefmarke für den Brief zu kaufen, merkte sie ihren großen Fehler!

Fragen zum Text

1 Wo schrieb Birgit ihren Brief?
2 Was wollte sie wohl werden?
3 Warum brauchte sie dringend Arbeit?
4 Wann war ihr Mann arbeitslos geworden?
5 Warum hatte sie es so eilig?
6 Was machte sie, bevor sie das Haus verließ?
7 Wozu wollte sie zur Post gehen?
8 Was hoffte sie?
9 Wie kam sie zum Postamt?
10 Was machte sie falsch?

DER WEG DES BRIEFES

HB 10.34

Was wird gemacht? (Passiv!)

Zuerst bringt man den Brief zur Post.
Dort gibt man ihn auf.
Später leert ein Briefträger den Briefkasten.
Man ordnet und stempelt die Briefe.
Man verteilt sie nach Städten.
Man bündelt sie.
Man schickt sie zur richtigen Stadt.
Dort verteilt man die Briefe nach Straßennamen.
Der Briefträger ordnet sie und bringt den Brief zum Empfänger.
Schließlich liest der Empfänger den Brief.

MEIN PASS IST WEG! – AUFSATZ

AUF DER BANK

Der Deutsche-Bank-Turm, Frankfurt am Main

Dialog 1

- ● Guten Tag. Ich möchte bitte einige englische Reiseschecks einlösen.
- ○ Ja, wieviele?
- ● Zwei zu zehn Pfund, bitte. Wie steht der Kurs heute?
- ○ Drei Mark neunzig zum Pfund. Darf ich bitte Ihren Reisepaß sehen?
- ● Bitte schön.
- ○ Danke. Sie bekommen das Geld an der Kasse.

Dialog 2

- ● Guten Tag. Ich möchte bitte etwas englisches Geld in D-Mark umtauschen.
- ○ Ja. Wieviel möchten Sie wechseln?
- ● Fünfzehn Pfund, bitte.
- ○ So . . . Gehen Sie bitte zur Kasse!
- ◘ Herr Peters, bitte!
- ● Ja – das bin ich.
- ◘ Bitte schön . . . sechsundfünfzig Mark fünfzig.
- ● Danke sehr.
- ◘ Bitte sehr!

ROLLENSPIEL

A Erstelle einen Dialog (a) in dem du drei Reiseschecks zu zwanzig Pfund einlöst, und (b) in dem du dreißig Pfund in D-Mark wechselst.

HÖRVERSTEHENSÜBUNGEN

A Problem im Fundbüro

1. What does the official think the man has lost? Why?
2. What has he in fact lost?
3. How does he describe them?
4. What has already happened because of their loss?
5. What did the man do wrong?
6. Where did the loss occur?
7. When?
8. What caused it?
9. What does the official offer him?
10. Whose are they?
11. How much does the man pay and why?
12. What does he intend to do now?

B Auf der Post

1. What does the foreigner want to do?
2. What is asked?
3. What is he then told to do?
4. What is the cost per unit?
5. How long is a unit?
6. How long does the foreigner want?
7. What is the foreigner told to do?
8. What will be his signal?

EIN BANKRAUB

Karin saß an der Kasse und bediente ihre Kunden. Es war ihr erster Tag als Kassiererin bei dieser Bank, obwohl sie schon bei zwei anderen Banken gearbeitet hatte. Gegen elf Uhr kam ein junger gutaussehender Mann herein. Er ging an einen Schalter, wo er einen Scheck einlösen wollte. Dann kam er an die Kasse, wo Karin saß.

„Zweihundertfünfzehn Mark, ja?" sagte Karin laut, und begann die Geldscheine zu zählen.

„Nein", sagte er leise. „Gib mir alles, was du in der Kasse hast!"

In der rechten Hand hielt er einen kleinen Revolver. Karin gehorchte sofort und gab ihm das Geld – über zehntausend Mark. Der junge Mann nahm das Geld und verschwand. Weder die anderen Kunden noch Karins Kollegen hatten etwas bemerkt. Dann schrie Karin laut.

„Herr Meßmer! Kommen Sie her! Das war ein Bankräuber! Er hat das ganze Geld genommen!"

Zehn Minuten später kam Kommissar Schröder an.

„Können Sie den Mann beschreiben?" fragte er Karin.

„Ja – nein – ich meine, es ging alles so schnell. Er war groß und blond, aber mehr kann ich nicht sagen."

„Komisch! Ihr Kollege, Herr Dietrich, sagt, er hatte dunkle Haare."

„Nein, er war blond", sagte Karin noch einmal, „vielleicht dunkelblond . . ."

Fünf Stunden später saß Karin mit Michael in einem kleinen Café.

„Es hat geklappt!" lachte Michael. Er war ein gutaussehender junger Mann mit dunkelbraunen Haaren. „Wenn es so weitergeht, sind wir bald reich!"

„Wenn es so weitergeht!?" wiederholte Karin. „Was meinst du?"

„Es ist doch so einfach", sagte er, „in ein paar Monaten können wir es bestimmt noch mal machen!"

„Ohne mich!" erwiderte Karin. „Ich habe Angst. Ich hab' dem Kommissar gesagt, du hast blonde Haare. Das war ein großer Fehler. Er hat es mir nicht geglaubt . . ."

In diesem Moment ging die Tür auf. Kommissar Schröder trat ein.

AUFGABEN

A Find the words in the text which mean:

1. good-looking
2. bank-notes
3. obeyed
4. disappeared
5. it worked!
6. continues
7. repeated
8. count me out!
9. replied
10. entered

B
1. What was Karin's job in the bank?
2. What did the young man do first?
3. What did Karin do when he came to her?
4. What did he say to her (in English)?
5. What was the difference between Karin's evidence and that of her colleague?
6. What did Michael look like?
7. How did he hope to make them rich?
8. Why was Karin worried?

LESEN

A

1 What problem does this extract deal with?

2 What can one do if this happens?

3 What must there be on the key-ring?

Hotelzimmerschlüssel mitgenommen?

Das kann schon mal passieren. Wenn Sie einen Zimmerschlüssel eines Hotels im Bundesgebiet oder in Berlin (West) versehentlich mitgenommen haben, können Sie ihn einfach in den nächsten Briefkasten werfen, sofern auf dem Schlüssel-Anhänger die Adresse des Hotels steht. Alles weitere besorgt dann Ihre Post.

B

1 What is the postcode of Ramsau?

2 Which city has the code 1 . . .?

3 Name at least one city in each of the other seven postcode areas.

Postleitzahlen bestimmen den Weg der Sendungen

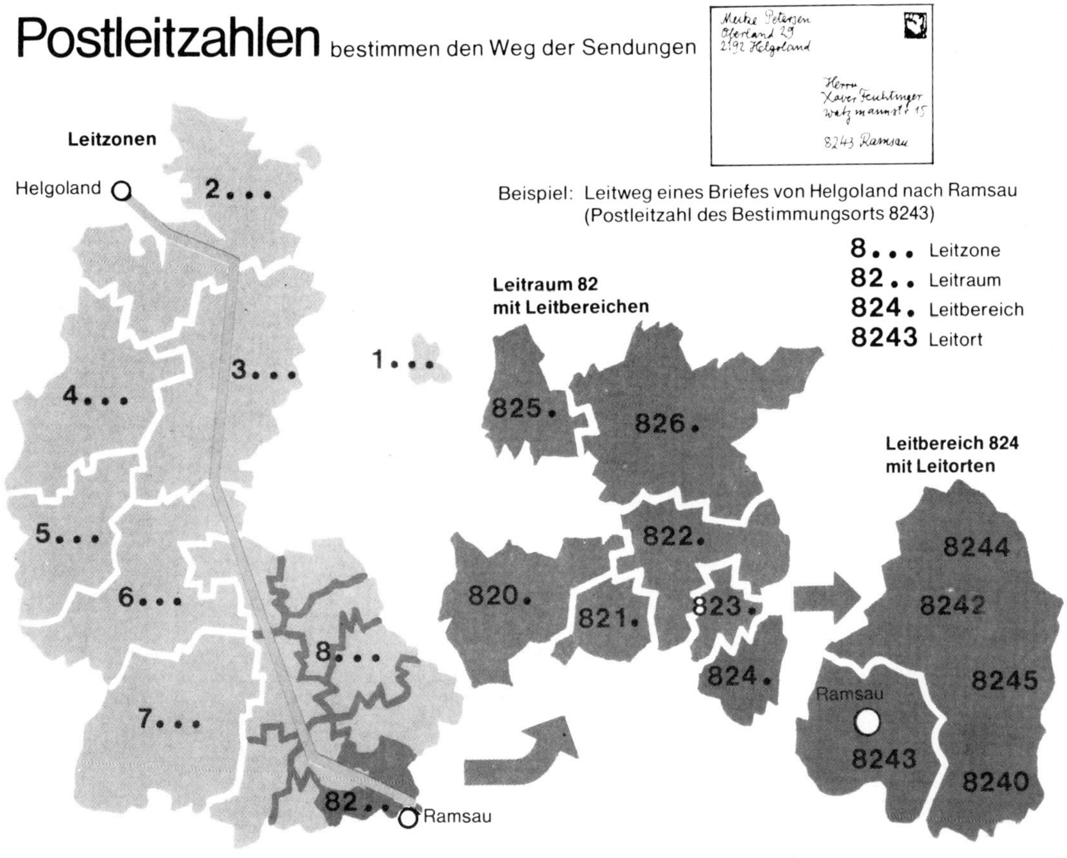

Meike Petersen
Oferland 29
2192 Helgoland

Herrn
Xaver Feuchtinger
Watzmannstr. 15

8243 Ramsau

Beispiel: Leitweg eines Briefes von Helgoland nach Ramsau (Postleitzahl des Bestimmungsorts 8243)

8••• Leitzone
82•• Leitraum
824• Leitbereich
8243 Leitort

Leitzonen
Helgoland
2...
1...
3...
4...
5...
6...
7...
8...
82..
Ramsau

Leitraum 82 mit Leitbereichen
825.
826.
822.
820.
821.
823.
824.

Leitbereich 824 mit Leitorten
8244
8242
8245
Ramsau
8243
8240

• THEMA ZWANZIG •

HOFFNUNGEN

➡ EINSTIEG

The last **Thema**! The title **Hoffnungen** means *hopes*. Here you will learn how to talk about your future plans. Talking about the future does not always involve the Future tense – far from it. The German Future tense is not very much used. Many other expressions are used, as you will see further down this page. The future is often unsure – we speculate about it and indulge in wishful thinking, which often involves saying what *would* happen, *if* . . . This means using *Conditional sentences*. They involve **wenn,** and the Subjunctive comes into play, too. This is the grammar content of the **Thema**.

ZUKUNFTSPLÄNE

Von links, Dagmar Adelman, Detlef Wedemeyer, Achim Schiemann, Petra Hesselbach

Detlef Wedemeyer, ein sechzehnjähriger Schüler, spricht über seine Zukunftspläne:

beschließen	**Ich habe beschlossen**, mein Abitur zu machen, damit ich studieren kann. Leider weiß ich noch
wollen	nicht, was **ich** studieren **will**, aber **ich werde**
werden	auf jeden Fall irgendetwas studieren. Danach
möchte	**möchte ich** einen Beruf, in dem ich gut
vorhaben	verdienen kann. **Ich habe vor**, eines Tages **zu** heiraten. **Ich möchte** zwei oder drei Kinder
am liebsten	haben. **Am liebsten möchte ich** ein Haus auf
Lust haben	dem Lande bauen. **Ich habe keine Lust**, immer in einer Mietwohnung in der Stadt **zu** wohnen.

Was sagen andere Leute über ihre Zukunftspläne?

Achim Schiemann

Die Schule so bald wie möglich verlassen, heiraten, reiche Frau, viele Kinder, oft ins Ausland fahren, großes Haus.

Dagmar Adelmann

Eine Lehre machen, Kfz-Mechanikerin werden, gut verdienen, nicht heiraten, frei sein, viele Freunde, eine eigene Wohnung, Porsche.

Petra Hesselbach

Ärztin werden, schwer arbeiten müssen, studieren, einige Jahre lang in der Dritten Welt arbeiten, zurückkommen, und dann . . .?

ROLLENSPIELE

A Du erfindest (=*invent*) eine Rolle und schreibst Notizen (wie die Notizen für die Rollen von Achim, Dagmar und Petra). Ein Partner (bzw. eine Partnerin) spielt die Rolle eines Reporters (bzw. einer Reporterin), der dich interviewt. Er/sie schreibt Notizen über das Interview. Nach dem Interview vergleicht (=*compare*) ihr die Notizen. Hat der Reporter (bzw. die Reporterin) die richtigen Fragen gestellt? Hat er/sie alles richtig verstanden?

B Und du – was für Zukunftspläne hast d u ?

GRAMMATIK

Wenn-Sätze

HB 10.39

FRAU A Was macht ihr dieses Jahr zu Weihnachten?

FRAU B Wir bleiben wie immer zu Hause. Es wird schön sein, **wenn** die Kinder alle nach Hause kommen können.

FRAU A Glaubst du, daß Karin diesmal kommt?

FRAU B Es kommt darauf an. Du weißt ja, sie ist Krankenschwester. **Wenn** sie am Heiligabend Dienst hat, kann sie natürlich nicht nach Hause kommen. **Wenn** sie frei hat, wird sie natürlich für zwei bis drei Tage zu uns kommen.

FRAU A Hoffentlich klappt das! Wir möchten die Feiertage diesmal in Tunesien verbringen, **wenn** es nicht zu teuer ist. **Wenn** es geht, möchten wir zehn bis vierzehn Tage da bleiben.

FRAU B Aber **wenn** es schneit, ist Weihnachten so schön hier!

FRAU A **Wenn** es hier schneit, möchte ich woanders sein!

ÜBUNGEN

A
● Fährst du nach Mallorca? (nicht zu teuer)
○ Ja, aber nur **wenn** es nicht zu teuer **ist**.

Ebenso mit:

1 Fährst du nach Italien? (billig)
2 Wollt ihr zelten? (nicht regnet)
3 Ihr wollt also manchmal in Hotels übernachten? (Wetter – schlecht)
4 Wollt ihr die Sehenswürdigkeiten sehen? (interessant)
5 Wollt ihr nach Pompeji fahren? (Zeit haben)

B Was hast du vor?

z.B. Wenn es regnet, gehe ich ins Kino.

ROLLENSPIEL

Erstelle einen Dialog zwischen zwei Freunden (bzw. zwei Freundinnen), in dem sie ihre Urlaubspläne besprechen. Versuche, möglichst viele Wenn-Sätze zu bilden!

GRAMMATIK

A würde + Infinitiv HB 10.39

Ich habe meinen Koffer verloren. Ich frage dich:
„Wohin würdest du gehen, um nach einem verlorenen Koffer zu fragen?" Du antwortest:
„Ich würde zum Fundbüro gehen."

Ebenso mit:

1 Ich habe meinen Regenschirm verloren.
2 Ich habe meinen Reisepaß verloren.
3 Ich will ein Zimmer bekommen.
4 Ich will Brot kaufen.
5 Ich will ein Bier trinken.
6 Ich will Kuchen kaufen.
7 Ich will eine Urlaubsreise buchen.
8 Ich will einige Reiseschecks einlösen.

B Jürgen weiß alles!

Wenn man Jürgen fragt, weiß er immer, was man tun soll.

z.B. PETRA Ich habe meinen Regenschirm verloren. Was soll ich tun?
JÜRGEN **An deiner Stelle würde ich** sofort zum Fundbüro gehen.

1 ANNE Ich brauche sofort Blumen für Tante Trude. Was soll ich tun?

2 ROBERT Ich habe Hunger!

3 INES Für diese Hausaufgaben brauche ich ein gutes Wörterbuch!

4 DIETER Ich habe furchtbare Kopfschmerzen!

5 RENATE Ach! Ich muß diesen Brief sofort abschicken, aber ich habe keine Briefmarken mehr!

6 MUTTER Wir haben nicht genug Kartoffeln fürs Mittagessen.

MUTTER Ich habe eine bessere Idee. D u gehst hin, Jürgen!

GRAMMATIK

HB 10.39

Konditionalsätze

Ein Reporter, Siegfried Jung, interviewt Rudolf Heinsen, den berühmten Schauspieler . . .

SJ Herr Heinsen, Sie sind jetzt einundneunzig Jahre alt . . .

RH Nein, ich bin zweiundneunzig!

SJ Verzeihung! Sie sind zweiundneunzig Jahre alt. Sie sind ein berühmter Schauspieler. Sie haben ein langes Leben hinter sich, in dem Sie . . .

RH Ja, ja, das weiß ich doch alles schon! Ich dachte, Sie wollen mir einige Fragen stellen!

SJ Richtig! Entschuldigung, Herr Heinsen! Ich wollte Sie fragen: Was würden Sie machen, wenn Sie heute achtzehn Jahre alt wären – wie am Anfang Ihrer Karriere?

RH Sie wollen wissen, was ich machen würde, wenn ich achtzehn wäre?

SJ Ja. Würden Sie wieder Schauspieler werden, wenn Sie alles noch einmal machen könnten?

RH Wenn ich die gleichen Chancen hätte, würde ich wahrscheinlich Schauspieler werden, ja. Diesmal würde ich aber nicht im Theater arbeiten. Ich würde versuchen, Filmschauspieler zu werden. So würde ich viel mehr Geld verdienen. Wenn das nicht möglich wäre, würde ich versuchen, beim ZDF oder so etwas zu arbeiten.

SJ Sie sind also sicher, daß Sie wieder Schauspieler werden möchten, wenn Sie heute achtzehn wären?

RH Hmm, nein. Vielleicht würde ich Jura (=*law*) studieren und Rechtsanwalt (=*lawyer*) werden.

SJ Rechtsanwalt? Warum?

RH Ich habe in meinem Leben fünfmal geheiratet, wissen Sie, und ich habe mich fünfmal scheiden lassen (=*got divorced*), und ich habe gemerkt: Ich wäre wahrscheinlich viel reicher, wenn ich Rechtsanwalt wäre!

Suche die Konditionalsätze in diesem Text!

GRAMMATIK

So bildet man Konditionalsätze

HB 10.39

Wenn	ich viel Geld	**hätte**	,	**würde** ich eine Jacht kaufen
	ich reich	**wäre**	,	**wäre** ich sehr glücklich
	ich alles machen	**könnte**	,	**würde** ich eine Weltreise machen
	ich eine Million Mark gewinnen	**würde**	,	**hätte** ich keine Probleme mehr
	ich nicht arbeiten	**müßte**	,	**würde** ich spät aufstehen

Oder so:

Ich **würde** eine Jacht kaufen	,	**wenn**	ich viel Geld **hätte**. (usw.)

ÜBUNGEN

A **z.B.** Ich würde gern angeln, wenn ich nur eine gute Angelrute hätte.

Ebenso mit:

1 eislaufen gehen – Schlittschuhe
2 reiten – Pferd
3 Tennis spielen – Schläger (*m*)
4 radfahren – Rad
5 Skilaufen gehen – Skier
6 Fußball spielen – eine gute Mannschaft
7 Basketball spielen – größer
8 fantastischer Sportler sein – groß, stark und vor allem sehr reich!

B Was würdest du machen, wenn du viel Geld hättest?
„Wenn ich viel Geld hätte, . . .“

Barbara Sachtleben, eine achtzehnjährige Stenotypistin antwortet:

1 nach Paris
2 viele neue Kleider
3 viele neue Freunde
4 gutaussehender Franzose
5 heiraten
6 sehr glücklich sein
7 Schloß in der Nähe von Paris
8 nie wieder arbeiten
9 im Winter nach Sankt Moritz
10 keine Sorgen (=*worries*)

C 1 Was würdest du machen, wenn **d u** viel Geld hättest?
2 Was würdest du machen, wenn heute dein letzter Schultag wäre?
3 Was würdest du machen, wenn du ein eigenes Flugzeug hättest?
4 Was würdest du machen, wenn du der intelligenteste Mensch der Welt wärst?
5 Was würdest du machen, wenn du Premierminister(in) von Großbritannien wärst?
6 Was würdest du deinen Eltern schenken, wenn du reich wärst?
7 Welchen Beruf würdest du wählen, wenn du alles machen könntest?

D Meinungsumfrage (=*opinion poll*)
Was würde passieren, wenn . . .

1 . . . es keine Schuluniform gäbe?
2 . . . es keine Schulen gäbe?
3 . . . es keine Bäume mehr gäbe?
4 . . . es keine Autos gäbe?
5 . . . es kein Fernsehen gäbe?
6 . . . es keine Computer gäbe?
7 . . . es kein Öl mehr gäbe?
8 . . . es keine Kirchen mehr gäbe?
9 . . . es keine Polizei gäbe?
10 . . . es keine Politiker gäbe?

BRIEFE

A Schreibe einen Brief an einen Freund (bzw. an eine Freundin), in dem du ihn (sie) einlädst, fünfzehn Tage bei dir zu verbringen. Benutze möglichst viele Konditionalsätze! (Das ist sehr höflich.)

z.B. Es wäre schön, wenn Du mich besuchen **könntest**
Ich wäre froh, wenn . . .
Wenn du Lust dazu hättest, könnten wir . . .
Wir würden natürlich nach . . . fahren, **wenn** das Wetter schön **wäre**
Ich möchte mit Dir schwimmen gehen, **wenn . . .**
Wie wär's, wenn wir zwei Tage in . . . verbringen **würden**?

B Schreibe einen Brief an das Verkehrsamt einer Stadt in Deutschland, in der Schweiz oder in Österreich. Bitte um Auskunft über die Stadt, ihre Sehenswürdigkeiten, ihre Geschichte, ihre Umgebung, usw. Du hättest auch gern Informationen über Unterkunft für Touristen. Benutze möglichst viele Konditionalsätze!

z.B. Ich wäre Ihnen sehr dankbar, wenn . . .
Es wäre schön, wenn . . .
Ich würde gern . . ., wenn . . .
Ich möchte (gern) . . ., wenn . . .

HÖRVERSTEHENSÜBUNGEN

A In der Zeitmaschine

1 Which year will the passengers visit?
2 How will they know which year they are in?
3 What is said about the houses?
4 What is said about energy?
5 What is said about the fashions?
6 What is said about the cars?
7 What is said about the countryside?
8 Whom might the passengers see?
9 Why should they make themselves comfortable?
10 How does the father reassure his child?

B Dietmar Dux 4

1 What will Dietmar's job be?
2 What else does he hope to do?
3 Which sporting events does he mention?
4 What place does he want to see?
5 What other feature of Britain does he want to see?
6 Where else does he want to go?
7 Where will he live?
8 What will he do after this year?

LESEN

Petra Nagy, 16, Verkäuferin

?: *Wenn du an Zukunft denkst, hast du da schon genaue Vorstellungen oder ist das für dich alles noch weit entfernt?*

Petra: Auf jeden Fall will ich früh selbständig werden, will meine eigene Wohnung haben, heiraten und Kinder haben. Später will ich nur halbtags arbeiten, denn das lange Stehen im Geschäft strengt doch sehr an. Und Haushalt und Familie machen ja auch viel Arbeit. Aber Geld verdienen will ich auf jeden Fall. Denn ich werde viel Geld brauchen, wenn alles so schön werden soll, wie ich mir das vorstelle. Doch so richtig plane ich noch gar nicht für später. Ich lasse das erst einmal auf mich zukommen. Porzellan oder Bettwäsche als Aussteuer*, so etwas sammle ich nicht.

?: *Du siehst deine Zukunft ja ganz positiv.*

Petra: Ich weiß, das sieht alles nach „schöner heiler Welt" aus. Aber für mich ist es wichtig, solche Träume zu haben, gute Vorstellungen von dem, was kommt. Und vielleicht wird ja auch alles gut.

Ich würde zum Beispiel gerne heiraten, weil ich das harmonischer finde, als nur so zusammenzuleben. Mein Freund, der Kurt, sieht das auch so. Zur Zeit ist er bei der Bundeswehr, das ist eine große Belastung für unsere Beziehung. Ich habe ständig Angst, bleibt er mir treu oder nicht. Aber es ist eine gute Probezeit für uns.

?: *Habt ihr schon gemeinsame Pläne?*

Petra: Ja, zum Beispiel eine Amerika-Reise. Vielleicht wollen wir auch ein Jahr drüben bleiben, wenn wir einen Job finden. Einfach, um mal zu sehen, wie man in einem anderen Land lebt. Amerika ist für mich der Ausdruck von Weite und grenzenloser Freiheit. Ich glaube, das ist auch ein guter Schritt, um selbständig zu werden: einmal zu sehen, was man kann und was man will. Um selbstsicher zu werden, brauche ich Halt bei meinem Freund und bei meinen Eltern. Darum habe ich ja auch so eine Angst. daß irgendwann einmal etwas passieren könnte und wir nicht mehr so schön zusammen sein könnten wie bisher. Am meisten wünsche ich mir, daß wir nie alt werden und alles so bleibt wie bisher.

* = *dowry*

1 First Petra is asked whether she already has definite ideas about her future. Which of the following four things does Petra *not* want to do in the future?

(a) be independent soon
(b) have her own flat
(c) get married
(d) work full time

2 She will need plenty of money . . .

(a) to make a nice home
(b) to buy china
(c) to buy bedding
(d) to buy a house

3 Her attitude to the future is that . . .

(a) the world is beautiful

(b) dreams are a waste of time

(c) it is important to have dreams – perhaps they might come true

(d) she is neither optimistic nor pessimistic

4 About marriage . . .

(a) She and Kurt both think it is best to marry.

(b) She and Kurt both think it is best not to marry.

(c) She wants to marry but Kurt does not.

(d) Kurt wants to marry but she does not.

5 While Kurt is in the army . . .

(a) she is afraid he will be killed

(b) she might not be true to him

(c) it is a test of their relationship

(d) she wishes she were in the army too

Ich habe	keine	wenig	viel	sehr viel	Angst vor
allgemein		X			Aufrüstung
			X		Atomkrieg
			X		Atomkraftwerken
				X	Umweltzerstörung
		X			Automatisierung
			X		Terrorismus
			X		Arbeitslosigkeit
				?	Preissteigerung
				X	Energieknappheit
			X		Ausländer-Problem
				?	Linksruck in der Politik
				?	Rechtsruck in der Politik
persönlich	X				Krankheit/Unfall
		X			eigenem Tod
				X	Tod von Nahestehenden
				X	Einsamkeit
		X			Armut
				X	Unfreiheit/Unterdrückung
ganz persönlich	X				Mäusen
	X				Zahnarzt
	X				Finanzamt
		X			Freitag, dem 13.
	X				Fragebögen wie diesem

6 The interviewer then asks whether she and Kurt have made any plans together. They have planned . . .

(a) a short holiday in America

(b) to see what life is like in some other countries

(c) to go abroad, then find a job at home

(d) to spend a year working in America

7 She talks about what she hopes to find abroad. Which of these words does she *not* use?

(a) freedom

(b) happiness

(c) independent

(d) limitless

8 Most of all, Petra wants things in the future to be . . .

(a) just the same as now

(b) much better than now

(c) more eventful than now

(d) happier than now

SPRECHEN

Partnerarbeit: Jeder schreibt eine Liste von seinen Ängsten auf – z.B. Ich habe viel Angst vor dem Zahnarzt. (Petras Tabelle wird euch helfen.) Du darfst nur deine eigene Liste sehen. Jeder stellt dem anderen Fragen, um die Ängste des Partners herauszufinden. Habt ihr ähnliche oder ganz andere Ängste?

VOKABELN

1 Menschen ■ People

1.1 Asking for and giving personal information 🔑

The questions here are given in the **du** form. They can easily be adapted for **ihr** or **Sie** (see HB 4.3).

wie heißt du? what's your name?
wie ist dein Name? what's your name?
ich heiße... my name is...
mein Name ist... my name is...
wie heißt du mit Vornamen? what's your first name/Christian name?
wie heißt du mit Nachnamen? what's your last name/surname?
wie heißt du mit Familiennamen? what's your last name/surname?
der Name (-n -n) name
wann bist du geboren? when were you born?
ich bin 1970 geboren I was born in 1970
meine Oma ist 1970 gestorben my grandma died in 1970
was ist dein Geburtsdatum? what's your date of birth?
mein Geburtsdatum ist der achte Mai 1970 my date of birth is the 8th May 1970
wie alt bist du? how old are you?
ich bin fünfzehn (Jahre alt) I am 15 (years old)
wann hast du Geburtstag? when's your birthday?
ich habe am ersten April Geburstag my birthday's the 1st April
hast du Geschwister? have you any brothers and sisters?
ich habe einen Bruder/zwei Brüder I have one brother/two brothers
ich habe eine Schwester/zwei Schwestern I have one sister/two sisters
ich habe keine Geschwister I have no brothers and sisters
woher kommst du? where do you come from?
wo kommst du her? where do you come from?
ich komme aus England/Schottland/Wales/Nordirland I come from England/Scotland/Wales/Northern Ireland
wo wohnst du? where do you live?
ich wohne in Manchester I live in Manchester

Using the vocabulary

🔑 means key material for learning
* next to a verb means that you have to use **sein** in the perfect tense

For nouns the plural form is given in brackets, for example:
die Adresse (-n) means that the plural is formed by adding '**n**'
der Mann (¨er) means that the plural is formed by adding Umlaut and '**er**'
der Neffe (-n, -n) means that **der Neffe** is a weak noun and adds '**n**' in the singular as well as in the plural

acc. accusative
adj. adjective
f. feminine
HB *The German Handbook*
Inf. **Infinitiv** (the infinitive)
m. masculine
neut. neuter
pl. plural
reg. **regelmäßig** (a regular verb)
sb. somebody
sing. singular
sth. something
stk **stark** (a strong verb)
swh. somewhere
unreg. **unregelmäßig** (an irregular verb)
usw. **und so weiter** (etcetera)

wie ist deine Adresse? what's your address?
meine Adresse ist... my address is...
die Adresse (-n) address
die Anschrift (-en) address
was für Hobbys hast du? what are your hobbies?
was bist du von Beruf? what's your job?
Ich bin (Taxifahrer) I'm a (taxi-driver)
***kennen*lernen** (reg.) to get to know sb., to meet sb.

See:
HB 6.5 *Dates*
Vokabeln 7 *Free time*
Vokabeln 2.4 *Jobs*

1.2 Family 🔑

die Familie (-n) family
der Mann (¨er) man, husband
die Frau (-en) woman, wife
das Kind (-er) child
das Baby (-s) baby
der Bruder (¨) brother
die Schwester (-n) sister
die Geschwister (pl.) brothers and sisters
der Sohn (¨e) son
die Tochter (¨) daughter
der Vater (¨) father
die Mutter (¨) mother
die Eltern (pl.) parents
der Großvater (¨) grandfather
die Großmutter (¨) grandmother
die Großeltern (pl.) grandparents
der Opa (-s) granddad
die Oma (-s) grandma
der Onkel (-) uncle
die Tante (-n) aunt
der Neffe (-n, -n) (see HB 1.6) nephew
die Nichte (-n) niece
der Cousin (-s) cousin (m.)
die Kusine (-n) cousin (f.)
der Verwandte (see HB 1.7) relative

1.3 Marital status 🔑

verheiratet married
nicht verheiratet single, unmarried
ledig single
heiraten to marry sb.; to get married
sie heiraten im Mai they're getting married in May
verlobt engaged
sich verloben (reg.) to get engaged
der/die Verlobte (see HB 1.7) fiancé(e)
geschieden divorced

1.4 Other people 🔑

der Mensch (-en, -en) (see HB 1.6) person, human being
die Leute (pl.) people
die Person (-en) person (mostly when counting)
einen Tisch für eine Person a table for one (person)
der Junge (-n, -n) boy
das Mädchen (-) girl
die Hausfrau (-en) housewife
der Herr (-n, -en) (see HB 1.6) gentleman; Mr
Herrn Schmidts Auto Mr Smith's car
die Frau (-en) woman, Mrs
das Fräulein (-) young woman, Miss
die Dame (-n) lady
der Freund (-e) friend (m.); boyfriend
die Freundin (-nen) friend (f.); girlfriend
der Nachbar (-n, -n) (see HB 1.6) neighbour
der Student (-en, -en) student (m.)
die Studentin (-nen) student (f.)
studieren (reg.) to study, to be at college/university

ich studiere Englisch I study English
ich studiere in London I'm at college in London
das Mitglied (-er) member
der Engländer (-) Englishman
die Engländerin (-nen) Englishwoman
ich bin Engländerin I'm English (f.)
die Engländer (pl.) the English
der Schotte (-n, -n) Scot (m.)
die Schottin (-nen) Scot (f.)
der Waliser (-) Welshman
die Waliserin (-nen) Welshwoman
kommen aus (stk) + country to come from + country
ich komme aus Nordirland I come from Northern Ireland
der/die Deutsche (see HB 1.7) German person

See also:
Vokabeln 8.7 *Countries and nationalities*

1.5 Describing people

wie? what... like?
wie ist sie? what is she like?
***aus*sehen** (stk) to look
wie sieht er aus? what does he look like?
groß tall
klein small, short (in height)
lang long
kurz short
er hat lange/kurze Beine he has long/short legs
blond blond
dunkel dark
das Haar (-e) hair
sie hat blonde Haare she has blond hair
sie hat blondes Haar she has blond hair
dunkelblond fair (as a hair colour)
braun brown
schwarz black
weiß white
grau grey
rot red
glatt straight (hair)
lockig curly
rund round
schmal narrow
oval oval
spitz pointed
stumpf blunt
dick fat
dünn thin
schlank slim
ziemlich quite, fairly
ziemlich dick quite fat
schön beautiful
häßlich ugly
grün green
blau blue
er hat blaue Augen he has blue eyes
er hat eine Glatze he's bald
der Bart (⸚e) beard
der Vollbart (⸚e) (full) beard
der Schnurrbart (⸚e) moustache

See also:
Vokabeln 9.4 *Parts of the body*
Vokabeln 11.1 *Clothing*
HB 2.3 to 2.9 *Adjective endings*

2 Alltag und Arbeit ■ Daily life and Work

2.1 Daily routine

der Alltag everyday life
das Leben life
leben (reg.) to live
auf*wachen (reg.) to wake up (oneself)
wecken (reg.) to wake sb. up
der Wecker (-n) alarm clock
klingeln/läuten (reg.) to ring
mein Wecker klingelt/läutet um sieben my alarm clock rings at seven
auf*stehen (stk) to get up
sich beeilen (reg.) to hurry up
beeil(e) dich! hurry up!
sich waschen (stk) to have a wash
sich *ab*trocknen (reg.) to dry oneself
das Badezimmer (-) bathroom
das Bad (⸚er) bathroom
ins Bad gehen* (stk) to go into the bathroom
sich *an*ziehen (stk) to get dressed
sich *um*ziehen (stk) to get changed
sich *aus*ziehen (stk) to get undressed
nach unten gehen* (stk) to go downstairs
nach oben gehen* (stk) to go upstairs
Tee/Kaffee kochen (reg.) to make tea/coffee
kochen (reg.) to cook; to boil
den Tisch decken (reg.) to lay the table, to set the table
den Tisch *ab*decken/*ab*räumen (reg.) to clear the table
frühstücken (reg.) to have breakfast
das Frühstück (-e) breakfast
nach dem Frühstück after breakfast
vor dem Frühstück before breakfast
***auf*räumen** (reg.) to tidy up, to tidy swh. up
***ab*waschen** (stk) to wash up
***ab*trocknen** (reg.) to dry the dishes
das Geschirr spülen (reg.) to wash the dishes
trinken (stk) to drink
essen (stk) to eat
ich esse um eins zu Mittag I have lunch at one
ich esse um sechs zu Abend I have supper/tea at six
das Mittagessen (-) lunch
vor/nach dem Mittagessen before/after lunch
das Abendessen (-) evening meal
vor/nach dem Abendessen before/after supper/tea
das Abendbrot the German evening meal of open sandwiches
Abendbrot essen to have the German evening meal
vor/nach dem Abendbrot before/after the evening meal
arbeiten (reg.) to work
die Arbeit (-en) work (noun)
zur Arbeit gehen* to go to work
das Haus verlassen (stk) to leave the house
aus dem Haus gehen* (stk) to leave the house
die Hausarbeit machen (reg.) to do the housework
der Haushalt (-e) household
im Garten arbeiten (reg.) to do gardening
die Fenster (pl.) **putzen** (reg.) to clean the windows
Staub wischen (reg.) to dust
***staub*saugen** (reg.) to hoover, to vacuum
der Staubsauger (-) vacuum cleaner
***sauber*machen** (reg.) to clean swh./sth.
reparieren (reg.) to repair sth.
baden (reg.) to have a bath
duschen (reg.) to have a shower
die Dusche (-n) shower (noun)
sich schminken (reg.) to put on make-up
sich rasieren (reg.) to have a shave
sich kämmen (reg.) to comb one's hair
sich (*hin*)setzen (reg.) to sit down
sich (*hin*)legen (reg.) to lie down
sitzen (stk) to sit, be sitting
liegen (stk) to lie, to be lying down
sich *aus*ruhen (reg.) to have a rest
***an*machen** (reg.) to switch sth. on
***aus*machen** (reg.) to switch sth. off
***auf*machen** (reg.) to open sth.
***zu*machen** (reg.) to close sth.
die Wäsche waschen (stk) to do the washing
schlafen (stk) to sleep
schlaf gut! sleep well!
schlafen gehen* (stk) to go to bed
ins Bett gehen* (stk) to go to bed
im Bett sein* (stk) to be in bed
ein*schlafen (stk) to go to sleep, to fall asleep
verschlafen (stk) to oversleep

See also:
Vokabeln 7 *Free time*
Vokabeln 14.2 *Furnishings and fittings*
Vokabeln 17.2 *Plants and gardening*

2.2 Expressions of time needed for talking about daily routine

gewöhnlich usually
meistens mostly
normalerweise normally
immer always
fast immer almost always
nie never
oft often
selten seldom, rarely
jeden Tag every day
morgens in the morning(s)
mittags at lunchtime(s)
nachmittags in the afternoon(s)
abends in the evening(s)
nachts in the night, at night(s)

See also:
HB, section 7 *Time*

2.3 Work

die Arbeit (-en) work (noun)
zur Arbeit gehen* (stk) to go to work
bei der Arbeit sein* (unreg.) to be at work
arbeiten (reg.) to work
  ich arbeite bei + dat. I work for...
  ich arbeite bei der Post I work for the post-office
ich arbeite als... I work as a...
  ich arbeite als Kellner I work as a waiter
arbeitslos unemployed
der Job (-s) job (usually a temporary/part-time job)
die Stelle (-n) job, post
der Beruf (-e) job, profession
was bist du von Beruf? what's your job?
ich bin Arzt von Beruf I'm a doctor by profession
ich bin Journalistin I'm a journalist (f.)
die Firma (Firmen) firm
die Fabrik (-en) factory
das Geschäft (-e) business; shop
das Büro (-s) office
  ins Büro gehen* to go to the office
die Werkstatt workshop, repair garage
verdienen (reg.) to earn
  ich verdiene gut I earn a lot
die Bezahlung (-en) pay (noun)
Feierabend haben to finish work for the day
  ich habe um 16 Uhr Feierabend I finish work at 4 pm
ich möchte (Arzt) werden I'd like to become a (doctor)

2.4 Jobs

die Hausfrau (-en) housewife
der Arbeiter (-) worker
der Polizist (-en, -en) policeman
der Kunde (-n, -n) customer (m.)
die Kundin (-nen) customer (f.)
der Verkäufer (-) salesman, shop assistant (m.)
die Verkäuferin (-nen) salesgirl, shop assistant (f.)
der Kellner (-) waiter
die Kellnerin (-nen) waitress
der Lehrer (-) teacher (m.)
die Lehrerin (-nen) teacher (f.)
der Arzt (¨e) doctor (m.)
die Ärztin (-nen) doctor (f.)
die Sekretärin (-nen) secretary (f.)
die Stenotypistin (-nen) shorthand-typist (f.)
der Chef (-s) boss
der Beamte (see HB 1.7) civil servant, official
der Journalist (-en, -en) journalist
der Pilot (-en, -en) pilot
der Soldat (-en, -en) soldier
der Matrose (-n, -n) sailor
der Bäcker (-) baker
der Friseur (-e) hairdresser (m.), barber
die Friseuse (-en) hairdresser (f.)
der Kfz-Mechaniker (-) car mechanic
der Koch (¨e) chef (m.)
die Köchin (-nen) cook (f.)
der Maurer (-) builder
der Schlosser (-) fitter
der Elektriker (-) electrician
der Tankwart (-e) petrol-pump attendant
der Taxifahrer (-) taxi-driver
der Busfahrer (-) bus-driver
der Schneider (-) tailor, dressmaker (m.)
die Schneiderin (-nen) tailor, dressmaker (f.)
der Detektiv (-e) detective
der Programmierer (-) programmer
der Fleischer/Metzger/Schlachter (-) butcher
der Ingenieur (-e) engineer
der Kaufmann (Kaufleute) businessman; grocer
  ich gehe zum Kaufmann I'm going to the grocer's
der Lehrling (-e) apprentice
der Tierarzt (¨e) vet
der Zahnarzt (¨e) dentist
die Krankenschwester (-n) nurse (f.)
der Schauspieler (-) actor
die Stewardeß (Stewardessen) stewardess, air-hostess

NOTE: The most common feminine forms ending in **-in** are shown in the above list, but many of the other jobs in the list can be made feminine in exactly the same way, e.g. **die Schauspielerin (-nen)** – actress.

3 Ferien ■ Holidays

3.1 Holidays 

der Urlaub (-e) holiday
in Urlaub on holiday
  wir fahren in Urlaub we're going on holiday
  wir sind in Urlaub we're on holiday
die Ferien (pl.) holidays
  wir haben Ferien we're on holiday
  in den Ferien in/during the holidays
der Ausflug (¨e) trip, excursion, outing
einen Ausflug machen (reg.) to go on a trip/excursion
das Picknick (-s) picnic
ein Picknick machen (reg.) to go for a picnic
verbringen (unreg.) to spend (time)
  er hat die Ferien in Wien verbracht he spent his holidays in Vienna
das Gepäck luggage
der Koffer (-) suitcase
  einen Koffer packen (reg.) to pack a suitcase
***ein*packen** (reg.) to pack (clothes, etc.)
  ich habe einen Pulli eingepackt I've packed a sweater
der Rucksack (¨e) rucksack
der Schlafsack (¨e) sleeping-bag
das Hotel (-s) hotel
die Pension (-en) guest-house
das Gasthaus (¨er) inn
die Jugendherberge (-n) youth-hostel
die Broschüre (-n) brochure
der Prospekt (-e) brochure
das Reiseandenken (-) souvenir
das Geschenk (-e) present, gift
die Ansichtskarte (-n) picture postcard
zelten (reg.) to camp
das Meer (-e) sea
  am Meer sein* to be at the seaside
ans Meer fahren* to go to the seaside
  wir fahren ans Meer we're going to the seaside
die See (-n) sea
  an der See sein* to be at the seaside
an die See fahren* to go to the seaside
  wir fahren an die See we're going to the seaside
der See (-n) lake
die Sehenswürdigkeit (-en) sight, tourist attraction
besichtigen (reg.) to look round (a place)
  ich habe das Schloß besichtigt I looked round the castle
das Schloß (Schlösser) castle (mansion, palace)

die Burg (-en) castle (fortress)
der Berg (-e) mountain
die Gegend (-en) area, district
die Umgebung (-en) surrounding area
der Strand (⸚e) beach
am Strand on the beach
ich habe am Strand gelegen I lay on the beach
sich sonnen (reg.) to sunbathe
braun werden* (unreg.) to get brown
rudern* (reg.) to row
segeln* (reg.) to sail
Spaß machen (reg.) to be fun, to be enjoyable
es hat Spaß gemacht it was fun
es hat mir Spaß gemacht I enjoyed it
es hat keinen Spaß gemacht it was no fun
viel Spaß! have fun! enjoy yourself!
gefallen (stk) (see HB 10.30b) to appeal to, to please
das Wetter weather
schlecht bad, poor
ausgezeichnet excellent
tagelang for days (on end)

See also:
Vokabeln 8 *Travel*
Vokabeln 10 *Exchanges*
Vokabeln 7 *Free time*
Vokabeln 19.2, 19.3. *Post-office, Bank*
Vokabeln 17 *Nature*

4 Schule ▪ School

4.1 School system 

die Schule (-n) school
zur Schule/in die Schule to school
ich gehe zur Schule I go/I'm going to school
in der Schule at school
die Schule ist aus school's over/finished
eine Schule besuchen (reg.) to attend a school
ich besuche die X-Schule I attend X School
die Grundschule (-n) primary school
die Hauptschule (-n) secondary-modern school (German system)
die Realschule (-n) practically based secondary school (German system)
die Gesamtschule (-n) comprehensive school
das Gymnasium (Gymnasien) grammar school
der Schüler (-) pupil (m.)
die Schülerin (-nen) pupil (f.)
der Lehrer (-) teacher (m.)
die Lehrerin (-nen) teacher (f.)
die Klasse (-n) class
das Klassenzimmer (-) classroom
der Klassenraum (⸚e) classroom
die Klassenarbeit (-en) major test (German system)
eine Klassenarbeit schreiben (stk) to do a major test
die Note (-n) mark
eine Eins (usw.) a grade one (etc.)
er hat eine Vier geschrieben he got a grade four
die Prüfung (-en) examination
eine Prüfung machen (reg.) to sit/take/do an examination
eine Prüfung bestehen (stk) to pass an examination
durch*fallen (stk) to fail
das Sekretariat school office
der Hausmeister (-) caretaker
der Gang (⸚e) corridor
***auf* dem Gang** *in* the corridor
sitzen*bleiben (stk) to repeat the year
er bleibt sitzen he's repeating the year
versetzt werden* (unreg.) to be moved up to the next year
***nach*sitzen** (stk) to stay behind (in detention)
der Klassensprecher (-) form captain, class spokesman (m.)
die Klassensprecherin (-nen) form captain, class spokesman (f.)
vermitteln (reg.) to act as a go-between
das Klassenbuch (⸚er) register, form record-book (German system)
das Schuljahr (-e) school year
der Stundenplan (⸚e) timetable

4.2 Comparing British and German school life

der Unterschied (-e) difference
ähnlich similar
ganz anders quite different
die Schuluniform (-en) school uniform
die Mittagspause (-n) lunch hour
wichtig important
statt dessen instead (of that)
dagegen on the other hand
sonst otherwise
die Morgenandacht morning assembly, morning prayers

4.3 School routine

die Stunde (-n) lesson, period
der Unterricht (sing. only) lessons, teaching
der Unterricht beginnt um acht lessons start at eight
ich habe von acht bis eins Unterricht I have lessons from eight till one
unterrichten (reg.) to teach
lernen (reg.) to learn, to study
studieren (reg.) to study (at college/university)
faul lazy
fleißig hard-working
der Schulhof (⸚e) school yard, playground
plaudern (reg.) to chat
quatschen (slang) (reg.) to chat
die Hausaufgaben (pl.) homework
ich habe viel auf I've got a lot of homework
der Füller (-) fountain-pen
der Bleistift (-e) pencil
der Radiergummi (-s) rubber, eraser
der Kugelschreiber (-) ballpoint pen
der Kuli (-s) biro
das Lineal (-e) ruler
die Kreide (-n) chalk
ein Stück Kreide (neut.) a piece of chalk
die Tafel (-n) blackboard
an die Tafel schreiben (stk) to write on the blackboard
***auf*schreiben** (stk) to write sth. down
der Zettel (-) piece of paper
das Heft (-e) exercise book
das Buch (⸚er) book
ins Unreine/in Kladde in rough
die Kladde (-n) rough book
der Taschenrechner (-) pocket calculator
sich melden (reg.) to put one's hand up
läuten (reg.) to ring
klingeln (reg.) to ring
es hat geläutet/geklingelt the bell's gone
fehlen (reg.) to be absent
zu spät kommen* (stk) to be late
***ab*schreiben** (stk) to copy
du hast es von Jan abgeschrieben you copied it from Jan
erwischen (reg.) to catch sb.
versäumen (reg.) to miss (e.g. a lesson)
schwänzen (slang) (reg.) to skive
aus*fallen (stk) to be cancelled
die erste Stunde fällt aus the first lesson's (been) cancelled
die Disziplin discipline
schwach weak
streng strict
böse angry
furchtbar awful
falsch wrong
richtig right, correct
verbessern (reg.) to correct
die Verbesserung corrections
die Berichtigung corrections
korrigieren to mark, to correct (work)

4.4 School subjects

das Fach (⸚er) subject
das Lieblingsfach (⸚er) favourite subject
das Wahlfach (⸚er) optional subject
das Pflichtfach (⸚er) compulsory subject
die Biologie biology

die Chemie chemistry
die Physik physics
die Naturwissenschaft (-en) science
die Informatik computer studies
die Erdkunde geography
die Geschichte (-n) history; story
die Wirtschaftskunde economics
die Gemeinschaftskunde social studies
die Soziologie sociology
die Kunst art
das Zeichnen drawing, art
das Turnen gymnastics, PE
die Turnhalle (-n) gymnasium
der Sport sport, games
die Musik music
die Religion RE
die Mathematik mathematics
die Mathe (slang) maths
Deutsch (neut.) German
Englisch (neut.) English
Französisch (neut.) French
Latein (neut.) Latin
***auf d*eutsch/*e*nglisch** (usw.) *in* German/English (etc.)
die Hauswirtschaft home economics
Werken (neut.) craft (woodwork, etc.)

4.5 Time phrases and other expressions useful for the topic 'School'

der Vormittag (-e) morning
vormittags in the mornings
am Vormittag in the morning
der Nachmittag (-e) afternoon
nachmittags in the afternoons
am Nachmittag in the afternoon
mindestens (+number) at least
ungefähr approximately
etwa about
im Durchschnitt on average
normalerweise normally
gewöhnlich usually
endlich at last
schließlich finally, in the end
die Minute (-n) minute
  zehn Minuten lang for ten minutes
  zehn Minuten später ten minutes later
dauern (reg.) to last
je each
  die Stunden dauern je vierzig Minuten the lessons last forty minutes (each)
die Stunde (-n) hour
  eine halbe Stunde half an hour
der Tag (-e) day
  den ganzen Tag (lang) all day (long)
der Anfang (¨e) start (noun)
  am Anfang at the start/beginning
***an*fangen** (stk) to start
dann then, next
als nächstes next, after that
kurz danach shortly after that
das nächste Mal next time, the next time
zum Glück fortunately, luckily
leider unfortunately

See also:
HB, section 7 *Time*

5 Einkaufen ■ Shopping

5.1 Shops and shopkeepers

der Laden (¨) shop
das Geschäft (-e) shop, business
das Kaufhaus (¨er) department store
das Warenhaus (¨er) department store
der Markt (¨e) market
  auf dem Markt at the market, on the market
der Supermarkt (¨e) supermarket
  im Supermarkt at the supermarket
das Lebensmittelgeschäft (-e) grocer's shop
der Gemüseladen (¨) greengrocer's shop
die Bäckerei (-en) bakery
die Konditorei (-en) cake shop
die Metzgerei/Fleischerei (-en) butcher's shop
das Sportgeschäft (-e) sports shop
das Schuhgeschäft (-e) shoe shop
das Blumengeschäft (-e) flower shop, florist's
das Radiogeschäft (-e) TV and radio shop
die Reinigung (-en) dry-cleaner's
der Verkäufer (-) shop assistant (m.)
die Verkäuferin (-nen) shop assistant (f.)

See also:
Vokabeln 2.4 *Jobs*

5.2 Categories of foods

die Süßigkeiten (pl.) sweets
die Süßwaren (pl.) sweets
die Tiefkühlkost frozen foods
das Obst fruit
das Gebäck cakes and biscuits
die Schreibwaren (pl.) stationery

5.3 Quantities

das Kilo (-s) (see HB 6.6) kilo
das Pfund (-e) (see HB 6.6) pound (500g)
  ein halbes Pfund half a pound (250g)
das Gramm (-e) (see HB 6.6) gram
der Liter (-) litre
die Packung (-en) packet
das Paket (-e) packet
die Dose (-n) tin, can
die Büchse (-n) tin, can
das Glas (¨er) glass, jar
  ein Glas Marmelade a jar of jam
die Schachtel (-n) box (fairly small)
der Karton (-s) box (fairly large)
die Tüte (-n) bag (paper or plastic); cone (for ice-cream)
der Beutel (-n) bag (paper or plastic)
die Portion (-en) portion
zwei Mark das Stück two Marks each
die Flasche (-n) bottle

5.4 Verbs and verbal expressions for shopping

kaufen (reg.) to buy
***ein*kaufen** (reg.) to shop
der Einkauf (¨e) purchase (noun)
  Einkäufe machen (reg.) to do some shopping
einkaufen gehen* (stk) to go shopping
einen Einkaufsbummel machen to go round the shops
bummeln* (reg.) to stroll
verkaufen (reg.) to sell
kosten (reg.) to cost
rechnen (reg.) to reckon, to calculate
***ein*packen** (reg.) to wrap sth. up
bekommen (stk) to get sth.
finden (stk) to find
suchen (reg.) to look for
zeigen (reg.) to show sth. to sb.
empfehlen (stk) to recommend sth. to sb.
umtauschen (reg.) to exchange sth.
sich umsehen (stk) to have a look round
  ich will mich nur umsehen I just want to look round
gucken (slang) (reg.) to look, to see
  ich gucke nur I'm just looking
***aus*geben** (stk) to spend (money)
wünschen (reg.) to wish
der Wunsch (¨e) wish (noun)
zahlen (reg.) to pay
bezahlen (reg.) to pay, to pay for sth.
  ich bezahle das I'll pay for that
bedienen (reg.) to serve sb.

5.5 Money

das Geld money
das Kleingeld small change
  haben Sie es nicht klein? haven't you anything smaller?
das Wechselgeld change (i.e. the money you get back after paying)
die Mark (-) Mark
  eine Mark zwanzig DM 1,20
der Pfennig (-) Pfennig
das Pfund (-) pound (£)
der Schilling (-) Schilling (Austrian currency)
der Franken (-) franc (Swiss currency)
der Rappen (-) centime (Swiss currency)
der Preis (-e) price
umsonst/kostenlos/gratis free (of charge)

See also:
HB 6.6b *Money*
Vokabeln 19.3 *Bank*

5.6 General shop vocabulary
das Schaufenster (-) shop window
der Ladentisch (-e) counter
der Stand (⸚e) stand
das Regal (-e) shelf
das Schild (-er) sign, notice
das Sonderangebot (-e) special offer
 im Angebot on (special) offer
die Kasse (-n) cash-desk, check-out, till
 zur Kasse/an die Kasse gehen to go to the cash-desk
an der Kasse at the cash-desk
 zahlen Sie an der Kasse pay at the cash-desk
der Kassierer (-) cashier (m.)
die Kassiererin (-nen) cashier (f.)
der Stock (Stockwerke) floor, storey
 im ersten Stock on the first floor
die Etage (-n) floor, storey
in der zweiten Etage on the second floor
das Geschoß floor
das Erdgeschoß ground floor
 im Erdgeschoß on the ground floor
das Untergeschoß basement
die Abteilung (-en) department
die Tasche (-n) bag
die Einkaufstasche (-n) shopping-bag
der Einkaufswagen (-n) shopping-trolley
der Ausverkauf (⸚e) sale
der Schlußverkauf (⸚e) sale
ausverkauft sold out
die Selbstbedienung self-service
die Mehrwertsteuer VAT
ink. MwSt. incl. VAT
preiswert good value (adj.)
billig cheap
teuer dear, expensive
frisch fresh
faul bad, off
ranzig rancid
grob coarse
fein fine
am Stück in a piece (e.g. cheese)
geschnitten sliced

5.7 Some purchases
der Stadtplan (⸚e) street-map
der Fahrplan (⸚e) timetable (buses, trains, etc.)
die Schokolade chocolate
 eine Tafel Schokolade a bar of chocolate
die Praline (-n) chocolate (individual sweet)
 eine Schachtel Pralinen a box of chocolates
der Blumenstrauß (⸚e) bunch of flowers, bouquet
der Keks (-e) biscuit
 eine Packung Kekse a packet of biscuits
die Seife soap
 ein Stück Seife a bar of soap
die Zahnpasta toothpaste
 eine Tube Zahnpasta a tube of toothpaste
die Zahnbürste (-n) toothbrush
die Zigarre (-n) cigar
die Zigarette (-n) cigarette
 eine Schachtel Zigaretten a packet of cigarettes
der Kamm (⸚e) comb
das Shampoo shampoo
die Vase (-n) vase
der Aufkleber (-) sticker
das Stadtwappen (-) coat-of-arms, crest
das Wörterbuch (⸚er) dictionary
die Schallplatte (-n) record
die Platte (-n) record
die Kassette (-n) cassette

See also:
Vokabeln 4 *School*
Vokabeln 3 *Holidays*
Vokabeln 7 *Free time*
Vokabeln 14 *House and flat*
Vokabeln 19.2, 19.3 *Post-office, Bank*

5.8 Shopping phrases
bitte schön? what would you like?
was darf es sein? what would you like?
was wünschen Sie? what would you like?
was möchten Sie? what would you like?
was kann ich für Sie tun? what can I do for you?
sonst noch etwas? anything else?
außerdem noch etwas? anything else?
haben Sie sonst noch einen Wunsch? would you like anything else?
darf es noch etwas sein? would you like anything else?
darf es ein bißchen mehr sein? do you mind if it's over (the weight)?
zahlen Sie bitte an der Kasse please pay at the cash-desk
gnädige Frau madam
mein Herr sir
ich möchte bitte+acc. I'd like...
ich hätte gern+acc. I'd like...
haben Sie...da? have you got...?
haben Sie zufällig...? have you by any chance got...?
was/wieviel kostet...? how much is...?
was/wieviel kosten...? how much are...?
den/die/das nehme ich I'll have/take that
haben Sie etwas Billigeres? have you anything cheaper?
geben Sie mir bitte... please give me...
der/die/das gefällt mir (see HB 10.30b) I like that
was macht das (zusammen)? how much is that (altogether)?

6 Feiern ■ Celebrations

6.1 Christmas
Weihnachten Christmas
 frohe Weihnachten! merry Christmas!
 fröhliche Weihnachten! merry Christmas!
zu Weihnachten at/for Christmas
 wir fahren zu Weihnachten nach Italien we're going to Italy for/at Christmas
das Weihnachtsfest Christmas
der Advent advent
der Adventskranz (⸚e) advent crown
der Adventskalender (-) advent calendar
die Kerze (-n) candle
***an*zünden** (reg.) to light
die Glocke (-n) bell
der Heilige Abend Christmas eve
Heiligabend Christmas eve
der erste Weihnachtstag Christmas day
der zweite Weihnachtstag Boxing day
der Christbaum (⸚e) Christmas tree
die Krippe (-n) crib
schmücken (reg.) to decorate
die Glaskugel (-n) bauble
der Stern (-e) star
das Stroh straw
das Weihnachtslied (-er) Christmas carol
der Weihnachtsmann Father Christmas, Santa Claus
die Bescherung distribution of presents
der Spekulatius cinnamon biscuit
der Lebkuchen (-) heart-shaped spicy cake
der Tannenbaum (⸚e) fir-tree
die Stechpalme holly
der Mistelzweig (-e) sprig of mistletoe
die Lametta tinsel, lametta
die Fee (-n) fairy
der Schornstein (-e) chimney
der Puter (-) turkey
die Moosbeersoße cranberry sauce
das Märchenstück (-e) pantomime
der Strumpf (⸚e) stocking
brennen (unreg.) to burn
***aus*packen** (reg.) to unwrap
hängen (reg.) to hang sth.
mitten in der Nacht in the middle of the night

6.2 New year
Neujahr new year('s day)
 Prost Neujahr! happy new year!

Silvester new year's eve
das Feuerwerk fireworks
das Dreikönigsfest twelfth night
der König (-e) king
sich verkleiden (reg.) to dress up (in costume)

6.3 Other festivals

Ostern Easter
zu Ostern at Easter
das Osterei (-er) Easter egg
Pfingsten Whitsun

6.4 Celebrations and birthdays

die Feier (-n) celebration
feiern (reg.) to celebrate
das Fest (-e) festival, celebration
festlich festive
der Geburtstag (-e) birthday
ich habe am . . . Geburtstag (see HB 6.5) my birthday is the . . .
herzlichen Glückwunsch zum Geburtstag! happy birthday!
alles Gute zum Geburtstag! happy birthday!
alles Gute! all the best!
ich wünsche dir alles Gute! I wish you all the best!
der Monat (-e) month

6.5 Parties

die Fete (-n) party (usually young people's party)
eine Fete feiern to hold/have/give a party
die Party (-s) party
eine Party geben to give a party
zu einer Party/Fete gehen* (stk) to go to a party
auf einer Party/Fete at a party
der Gast (⸚e) guest (m. or f.)
der Gastgeber (-) host
die Gastgeberin (-nen) hostess
***ein*laden** (stk) to invite
die Einladung (-en) invitation
danke für die Einladung thank you for the invitation
der Luftballon (-s) balloon
etwas zu trinken something to drink, a drink
der Wein (-e) wine
das Bier (-e) beer
die Cola coke, cola
der Orangensaft (⸚e) orange juice
der Apfelsaft (⸚e) apple juice
die Limonade lemonade
der Eiswürfel (-) ice-cube
der Strohhalm (-e) straw (drinking-straw)
die Nuß (Nüsse) nut
die Kartoffelchips (pl.) crisps

See also:
Vokabeln 16.3 *Drinks*

7 Freizeit ■ Free time

7.1 Hobbies and interests

das Hobby (-s) hobby
was für Hobbys hast du? what are your hobbies?
meine Hobbys sind Fußball und Schwimmen my hobbies are football and swimming
basteln (reg.) to do handicrafts, to make things with one's hands
ich bastele gern I like making things
ich habe einen Tisch gebastelt I made a table
Schach spielen to play chess
ich spiele gern Schach I like playing chess
sammeln (reg.) to collect
ich sammele Briefmarken I collect stamps
die Musik music
Musik hören (reg.) to listen to music
die Popmusik pop music
die klassische Musik classical music
die Band (-s) (pop) group
meine Lieblingsband ist... my favourite group is...
der Sänger (-) singer
tanzen (reg.) to dance
ein Instrument spielen (reg.) to play an instrument
das Klavier (-) piano
die Gitarre (-n) guitar
ich spiele Gitarre I play the guitar
zeichnen (reg.) to draw
malen (reg.) to paint, to draw
angeln (reg.) to fish
die Angelrute (-n) fishing-rod
das Haustier (-e) pet
der Pfadfinder (-) scout
die Pfadfinderin (-nen) guide
ich bin Pfadfinderin I'm a guide
fotografieren (reg.) to photograph, to do photography
ich fotografiere gern I like photography
der Fotoapparat (-e) camera
das Bergsteigen climbing, mountaineering
mein Hobby ist Bergsteigen my hobby is climbing
lesen (stk) to read

See also:
Vokabeln 3 *Holidays*
Vokabeln 17 *Nature*

7.2 Sports

der Sport (Sportarten) sport
Sport treiben (stk) to do sport
ich treibe gern Sport I like sport(s)
sportlich sporty
ich bin nicht sportlich I'm not sporty
wie steht's? what's the score?
das Spiel (-e) game, match
der Spieler (-) player
die Mannschaft (-en) team
für welche Mannschaft bist du? What team do you support?
der Sportverein (-e) sports club
ich bin in einem Sportverein I belong to a sports club
der Ball (⸚e) ball
der Fußball (⸚e) football
Fußball spielen (reg.) to play football
zum Fußball gehen* (reg.) to go to watch football
das Tor (-e) goal
ein Tor schießen (stk) to score a goal
der Ski (-er) (pronounced Schi) ski (noun)
ski*fahren (stk) to ski
ski*laufen (stk) to ski
Skilaufen gehen* (stk) to go skiing
eislaufen gehen* (stk) to go skating
der Schlittschuh (-e) skate (noun)
Schlittschuh laufen* (stk) to skate
Tennis (neut.) tennis
Tischtennis (neut.) table-tennis
Federball (m.) badminton
Volleyball (m.) volleyball
Handball (m.) handball
Hockey (m.) hockey
der Schläger (-) bat, racket, stick
schlagen (stk) to hit, to strike
gewinnen (stk) to win
verlieren (stk) to lose
unentschieden undecided (i.e. a draw)
das Spiel endete unentschieden the match was a draw
kämpfen (reg.) to fight, struggle
schwimmen* (stk) to swim
schwimmen gehen* (stk) to go swimming
werfen (stk) to throw
fangen (stk) to catch

7.3 Other spare-time activities

die Freizeit free time, leisure
frei free
***frei*haben** (unreg.) to be free, to have time off
ich habe den Tag frei I've got the day off
ich habe heute frei I'm free today
hast du heute abend frei?/Zeit? are you free this evening?
das Radio (-s) radio
Radio hören (reg.) to listen to the radio
im Radio on the radio
ich habe es im Radio gehört I heard it on the radio
das Fernsehen television (as a medium)
im Fernsehen on television

was gibt es im Fernsehen? what's on television?
der Fernseher (-) television (set)
***fern*sehen** (stk) to watch television
die Sendung (-en) programme
das Programm (-e) channel; programme; program
der Videorecorder (-) video recorder
***auf*nehmen** (stk) to record
der Kassettenrecorder (-) cassette recorder
die Kassette (-n) cassette
die Schallplatte/Platte (-n) record
der Plattenspieler (-) record player
die Stereoanlage (-n) stereo, hi-fi (equipment)
eine Platte spielen (reg.) to play a record
eine Platte *auf*legen (reg.) to put a record on
der Computer (-) computer
der Film (-e) film
interessant interesting
langweilig boring
spannend exciting
lustig funny, amusing
sich interessieren (reg.) **für**+acc. to be interested in sth.
ich interessiere mich für Musik I'm interested in music
interessieren (reg.) to interest sb.
das interessiert mich nicht that doesn't interest me
sich langweilen (reg.) to get bored, to be bored
der Spaziergang (⸚e) walk (noun)
einen Spaziergang machen (reg.) to go for a walk
spazierengehen* (stk) to go for a walk
wandern* (reg.) to hike
der Jugendklub (-s) youth club
das Taschengeld pocket money
genug enough
die Zeitung (-en) newspaper
die Zeitung lesen (stk) to read the newspaper (most of it)
in der Zeitung lesen (stk) to read the newspaper (dip into it)
der Zeitungsjunge (-n, -n) paper-boy
das Zeitungsmädchen (-) paper-girl
Zeitungen *aus*tragen (stk) to do a paper round
der Job (-s) job
verdienen (reg.) to earn
die Kirche (-n) church
ich gehe in die Kirche I go to church
der Gottesdienst (-e) service
die Messe (-n) mass
evangelisch protestant
katholisch catholic

7.4 Going out

aus*gehen (stk) to go out (as a social event)
weg*gehen (stk) to go out (i.e. to leave the house); to go away
die Diskothek (-en) discotheque
die Disco disco
in die Disco gehen* (stk) to go to a/the disco
das Kino (-s) cinema
ins Kino gehen* (stk) to go to the cinema
einen Film sehen (stk) to see a film
was läuft denn? what film is showing?
was gibt es im Kino? what's on at the cinema?
das Theater (-) theatre
ins Theater gehen* (stk) to go to the theatre
essen gehen* (stk) to go out for a meal
die Karte (-n) ticket; card
die Eintrittskarte (-n) entrance ticket
die Loge (-n) der Balkon (-s) balcony, gallery, circle
einmal erstes Parkett, bitte one seat in the back stalls, please
***mit*nehmen** (stk) to take sth./sb. with one; to give sb. a lift
nimmst du mich mit? will you take me with you?/give me a lift?
mit*gehen (stk) to go with sb.
gehst du mit? are you going with them/us/etc?
mit*kommen (stk) to come with sb.
komm doch mit! come with me/us!
treffen (stk) to meet sb.
ich treffe ihn vor dem Kino I'm meeting him outside the cinema
sich treffen (stk) to meet (each other)
wo treffen wir uns? where shall we meet?
sie trafen sich in der Stadt they met in town
die Idee (-n) idea
das ist eine gute Idee that's a good idea
das ist doch Blödsinn/blöd/doof/Mist! (all slang) that's rubbish/stupid/nonsense!

See also:
HB 12.3 *Plans and intentions*
Vokabeln 12.2 *Activities in the town*

8 Reisen ▪ Travel

See also:
Vokabeln 3 *Holidays*
Vokabeln 10 *Exchanges*

8.1 Travel and travel arrangements

die Reise (-n) journey
gute Reise! have a good journey!
reisen* (reg.) to travel
ab*reisen (reg.) to leave, set off
verreisen* (reg.) to go away (on a trip)
die Fahrt (-en) journey, trip (shorter than 'Reise')
gute Fahrt! have a good trip/journey!
fahren* (stk) to go (in a vehicle), to travel, to drive
ab*fahren to leave, set off
die Abfahrt (-en) departure
zurück*fahren (stk) to go back, to return
an*kommen (stk) to arrive
er kam zu Hause an he arrived home
er kam in Wien an he arrived in Vienna
die Ankunft (⸚e) arrival
fliegen* (stk) to fly, to go by plane
der Reisepaß (Reisepässe) passport
der Paß (Pässe) passport
der Personalausweis (-e) identity card
die Grenze (-n) border, frontier
an der Grenze at the border/frontier
der Zoll customs
haben Sie etwas zu verzollen? have you anything to declare
haben Sie etwas anzumelden? have you anything to declare?
die Überfahrt (-en) crossing (sea-crossing)
unterwegs on the way, travelling, en route
er ist immer unterwegs he's always travelling
die Landkarte (-n) map

8.2 In the travel agency

das Reisebüro (-s) travel agency
die Reisegesellschaft (-en) travel company
der Prospekt (-e) brochure
die Broschüre (-n) brochure
bestellen (reg.) to order, to reserve sth.
buchen (reg.) to book sth.
reservieren (reg.) to reserve, to book sth.
diskutieren (reg.) to discuss
besprechen (stk) to discuss
beschließen (stk) to decide
sie beschloß, nach Rom zu fahren she decided to go to Rome
***vor*haben** (unreg.) to intend/plan to do sth.
ich habe vor, nach Kreta zu fahren I'm planning/intending to go to Crete
sich freuen (reg.) **auf**+acc. to look forward to sth.
ich freue mich auf die Ferien I'm looking forward to the holidays
ich freue mich darauf, nach Bern zu fahren I'm looking forward to going to Berne

Anfang September (usw.) at the beginning of September (etc.)
Anfang Mai fliege ich nach Mallorca at the beginning of May I fly to Majorca
Ende März (usw.) at the end of March (etc.)
über (+town name) via (a place)
wir fahren über Aachen we're going via Aachen

8.3 Rail travel

der Zug (⸚e) train
die Eisenbahn/die Bahn (-en) railway
mit dem Zug/mit der Bahn by train/rail
ein**steigen*** (stk) **in**+acc. to get in/on
er stieg in den Zug ein he got on the train
aus**steigen*** (stk) **aus**+dat. to get off
er stieg aus dem Zug aus he got off the train
um**steigen*** (stk) to change (trains)
muß ich umsteigen? do I have to change?
der Bahnhof (⸚e) station
am/auf dem Bahnhof at the station
der Hauptbahnhof (⸚e) (Hbf) main railway station
das Gleis (-e) track
der Zug auf Gleis sechs the train at platform six
von welchem Gleis fährt der Zug ab? what platform does the train leave from?
der Bahnsteig (-e) platform
der Fahrplan (⸚e) timetable
Verspätung haben (unreg.) to be late
der Zug hat zehn Minuten Verspätung the train is ten minutes late
der Speisewagen (-) dining car
der Büffettwagen (-) buffet car
der Schlafwagen (-) sleeping car
der Liegewagen (-) carriage with couchettes
das Abteil (-e) compartment
das Nichtraucherabteil (-e) non-smoking compartment
rauchen (reg.) to smoke
der Platz (⸚e) seat
reserviert reserved
besetzt taken, occupied
der Platz ist besetzt that seat's taken
ist hier noch frei? is this seat free?
halten (stk) to stop
hält der Zug in Mainz? does the train stop in Mainz?
nehmen (stk) to take
ich nehme den Zug I'll take/get/catch/go on the train
erreichen (reg.) to catch (at last minute)
verpassen (reg.) to miss
sie verpaßte den Zug she missed the train
die Auskunft (⸚e) information
die Reiseauskunft (⸚e) travel information/travel information office
die Fahrkarte (-n) ticket
der Fahrschein/Fahrausweis (-e) ticket (official terminology)
der Schaffner (-) ticket-inspector, guard
der Schalter (-) counter, ticket-office
einmal nach Bonn, bitte a ticket to Bonn, please (for one person)
zweimal nach Ulm, hin und zurück two returns to Ulm
dreimal nach Wien, einfach three singles to Vienna
eine Fahrkarte zweiter Klasse a second-class ticket
Zuschlag zahlen to pay a surcharge/supplement
Muß ich Zuschlag zahlen? have I got to pay a supplement?
Anschluß haben to have a connection
Sie haben sofort Anschluß you have an immediate connection
direkt direct, through
der Zug fährt direkt durch it's a through train (i.e. no need to change)
der Kofferkuli (-s) luggage trolley

8.4 Travelling by car

das Auto (-s) car
Auto fahren* (stk) to drive
kannst du Auto fahren? can you drive?
mit dem Auto by car
wir fahren mit dem Auto hin we're going there by car/we're driving there
der Wagen (-) car
die Straße (-n) road, street
die Autobahn (-en) motorway
tanken (reg.) to buy petrol, to fill up with petrol
die Tankstelle (-n) petrol station
das Benzin petrol
Super four-star petrol
Normal two-star petrol
zwanzig Liter Super, bitte twenty litres of four-star, please
volltanken, bitte! fill her up, please!
das Öl oil
der Reifen (-) tyre
prüfen (reg.) to test, to check
prüfen Sie bitte die Reifen check the tyres, please
der Druck (⸚e) pressure
vorne at/in the front
hinten at/in the back
ich sitze vorne I'll sit in the front
der Wohnwagen (-) caravan
der Stau (-s) traffic jam

See also:
Vokabeln 18 *Accidents*

8.5 Other means of travel

der Verkehr traffic
der Bus (-se) bus, coach
mit dem Bus by bus, by coach
die Straßenbahn (-en) tram
mit der Straßenbahn by tram
die Haltestelle (-n) stop (i.e. bus or tram stop)
das Taxi (-s) taxi
das Fahrrad (⸚er) bicycle, bike
das Rad (⸚er) bike
das Motorrad (⸚er) motorcycle, motorbike
das Mofa (-s) moped
der Lastwagen (-) lorry
der Lkw (-s) lorry
der Lieferwagen (-) van
das Schiff (-e) ship
an Bord on board
die Fähre (-n) ferry
der Dampfer (-e) steamer
das Boot (-e) boat (for rowing or sailing)
zu Fuß on foot
wir gingen zu Fuß we went on foot/we walked

8.6 Accommodation

die Unterkunft accommodation
die Nacht (⸚e) night
bleiben* (stk) to remain; to stay
wir bleiben zwei Nächte we're staying two nights
wohnen (reg.) to stay, to live
ich wohne in einem Hotel I'm staying in a hotel
übernachten (reg.) to stay overnight, to spend the night
ich übernachtete in Bonn I stayed overnight in Bonn (see also HB 10.42)
Übernachtung mit Frühstück bed and breakfast
das Zimmer (-) room
ein Zimmer mit Bad a room with a bathroom
ein Zimmer mit Dusche a room with a shower
das Doppelzimmer (-) double room
das Einzelzimmer (-) single room
der Schlüssel (-) key
die Rezeption reception
die Empfangsdame (-n) receptionist
der Portier (-s) porter
der Zimmernachweis agency which helps tourists find rooms
im voraus zahlen (reg.) to pay in advance
die Vollpension full board
die Halbpension half board
die Hauptsaison high season
empfehlen (stk) to recommend
wir sind vier Personen (usw.) there are four of us (etc.)
gibt es hier ... +acc? is there ... here?
gibt es hier ein Restaurant? is there a restaurant here?

servieren (reg.) to serve (meals)
wir servieren nur das Frühstück we only serve breakfast
um wieviel Uhr ist (das) Frühstück? (usw.) what time is breakfast? (etc.)
die Toilette (-n) toilet
der Campingplatz (⸚e) camp-site
zelten (reg.) to camp (in a tent)
das Zelt (-e) tent
ein Zelt *auf*schlagen (stk) to put up a tent
haben Sie Platz für einen Wohnwagen? have you got space for a caravan?
haben Sie einen Platz frei? have you got a free space?

See also:
Vokabeln 3 *Holidays*

8.7 Countries and nationalities

Deutschland (neut.) Germany
die Bundesrepublik Federal Republic of Germany (West Germany)
die DDR GDR (East Germany)
der/die Deutsche (see HB 1.7) German (person)
deutsch German (adj.)
Österreich (neut.) Austria
der Österreicher (-) Austrian (man)
die Österreicherin (-nen) Austrian (woman)
österreichisch Austrian (adj.)
die Schweiz Switzerland
der Schweizer (-) Swiss (man)
die Schweizerin (-nen) Swiss (woman)
Schweizer (adds no endings) Swiss (adj.)
Liechtenstein (neut.) Liechtenstein
Großbritannien (neut.) Great Britain
England (neut.) England
englisch English (adj.)
Schottland (neut.) Scotland
schottisch Scottish (adj.)
Wales (neut.) Wales
walisisch Welsh (adj.)
Irland (neut.) Ireland
Nordirland (neut.) Northern Ireland
irisch Irish (adj.)
der Ire (-n, -n) Irishman
die Irin (-nen) Irishwoman
Frankreich (neut.) France
der Franzose (-n, -n) Frenchman
die Französin (-nen) Frenchwoman
französisch French (adj.)
Italien Italy
Spanien Spain
Amerika America
der Amerikaner (-) American (man)
die Amerikanerin (-nen) American (woman)
amerikanisch American (adj.)

See also:
Vokabeln 1.4 *Other people*
HB 2.17e *Countries*

9 Gesundheit ■ Health

9.1 Health and illness

die Gesundheit health
gesund healthy
die Krankheit (-en) illness
krank ill
ich war krank I was ill
schwer krank seriously ill
seekrank seasick
der Atem breath
außer Atem out of breath
atmen (reg.) to breathe
tief atmen (reg.) to breathe deeply
blaß pale
schwach weak
stark strong
der Appetit appetite
den Appetit verlieren (stk) to lose one's appetite
er hat den Appetit verloren he's lost his appetite
wehtun (stk) to hurt
mein Kopf tut mir weh my head's hurting (me)
wo tut es weh? where does it hurt?
schmerzen (reg.) to hurt
die Schmerzen (pl.) pain
ich habe Kopfschmerzen (pl.) I've got a headache
ich habe Halsschmerzen (pl.) (usw.) I've got a sore throat (etc.)
was ist los? what's wrong?
was fehlt dir? what's wrong with you?
wie geht es dir? (see HB 10.30d) how are you?
es geht mir gut I'm fine
die Grippe influenza, flu
ich habe Grippe I've got flu
das Fieber fever, high temperature
ich habe Fieber I've got a temperature
das Thermometer (-) thermometer
verstopft constipated
der Durchfall diarrhoea
ich habe Durchfall I've got diarrhoea
die Magenverstimmung (-en) stomach upset
ich habe eine Magenverstimmung I've got a stomach upset
die Lebensmittelvergiftung (-en) food-poisoning
ich habe eine Lebensmittelvergiftung I've got food-poisoning
die Lungenentzündung (-en) pneumonia
die Mandelentzündung (-en) tonsilitis
sich erkälten (reg.) to catch a cold
die Erkältung (-en) cold (noun)
ich habe eine Erkältung I've got a cold
der Schnupfen (-) cold (noun)
ich habe (einen) Schnupfen I've got a cold
husten (reg.) to cough
der Husten cough (noun)
ich habe Husten I've got a cough
niesen (reg.) to sneeze
frieren (stk) to freeze
ich friere I'm freezing
mir ist heiß I'm hot
mir ist warm I'm warm
mir ist kalt I'm cold
mir ist schlecht I feel ill/sick
mir ist übel I feel sick
mir ist schwindlig I'm dizzy
mir wird heiß (usw.) I'm getting hot (etc.)
(see also HB 10.30e)
sich fühlen (reg.) to feel
ich fühle mich besser I feel better
sich *aus*ruhen (reg.) to have a rest
der Sonnenbrand sunburn
ich habe einen Sonnenbrand I've got sunburn
haben Sie etwas gegen Sonnenbrand? have you anything for sunburn?
einen Schreck bekommen (stk) to get a shock
schwitzen (reg.) to sweat
du tust mir leid (usw.) I'm sorry for you (etc.)
brechen (stk) to vomit

9.2 At the doctor's and chemist's

der Arzt (⸚e) doctor (medical doctor)
einen Arzt holen (reg.) to get/fetch a doctor
den Arzt rufen (stk) to call the doctor
der Doktor (-en) doctor (any kind of doctor)
Herr Doktor doctor (when speaking to a male doctor)
Frau Doktor doctor (when speaking to a female doctor)
die Krankenschwester (-n) nurse (f.)
das Krankenhaus (⸚er) hospital
verschreiben (stk) to prescribe
das Rezept (-e) prescription
das Medikament (-e) medicine
die Tablette (-n) tablet
die Salbe (-n) ointment
die Spritze (-n) injection
eine Spritze bekommen (stk) to have an injection
ins Bett gehen* (stk) to go to bed
im Bett bleiben* (stk) to stay in bed
die Beschwerden (pl.) symptoms
haben Sie weitere Beschwerden? have you any other symptoms?
der Krankenwagen (-) ambulance
einen Krankenwagen rufen (stk) to call an ambulance
die Apotheke (-n) chemist's shop, pharmacy (for medicines)

bringen Sie das Rezept zur Apotheke! take the prescription to the chemist's!
die Drogerie chemist's shop (mainly for toiletries)

See also:
Vokabeln 18 *Accidents*

9.3 Slimming

die Schlankheitskur (-en) diet
eine Schlankheitskur machen (reg.) to go on a diet
dick fat
schlank slim
***ab*nehmen** (stk) to lose weight
***zu*nehmen** (stk) to put on weight
ich habe zugenommen I've put on weight
ich habe ein Kilo zugenommen I've put on a kilo
wiegen (stk) to weigh
sich wiegen (stk) to weigh oneself

9.4 Parts of the body

der Körper (-) body
der Kopf (¨e) head
das Haar (-e) hair
das Gesicht (-er) face
das Auge (-n) eye
die Nase (-n) nose
die Backe (-n) cheek
der Mund (¨er) mouth
den Mund *auf*machen (reg.) to open one's mouth
den Mund *zu*machen (reg.) to close one's mouth
die Zunge (-n) tongue
die Zunge *heraus*strecken (reg.) to stick one's tongue out
der Zahn (¨e) tooth
das Ohr (-en) ear
der Hals (¨e) throat, neck
die Schulter (-n) shoulder
der Arm (-e) arm
der Ellbogen (-) elbow
die Hand (¨e) hand
der Finger (-) finger
der Daumen (-) thumb
die Brust (¨e) chest
der Rücken (-) back
der Magen (-) stomach
der Bauch (¨e) stomach, belly
das Bein (-e) leg
das Knie (-) knee
der Fuß (¨e) foot
die Zehe (-n) toe
das Blut blood
bluten (reg.) to bleed
die Stimme (-n) voice
der Nerv (-en) nerve
sie geht mir auf die Nerven she gets on my nerves

10 Austausch ■ Exchanges

10.1 The basics 

der Austausch (-e) exchange (noun)
der Schüleraustausch (-e) pupil exchange
der Partner (-) partner (m.)
die Partnerin (-nen) partner (f.)
der Aufenthalt (-e) stay (noun)
Heimweh haben (unreg.) to be homesick
er hat Heimweh he's homesick
erleben (reg.) to experience
das Erlebnis (-se) experience (noun)
unvergeßlich unforgettable
fantastisch fantastic
fabelhaft fabulous
toll! great!
prima! great!
dufte! (slang) great!
Klasse! (slang) great!
zum erstenmal for the first time
ich bin zum erstenmal in Deutschland this is my first time in/visit to Germany
öfter(s) quite often
ich war schon öfter(s) hier I've been here quite often (before)
sich melden (reg.) literally: to announce oneself
du meldest dich, ja, wenn du etwas brauchst? you'll say/speak up, won't you, if you need anything?
wenn es dir/Ihnen recht ist if that's all right with you
könntest du mir bitte helfen? could you please help me? (informal)
könnten Sie mir bitte helfen? could you please help me? (formal)
sich unterhalten (stk) to chat, to converse
nicken (reg.) to nod
lächeln (reg.) to smile
lachen (reg.) to laugh
danke, gleichfalls thanks, the same to you
eigentlich actually
probieren (reg.) to try (sth. out)
gibt es irgendetwas zu essen, was du nicht magst? is there anything to eat that you don't like?
das Foto (-s) photo
ein Foto machen (reg.) to take a photo
zurück*sein (unreg.) to be back
wieder da sein* (unreg.) to be back
sei um sechs wieder da! be back at six
bis till; by (a certain time)
sei bis sechs zurück! be back by six!
spätestens at the latest
spätestens um sechs (at) six o'clock at the latest
die Sache (-n) thing
meine Sachen my things (e.g. clothes, luggage)
Verzeihung!/Entschuldigung! sorry!

See:
HB 12.2 *Dealing with people*
HB 12.3 *Plans and intentions*
See also:
Vokabeln 6.5 *Parties*
Vokabeln 7 *Free time*
Vokabeln 16 *Eating and drinking*

10.2 Arriving

***ab*holen** (reg.) to meet sb. (i.e. call for/collect sb.)
Schmidts holten ihn am Bahnhof ab the Schmidts met him at the station
begrüßen (reg.) to welcome sb. (when the person first arrives)
grüßen (reg.) to greet sb. (at other times)
willkommen (in + place) welcome (to (a place))
willkommen in München! welcome to Munich!
aufgeregt excited
nervös nervous
ziemlich quite, rather, fairly
er war ziemlich nervös he was quite nervous
etwas somewhat
ein bißchen a bit, a little
er war ein bißchen nervös he was a bit nervous
ein wenig a little
die See war rauh the sea was rough
die See war ruhig the sea was calm
seekrank seasick
das Händeschütteln handshaking
die Hand geben (stk) to shake hands (literally: to give one's hand)
sie gab mir die Hand she shook hands with me
müde tired
anstrengend tiring
ich freue mich, daß... I'm pleased that...
ich finde es so schön, daß... I think it's really nice that...
ich finde es so schön, daß ich endlich hier bin I think it's really nice that I am here at last

10.3 In the home

***hin*stellen** (reg.) to put something down (vertically)
wo soll ich meinen Koffer hinstellen? where shall I put my suitcase?
***hin*legen** (reg.) to put something down (horizontally)
schlafen (stk) to sleep
wo schlafe ich? where do I sleep?
gut geschlafen? did you sleep well?
das Bett (-en) bed

das Federbett (-en) (feather) duvet, continental quilt
die Bettdecke (-n) duvet, continental quilt
das Kopfkissen (-) pillow
kann ich bitte noch ein Kopfkissen haben? please may I have another (an extra) pillow?
das Handtuch (¨er) towel
das Badehandtuch (¨er) bath towel
auf die Toilette gehen* (stk) to go to the toilet
aufs Klo gehen* (slang) (stk) to go to the loo

See also:
Vokabeln 14 *House and flat*
Vokabeln 2.1 *Daily routine*

10.4 Comparing British and German life

die Sitte (-n) custom
anders different
das ist anders als bei uns that's different from at home
ähnlich similar
das ist ganz ähnlich that's quite/very similar
genauso exactly the same
wir machen das genauso we do that exactly the same
der Vorteil (-e) advantage
der Vorteil ist, daß... the advantage is that...
der Nachteil (-e) disadvantage
so etwas (colloquially: **so was**) something like that, anything like that
so etwas habe ich noch nie gesehen I've never seen anything like that before
noch nie never before
komisch funny, strange
ich muß zugeben, daß... I must admit that...

10.5 Leaving

die Gastfreundschaft hospitality
danke für Ihre Gastfreundschaft thanks for your hospitality
sich *wohl*fühlen (reg.) to feel at home/at ease
ich habe mich bei Ihnen sehr wohlgefühlt I've really felt at home with you
sich verabschieden (reg.) to say goodbye, to take one's leave
ich verabschiedete mich von der Familie Schmidt I said goodbye to the Schmidt family
winken (reg.) to wave
***zu*winken** (reg.) (+dative person) to wave to sb.
sie winkten mir zu they waved to me

11 Kleidung ■ Clothing

11.1 Clothing

die Kleidung clothing, clothes
das Kleid (-er) dress
die Kleider dresses; clothes (in general)
das Hemd (-en) shirt
das T-Shirt (-s) T-shirt
die Bluse (-n) blouse
die Hose (-n) pair of trousers
die Jeans (pl.) jeans
die Shorts (pl.) shorts
die Badehose (-n) swimming-trunks
der Badeanzug (¨e) swimsuit
der Anzug (¨e) suit
der Schlafanzug (¨e) pair of pyjamas
die Jacke (-n) jacket
die Wolljacke (-n) cardigan
der Pullover (-) pullover, jumper, sweater
der Pulli (-s) (slang) pullover, jumper, sweater
der Mantel (¨) coat, overcoat
der Pelzmantel (¨) fur coat
der Regenmantel (¨) raincoat
der Regenschirm (-e) umbrella
der Schirm (-e) umbrella
der Anorak (-s) anorak
die Socke (-n) sock
der Strumpf (¨e) sock, stocking
die Strumpfhose (-n) pair of tights
der Rock (¨e) skirt
der Minirock (¨e) mini-skirt
der Schuh (-e) shoe
ein Paar braune Schuhe a pair of brown shoes
zwei Paar Schuhe two pairs of shoes
der Handschuh (-e) glove
der Tennisschuh (-e) tennis shoe
der Turnschuh (-e) plimsoll
der Trainingsschuh (-e) training shoe, trainer
der Stiefel (-) boot
der Gummistiefel (-) wellington
die Sandale (-n) sandal
die Brille (-n) pair of glasses
sie trägt eine Brille she wears glasses
die Sonnenbrille (-n) pair of sunglasses
die Krawatte (-n) tie
der Schlips (-e) tie
der Ring (-e) ring
die Armbanduhr (-en) wrist watch
die Halskette/Kette (-n) necklace
der Schmuck jewellery
der Hut (¨e) hat
die Mütze (-n) cap
die Pfeife (-n) pipe
er raucht (eine) Pfeife he smokes a pipe
die Tasche (-n) pocket; bag
die Handtasche (-n) handbag
das Taschentuch (¨er) handkerchief
der Schal (-s) scarf
das Kopftuch (¨er) headscarf
der Knopf (¨e) button
der Gürtel (-) belt

11.2 Other vocabulary concerning clothing

die Wolle wool
die Baumwolle cotton
die Seide silk
das Leder leather
das Plastik plastic
die Synthetik synthetics, man-made fibre
eine Jacke aus Wolle a jacket made of wool, a woollen jacket
ich möchte eine Jacke in Wolle I'd like a jacket in wool
eng tight, narrow
schmal narrow
weit wide, baggy
lang long
kurz short
hübsch pretty
schön beautiful, nice
schick smart
elegant elegant
altmodisch old-fashioned
modern modern
schäbig shabby
wasserdicht waterproof
das Loch (¨er) hole
es hat ein Loch it's got a hole in it
flicken (reg.) to mend, to patch
kariert checked
eine blaukarierte Hose a pair of blue-checked trousers
der Streifen (-) stripe
gestreift striped
er trägt ein rot-weiß-gestreiftes Hemd he's wearing a red-and-white striped shirt
rot-weiß (usw.) red-and-white (adj.)
ein rot-weißes Kleid a red-and-white dress
gepunktet spotted
der Punkt (-e) spot, dot
geblümt flowered, flowery, floral
gelb yellow
rot red
rosa (adds no endings) pink
eine rosa Bluse a pink blouse
lila (adds no endings) purple

For other colours, see also:
Vokabeln 1.5 *Describing people*

hell light
dunkel dark
hellblau (usw.) light blue (etc.)
***an*ziehen** (stk) to put sth. on
er zog das Hemd an he put his/the shirt on
sich *an*ziehen (stk) to get dressed
er zog sich an he got dressed
***aus*ziehen** (stk) to take sth. off
sich *aus*ziehen (stk) to get undressed
sich *um*ziehen (stk) to get changed
tragen (stk) to wear; to carry

***an*haben** (unreg.) to have sth. on, to wear
sie hat ein Kleid an she's got a dress on
***um*haben** (unreg.) to have sth. on (round part of the body)
sie hat einen Schal um she's got a scarf on
er hat eine Krawatte um he's got a tie on
***auf*haben** (unreg.) to have sth. on (one's head or nose)
er hat einen Hut auf he's got a hat on
er hat eine Brille auf he's got glasses on

11.3 Buying clothes

die Größe (-n) size
ein Hemd in Größe... a shirt in size...
ich habe Größe... I take size...
die Nummer (-n) number, size
haben Sie es eine Nummer kleiner da? have you got it in the next size down?
die Farbe (-n) colour
welche Farbe hat das? what colour is it?
es ist blau it's blue
haben Sie das in Grün? have you got it in green?
viel zu+adj. much too+adj.
das ist mir viel zu dunkel it's much too dark for me
***aus*sehen** (stk) to look
das sieht schick aus it looks smart
modisch fashionable
die Mode (-n) fashion
das gefällt mir (see HB 10.30b) I like that
***an*probieren** (reg.) to try sth. on
die Umkleidekabine/Kabine (-n) changing-room, fitting-room
passen (reg.) to fit
das paßt mir gar nicht that doesn't fit me at all
das ist mir zu eng (usw.) it's too tight for me (etc.)
passen zu+dat. (reg.) to match, to go with
das paßt gut zu der Hose it goes well with the trousers
stehen+dat. (stk) to suit
das steht dir sehr gut that suits you very well

See also:
Vokabeln 5.8 *Shopping phrases*

11.4 Complaints

ein*laufen (stk) to shrink
die Hose ist eingelaufen the trousers have shrunk
***um*tauschen** (reg.) to exchange
***zurück*haben** (unreg.) to have something back
ich will mein Geld zurückhaben I want my money back
fehlen (reg.) to be missing
ein Knopf fehlt there's a button missing

11.5 At the cleaner's

die Reinigung (-en) dry-cleaner's (shop); dry-cleaning
ich brachte es zur Reinigung I took it to the cleaner's
reinigen (reg.) to clean
könnten Sie mir bitte diese Hose reinigen? could you please clean these trousers for me?
reinigen lassen (stk) to have/get sth. cleaned
ich ließ mir die Hose reinigen I had my trousers cleaned
***ab*holen** (reg.) to call for, to pick up, to collect
wann kann ich das wieder abholen? when can I collect it?
bis wann ist die Hose fertig? when will the trousers be ready by?

12 Stadt ■ Town

12.1 In town

die Stadt (⸚e) town, city
in die Stadt to town
in der Stadt in town
die Stadtmitte (-n) town/city centre
das Stadtzentrum (-zentren) town/city centre
die Innenstadt (⸚e) town/city centre
der Stadtteil (-e) district (of a town/city)
die Stadtrundfahrt (-en) town/city tour
eine Stadtrundfahrt machen (reg.) to go on a town/city tour
der Ort (-e) place (e.g. town or village)
der Vorort (-e) suburb
das Dorf (⸚er) village
der Einwohner (-) inhabitant
das Gebäude (-) building
das Rathaus (⸚er) town/city hall
die Brücke (-n) bridge
das Schloß (Schlösser) castle (palace)
die Burg (-en) castle (fortress)
die Kirche (-n) church
der Dom (-e) cathedral
der Platz (⸚e) square
der Marktplatz (⸚e) market square, market-place
die Polizeiwache (-n) police station
der Park (-s) park
der Zoo (-s) zoo
der Parkplatz (⸚e) car park
das Parkhaus (⸚er) multi-storey car park
die Parkuhr (-en) parking-meter
das Stadion (Stadien) stadium, sports ground
der Turm (⸚e) tower
auf einen Turm gehen* (stk) to go up a tower
die Bücherei (-en) library
die Bibliothek (-en) library
das Fachwerkhaus (⸚er) half-timbered house
der Hafen (⸚) port, harbour
das Einkaufszentrum (-zentren) shopping centre, shopping precinct
die Fußgängerzone (-n) pedestrian zone/precinct
das Schwimmbad (⸚er) swimming-pool
ins Schwimmbad gehen* (stk) to go to the swimming-pool
das Freibad (⸚er) open-air swimming-pool
das Hallenbad (⸚er) indoor swimming-pool
das Verkehrsamt (⸚er) tourist information office
das Verkehrsbüro (-s) tourist information office
was gibt es hier zu sehen? what is there to see here?
voraussichtlich probably (referring to future plans)
ich bleibe voraussichtlich fünf Tage I'll probably stay five days
wahrscheinlich probably (all meanings)
die Straße (-n) street
auf der Straße in the street
über die Straße gehen* to cross the road
die Straße überqueren (reg.) to cross the road
der Weg (-e) (langes E) path, way
weg (kurzes E) away, gone
er ist schon weg he's already gone
es ist sehr weit weg it's a long way away
der Gehweg (-e) pavement
der Gehsteig (-e) pavement
der Zebrastreifen (-) zebra crossing
der Überweg (-e) pedestrian crossing
das Tor (-e) gate, gateway
das Schild (-er) sign
der Wegweiser (-) signpost (pointing the way)
die Ampel (-n) traffic light; set of traffic lights
an der Ampel at the traffic lights
die Kreuzung (-en) crossroads
die Bank (⸚e) bench

See also:
Vokabeln 3.1 *Holidays*
Vokabeln 5.1 *Shops and shopkeepers*
Vokabeln 7.4 *Going out*
Vokabeln 8 *Travel*
Vokabeln 16.6 *Places to eat*

12.2 Activities in the town

die Sehenswürdigkeit (-en) tourist sight, tourist attraction
sich etwas *an*sehen (stk) to have a look at something
ich sah mir den Dom an I had a look at the cathedral
besichtigen (reg.) to look round (a place)
ich besichtigte den Dom I looked round the cathedral
der Eingang(⸚e) entrance
der Ausgang (⸚e) exit
der Eintritt entrance (charge)
Eintritt frei entrance free (of charge)
die Öffnungszeiten (pl.) opening times/hours
geöffnet open
geschlossen closed
täglich daily
stündlich hourly
alle zwei Stunden (usw.) every two hours (etc.)
ab 13 Uhr (usw.) as from 1 pm (etc.)
der Automat (-en, -en) machine (selling drinks, tickets, etc.)
***ein*werfen** (stk) to insert (money)

See also:
Vokabeln 7 *Free time*
Vokabeln 3 *Holidays*

12.3 Asking the way

entschuldigen Sie, bitte excuse me please
wo ist der Bahnhof? (usw.) where is the station? (etc.)
wo ist hier eine Post? (usw.) where is there a post-office (etc.) near here?
in der Nähe in the vicinity, near here
gibt es eine Post hier in der Nähe? is there a post-office round here?
wie komme ich am besten...? what's the best way...?
wie komme ich am besten zum Bahnhof? what's the best way to the station?
wissen (unreg.) to know
wissen Sie vielleicht, wo die Post ist? do you (perhaps) know where the post-office is?
vielleicht perhaps
können Sie mir bitte sagen...? can you please tell me...?
können Sie mir bitte sagen, wo das Rathaus ist? can you please tell me where the town hall is?
bin ich hier auf dem richtigen Weg? am I going the right way?
ist das weit von hier? is it far from here?
wie lange braucht man...? how long does it take...?
wie lange braucht man bis zum Bahnhof? how long does it take to get to the station?
sich verlaufen (stk) to get lost (on foot)
ich habe mich verlaufen I've got myself lost/I'm lost
sich verfahren (stk) to get lost (driving)
die Ecke (-n) corner
an der Ecke on/at the corner
um die Ecke round the corner
geradeaus straight on
rechts right, on the right
gehen Sie hier (nach) rechts go right here
links left, on the left
die Seite (-n) side
auf der linken/rechten Seite on the left/right hand side
auf der anderen Seite on the other side
ab*biegen (stk) to turn off
biegen Sie (nach) links ab turn (off) to the left
die Richtung (-en) direction
Sie gehen in die falsche Richtung you're going in the wrong direction
acc. + **entlang** along...
gehen Sie diese Straße entlang go along this street/road
acc. + **herunter/hinunter** down (a road, etc)
acc. + **herauf/hinauf/hoch** up (a road, etc)
gehen Sie diese Straße herunter go down this road
an + dat. **vorbei** past...
gehen Sie am Dom vorbei go past the cathedral
Sie müssen am Dom vorbeigehen you have to go past the cathedral
biz zu + dat. as far as, up to
gehen Sie bis zur Kreuzung go as far as the crossroads
vor + dat. in front of, outside (a place)
vor dem Kino outside the cinema
da drüben/dort drüben over there
da hinten/dort hinten back there
hier vorne just here (here, near where we are now)
Sie können es nicht verfehlen you can't miss it
können Sie das behalten? can you remember (literally: retain) that?
ich bin fremd hier I'm a stranger here
sich rechts/links halten (stk) to keep to the right/left
halten Sie sich rechts! keep to the right! bear right!

13 Kommunikationen ■ Communications

13.1 Telephones and telephoning

das Telefon (-e) telephone, phone
am Telefon on the telephone (i.e. to be using the phone)
Telefon haben (unreg.) to be on the phone (i.e. to possess a phone)
haben Sie Telefon? are you on the phone?
eigen own (adj.)
ich habe ein eigenes Telefon I have a phone of my own
der Apparat (-e) telephone (literally: apparatus)
am Apparat! speaking!
bleiben Sie am Apparat! hold on! hang on!
sie ging an den Apparat she went to the phone
der Fernsprecher (-) telephone (official word)
der Hörer (-) receiver, hand-set
den Hörer *ab*nehmen (stk) to pick up the phone
den Hörer *auf*legen (reg.) to put the phone down
***an*rufen** (stk) to phone sb., to ring sb. up
sie rief ihren Freund an she phoned her boyfriend
telefonieren (reg.) to telephone (to use the phone)
ich telefoniere gern I like phoning
telefonieren mit + dat. to talk to sb. on the phone
ich telefonierte mit meiner Mutter I talked to my mother on the phone
der Anruf (-e) phone call
das Gespräch (-e) conversation
das Ferngespräch (-e) trunk call, long-distance call
das Ortsgespräch (-e) local call
automatisch automatic
die Nummer (-n) number
notieren (reg.) to note sth. (down)
ich habe die Nummer notiert I've noted (down) the number
wählen (reg.) to dial; to choose
sich verwählen (reg.) to misdial, to dial a wrong number
verbinden (stk) to connect
ich verbinde! I'm connecting you, I'm putting you through
ich bin falsch verbunden I've got a wrong number
die Verbindung (-en) connection
ich bekomme keine Verbindung I can't get through
kann ich etwas ausrichten? can I take a message?
sich melden (reg.) to answer (literally: to announce oneself)

es meldet sich niemand there's no one answering
auf Wiederhören goodbye (used on telephone)
buchstabieren (reg.) to spell
können Sie das buchstabieren? can you spell that?
wie schreibt man das? how do you spell that?
die Münze (-n) coin
***ein*werfen** (stk) to insert
laut loud
leise quiet (speech)
sprechen (stk) to speak
kann ich bitte (mit) Herrn Schmidt sprechen? can I speak to Herr Schmidt, please?
die Sprache (-n) language
reden (reg.) to talk
sie redeten eine halbe Stunde they talked for half an hour
das Telegramm (-e) telegram
schicken (reg.) to send
danken + dat. to thank sb.
er dankte mir he thanked me
ich dankte ihm für den Brief I thanked him for the letter
ist dir/Ihnen das recht? is that all right with you?
schönen Gruß an + acc. best wishes/love to . . .
schönen Gruß an deine Eltern! best wishes to your parents!

See also:
HB 12.2 *Dealing with people*
HB 12.3 *Plans and intentions*

14 Haus und Wohnung ■ House and flat

14.1 General house and flat vocabulary

das Haus (⸚er) house
bauen (reg.) to build
zu Hause at home
nach Hause (to) home
ich gehe nach Hause I'm going home
heim*gehen (stk) to go home
ich gehe heim I'm going home
der Haushalt (-e) household
leben (reg.) to live (be alive)
wohnen (reg.) to live (dwell)
die Wohnung (-en) flat
die Altbauwohnung (-en) flat in an old building
die Neubauwohnung (-en) modern flat
das Zimmer (-) room
das Eßzimmer (-) dining-room
das Wohnzimmer (-) living-room, lounge
das Schlafzimmer (-) bedroom
das Badezimmer (-) bathroom
das Bad (⸚er) bathroom
die Toilette (-n) toilet
die Küche (-n) kitchen
der Keller (-) cellar
der Dachboden (⸚) attic
auf dem Dachboden in the attic
das Dach (⸚er) roof
der Balkon (-s) balcony
die Terrasse (-n) terrace
die Garage (-n) garage
die Tür (-en) door
***auf*machen** (reg.) to open
öffnen (reg.) to open
***zu*machen** (reg.) to close, to shut
schließen (stk) to close, to shut
klopfen (reg.) to knock
es klopft there's someone (knocking) at the door
klingeln (reg.) to ring
es klingelt there's someone at the door (ringing the bell)
das Fenster (-) window
aus dem Fenster sehen (stk) to look out of the window
die Treppe (-n) staircase, stairs
er ging die Treppe hinauf he went up the stairs
er ging die Treppe hinunter he went down the stairs
oben upstairs (position)
das Badezimmer ist oben the bathroom is upstairs
unten downstairs (position)
nach oben upstairs (motion)
sie ging nach oben she went upstairs
nach unten downstairs (motion)
die Wand (⸚e) wall (inside)
die Mauer (-n) wall (outside)

See also:
Vokabeln 2.1 *Daily routine*
Vokabeln 16 *Eating and drinking*
Vokabeln 10.3 *In the home*

14.2 Furnishings, fittings, etc.

die Möbel (pl.) furniture
der Tisch (-e) table
der Eßtisch (-e) dining-table
der Schreibtisch (-e) desk, bureau
der Kaffeetisch/Couchtisch (-e) coffee-table
der Stuhl (⸚e) chair
der Sessel (-) armchair
das Kissen (-) cushion
das Sofa (-s) sofa
die Couch (-es) couch
das Bild (-er) picture
das Poster (-) poster
der Schrank (⸚e) cupboard
der Kleiderschrank (⸚e) wardrobe
die Lampe (-n) lamp, light
das Licht (-er) light
Licht machen to put the light(s) on
die Tischlampe (-n) table-lamp
die Stehlampe (-n) standard-lamp
die Schublade (-n) drawer
der Fernseher (-) television set
der Fernsehapparat (-e) television set
das Fernsehgerät (-e) television set
***an*machen** (reg.) to switch/put sth. on
er machte den Fernseher an he switched the TV on
***aus*machen** (reg.) to switch/put sth. off
***an*schalten/einschalten** (reg.) to switch sth. on
***aus*schalten** (reg.) to switch sth. off
***um*schalten** (reg.) to change channel (of TV)
das Radio (-s) radio
die Stereoanlage (-n) stereo, hi-fi (equipment)
der Videorecorder (-) video recorder
die Tapete (-n) (usually plural) wallpaper
tapezieren (reg.) to wallpaper (a room)
renovieren (reg.) to decorate (a room)
der Teppich (-e) carpet, rug
das Regal (-e) shelf
das Bücherregal (-e) bookshelf, bookcase
der Spiegel (-) mirror
das Geschirr crockery, pots and pans
der Kühlschrank (⸚e) refrigerator, fridge
der Herd (-e) cooker
der Gasherd (-e) gas cooker
der Elektroherd (-e) electric cooker
der Ofen (⸚) oven
die Waschmaschine (-n) washing machine
die Spülmaschine (-n) dishwasher
das Spülbecken (-) sink
das Waschbecken (-) wash basin
die Heizung (-en) heating; radiator
die Pflanze (-n) plant
der Aschenbecher (-) ashtray
die Uhr (-en) clock
der Mülleimer (-) dustbin
verschütten (reg.) to spill sth.
***fallen*lassen** (stk) to drop sth.
schmutzig dirty
sauber clean

14.3 Looking for a flat

die Miete (-n) rent (noun)
mieten (reg.) to rent
ich miete eine Wohnung I rent a flat (i.e. I am the tenant)
der Mieter (-) tenant
die Mietwohnung (-en) rented flat
die Annonce (-n) die Anzeige (-n) newspaper advertisement
das Inserat (-e) newspaper advertisement
der Makler (-) estate agent
der Hauswirt (-e) landlord
die Hauswirtin (-nen) landlady
ist das Zimmer noch frei? is the room still vacant/free?

wie hoch sind die Nebenkosten? how much are the extra costs?
genau exact
wie ist die genaue Adresse? what's the exact address?
ruhig quiet, peaceful
laut noisy, loud

14.4 Removals

der Umzug (⸚e) removal, moving house
um*ziehen (stk) to move house
der Möbelwagen (-) furniture van
riesig enormous
***ein*laden in** + acc. (stk) to load sth. into sth.
sie luden alles in den Möbelwagen ein they loaded everything into the furniture van
ausladen (stk) to unload sth.
sie luden alles aus dem Möbelwagen aus they unloaded everything out of the furniture van

15 Verbrechen ■ Crime

15.1 Criminals and crime

das Verbrechen (-) crime
der Verbrecher (-) criminal
der Kriminelle (see HB 1.7) criminal
der Einbrecher (-) burglar
ein*brechen (stk) to break in
er brach in eine Bank ein he broke into a bank
der Einbruch (⸚e) break-in, burglary
der Dieb (-e) thief
der Taschendieb (-e) pick-pocket
der Ladendieb (-e) shoplifter
der Diebstahl (⸚e) theft
die Bande (-n) gang
der Bankraub bank robbery
der Bankräuber (-) bankrobber
der Geldschrank (⸚e) safe
die Beute loot
stehlen (stk) to steal
bestehlen (stk) to rob sb.
klauen (reg.) (slang) to nick, pinch
***herein*legen** (reg.) to trick sb.
sie legte ihn herein she tricked him
etwas falsch machen (reg.) to do sth. wrong
habe ich etwas falsch gemacht? have I done something wrong?
bei Rot über die Straße gehen* (stk) to cross the road against a red light
die Waffe (-n) weapon
das Gewehr (-e) shotgun, rifle
der Revolver (-) revolver
die Pistole (-n) pistol
das Taschenmesser (-) pocket-knife, penknife
der Mord (-e) murder (noun)
der Mörder (-) murderer
ermorden (reg.) to murder sb.
***um*bringen** (unreg.) to murder, to kill sb.
töten (reg.) to kill sb.
tot dead
der Tod death
sterben* (stk) to die
die Leiche (-n) corpse
fliehen* (stk) to flee, to escape
das Rauschgift drugs (dangerous drugs)
die Droge (-n) drug
die Versicherung (-en) insurance; insurance policy
versichert insured
wir sind gut versichert we're well insured
die Angst (⸚e) fear (noun)
Angst haben (unreg.) to be afraid
ich habe Angst I'm afraid
Angst haben vor + dat. to be afraid of sth./sb.
ich habe Angst vor ihr I'm afraid of her
die Furcht fear (noun)
schreien (stk) to scream, to shout
sie schrie vor Furcht she screamed with fear
***auf*passen** (reg.) to watch out, to pay attention
paß mal auf! watch out!
die Vorsicht attention, care
Vorsicht! be careful!
vorsichtig careful
auf*fallen (stk) to be noticed, to strike sb.'s attention
das fiel auf that was noticed
das fiel mir auf that struck my attention, I noticed that

See also:
Vokabeln 18 *Accidents*

15.2 Punishment

die Strafe (-n) punishment
strafen (reg.) to punish
die Geldstrafe (-n) fine
sie zahlte eine Geldstrafe von hundert Mark she paid a fine of a hundred Marks
die Verwarnung (-en) caution, fine
die Bewährung probation
das Gesetz (-e) law
illegal illegal
verboten forbidden; illegal
untersagt prohibited, forbidden
nicht gestattet not permitted
das Gefängnis (-se) prison, jail
er kam ins Gefängnis he went to prison
die Ausflucht (⸚e) excuse
die Ausrede (-n) excuse
gestehen (stk) to admit, to confess
singen (stk) (slang) to spill the beans, to 'talk'
es wird nie wieder vorkommen it won't happen again
schuldig guilty
unschuldig innocent
schuld at fault, to blame
er ist an allem schuld he is to blame for everything, it's all his fault
das Gericht (-e) court
der Richter (-) judge
verurteilen (reg.) to condemn, to sentence sb.
das Urteil (-e) sentence, judgment

15.3 Police and detection

die Polizei (singular!) police
die Polizei ist da the police are here
die Polizei alarmieren (reg.) to notify the police
ein Passant alarmierte die Polizei a passer-by notified the police
der Passant (-en, -en) passer-by
der Polizist (-en, -en) policeman
die Polizistin (-nen) policewoman
die Polizeiwache (-n) police station
das Polizeirevier (-e) police station
der Polizeiwagen (-) police car
das Polizeiauto (-s) police car
der Streifenwagen (-) patrol car
die grüne Minna black Maria (police van)
die Sirene (-n) siren
rasen* (reg.) to race (i.e. go fast)
der Wachtmeister (-) sergeant (in police force)
der Detektiv (-e) detective
der Kommissar (-e) inspector
die Kriminalpolizei CID
die Kripo (slang) CID
der Assistent (-en, -en) assistant (m.)
der Kollege (-n, -n) colleague (m.)
die Spur (-en) trace, track, clue
der Dieb hat Spuren hinterlassen the thief left clues/traces
der Fall (⸚e) case
lösen (reg.) to solve
der Verdacht suspicion
wir haben sie in Verdacht we have her under suspicion
verdächtig suspicious
ich habe etwas Verdächtiges gesehen I saw something suspicious
der Strafzettel (-) ticket (e.g. for speeding)
einen Alkoholtest machen (reg.) to do a breath test
betrunken drunk (adj.)
beobachten (reg.) to observe, to watch
***an*halten** (stk) to stop sb.
der Polizist hielt mich an the policeman stopped me

fassen (reg.) to catch (a criminal)
stellen (reg.) to catch (a criminal)
fest**nehmen** (stk) to arrest sb.
verhaften (reg.) to arrest sb.
auf frischer Tat ertappen (reg.) to catch sb. in the act, to catch sb. red-handed
sie wurde auf frischer Tat ertappt she was caught red-handed
Hände hoch! hands up!
durchsuchen to search sb./swh.
der Polizist durchsuchte ihn the policeman searched him
die Handschellen (pl.) handcuffs
der Polizist legte ihm Handschellen an the policeman put handcuffs on him
verdienen (reg.) to deserve sth.
die Belohnung (-en) reward

16 Essen und Trinken ■ Eating and drinking

16.1 Eating and meals

essen (stk) to eat
das Essen (kein Plural) food, meal
die Lebensmittel (pl.) groceries, provisions, food
der Appetit appetite
guten Appetit! enjoy your meal, bon appetit!
die Mahlzeit (-en) meal, mealtime
Mahlzeit! enjoy your meal!
danke, gleichfalls thanks, the same to you
der Hunger hunger
ich habe Hunger I'm hungry
hungrig hungry
ich bin hungrig I'm hungry
der Durst thirst
ich habe Durst I'm thirsty
durstig thirsty
ich bin durstig I'm thirsty
das Frühstück (-e) breakfast
was gibt es zum Frühstück? what's for breakfast?
frühstücken (reg.) to have breakfast
ich frühstücke um acht Uhr I have breakfast at eight o'clock
das Mittagessen (kein Plural) lunch
zu Mittag essen (stk) to have lunch
dann aßen wir zu Mittag then we had lunch
das Abendessen (kein Plural) dinner (i.e. evening meal), supper
zu Abend essen (stk) to have one's evening meal
wir essen im Eßzimmer zu Abend we have our evening meal in the dining-room
das Abendbrot (-e) German evening meal (open sandwiches)
Abendbrot essen (stk) to have one's evening meal
um sechs essen wir Abendbrot we have our evening meal at six
das Kaffeetrinken (kein Plural) afternoon coffee (with cakes)
ich lud ihn zum Kaffeetrinken ein I invited him to afternoon coffee
zu**greifen** (stk) to help oneself, to serve oneself
greif doch zu! help yourself!
reichen (reg.) to pass sth. to sb.
reichst du mir bitte den Käse? will you pass me the cheese, please
riechen (stk) to smell (to emit a smell, to detect a smell)
das riecht gut that smells good
schmecken (reg.) to taste (implies: to taste good)
das schmeckt (gut)! this tastes good!
(see HB 10.30c)
mögen (unreg.) to like
Tomaten mag ich sehr gern I really like tomatoes
(see HB 10.8)
köstlich delicious
lecker delicious
scheußlich awful
das schmeckt scheußlich this/that tastes awful
ausgezeichnet excellent
probieren (reg.) to try sth.
darf ich bitte den Käse probieren? please may I try the cheese?
darf ich mir noch...nehmen? please may I take some more/another...
ich habe schon I've already got some
ich habe schon genug I've got/had enough
ich kann wirklich nicht mehr essen I really can't eat any more
hat es geschmeckt? did you enjoy it/ the meal?
es hat sehr gut geschmeckt I really enjoyed it, it was delicious
knabbern (reg.) to nibble

16.2 Foods

das Fleisch meat
das Schweinefleisch pork
das Rindfleisch beef
das Kalbfleisch veal
das Hammelfleisch mutton, lamb
der Schinken (-) ham
das Hähnchen (-) chicken
das Steak (-s) steak
das Schnitzel (-) schnitzel (pork or veal steak)
das Kotelett (-s) chop, cutlet
die Frikadelle (-n) rissole
das Schaschlik (-s) kebab
die Wurst (⸚e) sausage
das Würstchen (-) sausage (link type)
die Leberwurst (⸚e) liver sausage
die Bratwurst (⸚e) fried sausage
die Bockwurst (⸚e) frankfurter
der Fisch (-e) fish
die Forelle (-n) trout
das Brot (-e) bread; loaf
das Graubrot (-e) standard German bread (made with rye)
das Schwarzbrot (-e) black bread
das Brötchen (-) roll (bread roll)
die Semmel (-n) roll (South German term)
das Butterbrot (-e) sandwich
das belegte Brot open sandwich
das Käsebrot (-e) (usw.) open cheese sandwich (etc.)
die Scheibe (-n) slice
eine Scheibe Brot a slice of bread
das Obst fruit (in general)
die Frucht (⸚e) fruit (individual type)
der Apfel (⸚) apple
die Apfelsine (-n) orange
die Zitrone (-n) lemon
die Birne (-n) pear (also: light-bulb)
die Banane (-n) banana
die Traube (-n) grape
die Pflaume (-n) plum
der Pfirsich (-e) peach
die Aprikose (-n) apricot
die Erdbeere (-n) strawberry
die Himbeere (-n) raspberry
die Kirsche (-n) cherry
die Ananas (-) oder (-se) pineapple
das Gemüse (kein Plural) vegetable(s)
die Kartoffel (-n) potato
die Salzkartoffel (-n) boiled potato
die Bratkartoffel (-n) fried potato, sauté potato
die Kartoffelchips (pl.) crisps
die Pommes frites (pl.) chips
der Kartoffelsalat potato salad
die Zwiebel (-n) onion
die Tomate (-n) tomato
die Erbse (-n) pea
die Möhre (-n) carrot
der Kohl (-e) cabbage
der Blumenkohl (-e) cauliflower
der Rotkohl (-e) red cabbage
das Sauerkraut sauerkraut, pickled cabbage
der Pilz (-e) mushroom
der Reis rice
die Nudel (-n) noodle
der Salat (-e) salad
die Beilage (-n) side-dish, accompaniment
die Suppe (-n) soup
die Nuß (Nüsse) nut
das Salz salt
die Salzstange (-n) 'salt stick' (kind of snack)
der Pfeffer pepper
der Essig vinegar
der Senf mustard
der Ketchup ketchup
die Mayonnaise mayonnaise
die Soße/Sauce (-n) sauce; gravy

das Fett fat
fett fatty
das Öl oil
die Butter butter
die Margarine margarine
die Sahne cream
die Schlagsahne whipped cream
der Joghurt yoghurt
der Quark a kind of soft curd cheese
der Käse cheese
das Ei (-er) egg
das Spiegelei (-er) fried egg
ein gekochtes Ei a boiled egg
der Zucker sugar
die Süßigkeiten (pl.) sweets
süß sweet
sauer sour
bitter bitter
das/der Bonbon (-s) sweet
der Nachtisch (-e) dessert, sweet, pudding
der Pudding (-s) blancmange
die Schokolade chocolate
die Praline (-n) chocolate (individual sweet)
  eine Schachtel Pralinen a box of chocolates
die Marmelade jam
die Konfitüre jam (formal word)
das Müsli muesli
der Kuchen (-) cake
  ein Stück Kuchen a piece of cake
die Torte (-n) flan, gateau
das Eis ice-cream; ice
  ein gemischtes Eis a mixed ice-cream
der Eisbecher (-) ice-cream sundae

16.3 Drinks

trinken (stk) to drink
  etwas zu trinken something to drink
das Getränk (-e) drink, beverage
der Alkohol alcohol
  ich trinke keinen Alkohol I don't drink (alcohol)
das Bier (-e) beer
  ein kleines Bier a small beer
das Pils pils
der Wein (-e) wine
der Weißwein (-e) white wine
der Rotwein (-e) red wine
  eine Flasche Rotwein a bottle of red wine
  ein Glas Rotwein a glass of red wine
der Sekt German champagne
das Wasser water
das Mineralwasser mineral water
der Sprudel sparkling mineral water; fizzy drink
die Limonade lemonade
die Cola coke, cola
der Apfelsaft apple juice
der Orangensaft orange juice
die Milch milk
der Kaffee coffee
der Tee tea
der Kakao cocoa, chocolate milk
Prosit!/Prost! cheers!
zum Wohl! cheers!

16.4 Cooking

kochen (reg.) to cook; to boil
Kaffee/Tee kochen (reg.) to make coffee/tea
  ich habe Kaffee gekocht I've made some coffee
der Koch (⸚e) cook, chef (m.)
die Köchin (-nen) cook (f.)
braten (stk) to fry, to roast
backen (stk) to bake
grillen (reg.) to grill, to barbecue
der Grill barbecue, grill

See also:
Vokabeln 14.2 *Furnishings, fittings, etc.*
Vokabeln 16.5 *Equipment for eating and drinking*

16.5 Equipment for eating and drinking

das Geschirr crockery, and pots and pans
der Teller (-) plate
die Schüssel (-n) dish, bowl, basin
die Tasse (-n) cup
die Untertasse (-n) saucer
das Glas (⸚er) glass
das Besteck cutlery
das Messer (-) knife
der Löffel (-) spoon
die Gabel (-n) fork
die Kanne (-n) pot, jug
die Teekanne (-n) teapot
die Kaffeekanne (-n) coffeepot
das Kännchen (-) jug; small coffee/teapot
der Kochtopf/Topf (⸚e) saucepan, pan
die Bratpfanne/Pfanne (-n) frying-pan
die Kaffeemaschine (-n) coffee machine
die Küchenmaschine (-n) mixer

See also:
Vokabeln 14.2 *Furnishings, fittings, etc.*

16.6 Places to eat

das Restaurant (-s) restaurant
die Gaststätte (-n) restaurant; pub
das Gasthaus (⸚er) inn
die Raststätte (-n) motorway service area
das Lokal (-e) restaurant; pub
das Wirtshaus (⸚er) pub
die Kneipe (-n) (slang) pub
die Bar (-s) bar
das Café (-s) café
die Imbißstube (-n) snack-bar (with seating)
der Schnellimbiß/Stehimbiß (-e) snack-bar (without seating)
die Wurstbude (-n) snack-bar selling sausages
hier essen oder zum Mitnehmen? to eat here or take away?
das Eiscafé (-s) ice-cream parlour
die Eisdiele (-n) ice-cream parlour
der Speisesaal (-säle) dining-room (in hotel or restaurant)
die Konditorei confectioner's, patisserie, teashop

16.7 Eating out

essen gehen* (stk) to go out for a meal
ins Restaurant gehen* (stk) to go to a/the restaurant
der Kellner (-) waiter
Herr Ober! waiter!
die Kellnerin (-nen) waitress
Fräulein! miss! (to call a waitress)
die Bedienung (-en) service
bedienen (reg.) to serve sb.
sich bedienen (reg.) to serve oneself
die Speisekarte (-n) menu
die Weinkarte (-n) wine list
das Menü (-s) set menu, set meal
das Gedeck (-e) set menu, set meal; place-setting
der Gang (⸚e) course
das Gericht (-e) dish (i.e. food)
das Hauptgericht (-e) main course
die Vorspeise (-n) starter
der Nachtisch (-e) dessert, sweet, pudding
  als Nachtisch möchte ich... for dessert I'd like...
ich möchte...+acc. I'd like...
ich nehme...+acc. I'll have...
ich bekomme...+acc. I'll have
einmal Filetsteak, bitte (usw.) one filet steak (i.e. for one person) (etc.)
zweimal Wiener Schnitzel, bitte (usw.) two Wiener Schnitzels (i.e. for two people (etc.)
die Portion (-en) portion
  eine Portion Pommes frites one portion of chips
servieren (reg.) to serve (food)
bestellen (reg.) to order (food)
die Spezialität (-en) speciality
einen Tisch für zwei (Personen) a table for two (people)
einen Tisch reservieren (reg.) to book a table
das Trinkgeld (-er) tip
es stimmt so keep the change (literally: it is all right like that)
vierzig Mark (usw.) call it forty Marks (etc.) (i.e. give me change as if the bill were forty Marks, so as to leave a tip)
Tasse oder Kännchen? cup or pot?
mit oder ohne Sahne? with or without cream?

zusammen oder getrennt? together or separate?

17 Natur ■ Nature

17.1 The outdoors

die Natur nature
im freien in the open (air)
die Luft air
die Erde earth, ground, soil (also: Earth – the planet)
das Wasser water
das Feuer fire
der Fluß (Flüsse) river
der Bach (¨e) stream
das Ufer (-) riverbank, bank
am Ufer on the riverbank
der Berg (-e) mountain
  wir stiegen auf den Berg we climbed (up) the mountain
der Hügel (-) hill
bergauf uphill
bergab downhill
der Hang (¨e) slope
steil steep
der Gipfel (-) summit, top (of a hill/mountain)
erreichen (reg.) to reach sth.
  endlich erreichten wir den Gipfel at last we reached the summit/top
das Tal (¨er) valley
der Wald (¨er) wood, forest
das Holz wood (substance)
das Gras grass
die Wiese (-n) field, meadow
  wir saßen auf einer Wiese we sat in a field
das Feld (-er) field (for crops)
der Bauernhof (¨e) farm
das Bauernhaus (¨er) farmhouse
die Scheune (-n) barn
der Fels (-en, -en) rock, cliff
die Klippe (-n) cliff
der Stein (-e) stone, rock
das Land country, countryside
  wir fahren aufs Land we're going to the country
  wir wohnen auf dem Lande we live in the country
die Landschaft landscape, countryside
die Aussicht (-en) view
die Landkarte (-n) map
der Baum (¨e) tree
die Tanne (-n) fir tree
der Ast (¨e) branch
das Blatt (¨er) leaf
die Gegend (-en) district, area
das Gebiet (-e) area, region
die Umgebung (-en) surrounding area
in der Ferne in the distance
das Meer (-e) sea
die Welle (-n) wave
die Küste (-n) coast
der Leuchtturm (¨e) lighthouse
die Insel (-n) island
der Himmel (-) sky
am Himmel in the sky
die Sonne sun
der Mond moon
der Stern (-e) star
der Norden north
der Süden south
der Osten east
der Westen west
Norddeutschland (usw.) North Germany (etc.)
im Norden (usw.) in the north (etc.)
nach Norden (usw.) northwards (etc.)
nördlich northern
südlich southern
östlich eastern
westlich western
nördlich vom Fluß (usw.) north of the river (etc.)
draußen outdoors, outside, out of doors (position)
  die Kinder spielen draußen the children are playing outside
drinnen indoors, inside (position)
nach draußen/drinnen outside/inside (motion)
  wir gingen nach draußen we went outside

17.2 Plants and gardening

die Pflanze (-n) plant
die Blume (-n) flower
die Rose (-n) rose
die Tulpe (-n) tulip
die Nelke (-n) carnation
der Rasen (-) lawn
mähen (reg.) to mow
  den Rasen mähen (reg.) to mow the lawn, to cut the grass
der Rasenmäher (-) lawnmower
den Garten sprengen (reg.) to water the garden
die Blumen gießen/begießen (stk) to water the flowers
der Garten (¨) garden
die Gartenarbeit gardening
ich arbeite gern im Garten I like gardening

17.3 Animals

das Tier (-e) animal
das Pferd (-e) horse
der Hund (-e) dog
die Katze (-n) cat
die Maus (¨e) mouse
die Ratte (-n) rat
die Kuh (¨e) cow
das Schaf (-e) sheep
das Schwein (-e) pig
das Huhn (¨er) hen
der Vogel (¨) bird
der Fisch (-e) fish
das Insekt (-en) insect
die Fliege (-n) fly
die Mücke (-n) mosquito, midge
der Schmetterling (-e) butterfly
füttern (reg.) to feed (an animal)
fressen (stk) to eat (used instead of **essen**, when an animal eats)

17.4 Weather

das Wetter weather
  wie ist das Wetter? what's the weather like?
der Wetterbericht (-e) weather report, weather forecast
die Wettervorhersage (-n) weather forecast
freundlich pleasant, nice
  das Wetter war freundlich the weather was pleasant/nice
heiter clear, fine
schlecht bad
scheußlich awful
furchtbar terrible
hell bright
dunkel dark
die Sonne sun
in der Sonne in the sun
der Sonnenschein sunshine
sonnig sunny
scheinen (stk) to shine
  die Sonne scheint the sun is shining
trüb dull
bedeckt overcast
die Wolke (-n) cloud
wolkig cloudy
bewölkt cloudy
der Nebel fog
neblig foggy
  es ist neblig it's foggy
kalt cold
kühl cool
warm warm
heiß hot
frieren (stk) to freeze
  es friert it's freezing
  ich friere I'm freezing
der Frost frost
das Eis ice
das Glatteis black ice
die Temperatur temperature
es ist zehn Grad it's ten degrees
der Wind (-e) wind
windig windy
mäßig moderate
  ein mäßiger Wind a moderate wind
der Regen rain (noun)
regnen (reg.) to rain
  es regnet it's raining
  es regnet in Strömen it's pouring down
regnerisch rainy
der Schnee snow (noun)
schneien (reg.) to snow
  es schneit its snowing
es sieht nach Regen/Schnee aus it looks like rain/snow
der Niederschlag precipitation (i.e. rain or snow)

der Hagel hail (noun)
das Gewitter (-) thunderstorm
das Unwetter (-) storm
der Sturm (¨e) storm; gale
stürmisch stormy
der Donner thunder
donnern (reg.) to thunder
es donnert it's thundering
der Blitz lightning
blitzen (reg.) to be lightning
es blitzt there's lightning

17.5 Outdoor activities

zelten (reg.) to camp
das Zelt (-e) tent
eine Campingtour machen (reg.) to go on a camping tour
wandern* (reg.) to hike
die Wanderung (-en) hike (noun)
eine Wanderung machen (reg.) to go on a hike
die Hütte (-n) hut
die Pause (-n) pause, break
Pause machen (reg.) to pause, to have a break
das Lagerfeuer (-) campfire
das Segelboot (-e) sailing boat
das Ruderboot (-e) rowing boat
kentern to capsize
trocken dry
naß wet
durchnäßt wet through, soaked
müde tired
erschöpft exhausted
die Bergbahn (-en) cable railway
die Seilbahn (-en) cable railway

See also:
Vokabeln 7 *Free time*
Vokabeln 3 *Holidays*
Vokabeln 8 *Travel*
Vokabeln 18 *Accidents*

18 Unfälle ■ Accidents

18.1 Accidents in general

der Unfall (¨e) accident
einen Unfall verursachen (reg.) to cause an accident
das Unglück (-e) disaster, accident
der Notfall (¨e) emergency
die Notbremse (-n) emergency brake
die Gefahr (-en) danger
gefährlich dangerous
verletzen (reg.) to injure
sich verletzen (reg.) to injure oneself
verletzt injured
schwerverletzt seriously injured
der Verletzte (see HB 1.7) injured person, casualty
bewegungslos motionless
schreien (stk) to shout, to scream, to cry out
der Schrei (-e) shout, scream (noun)
weinen (reg.) to cry, to weep
die Träne (-n) tear
helfen + dat. (stk) to help
er half mir he helped me
die Hilfe help (noun)
Hilfe! help!
einen Krankenwagen rufen (stk) to call an ambulance
einen Arzt rufen (stk) to call a doctor
die Polizei alarmieren (reg.) to notify the police, to alert the police
die Polizei benachrichtigen (reg.) to inform the police
retten (reg.) to rescue, to save
die Rettung rescue
der Hubschrauber (-) helicopter
die Feuerwehr fire brigade
der Feurwehrmann (-leute) fireman
erschrecken (reg.) to frighten sb.
erschrecken* (stk) to get a fright
beschädigen (reg.) to damage sth.
der Schaden (¨) damage (noun)
der Totalschaden irreparable damage (i.e. so as to be a write-off)
das Auto hatte Totalschaden the car was a write-off
stolpern* (reg.) to stumble
fallen* (stk) to fall
stürzen* (stk) to fall (violently)
sie stürzte von ihrem Rad she fell off her bike
sich den Arm brechen (usw.) (stk) to break one's arm (etc.)
ich brach mir den Arm I broke my arm
sich den Fuß verstauchen (reg.) to sprain one's ankle
ich verstauchte mir den Fuß I sprained my ankle
sich den Fuß verrenken (reg.) to sprain one's ankle
ich verrenkte mir den Fuß I sprained my ankle
der Brand (¨e) fire (e.g. a house catching fire)
in Brand geraten* (stk) to catch fire
das Haus geriet in Brand the house caught fire
brennen (unreg.) to burn, to be on fire

18.2 Cars and driving

Auto fahren* (stk) to drive (a car)
der Autofahrer (-) car driver (m.)
die Autofahrerin (-nen) car driver (f.)
der Radfahrer (-n) cyclist
der Busfahrer (-) (usw.) bus driver (etc.)
der Führerschein (-e) driving-licence
das Gaspedal (-e) accelerator
Gas geben (stk) to accelerate
er gab Gas he accelerated
die Bremse (-n) brake
bremsen (reg.) to brake, slow down
das Rad (¨er) wheel (also: bike)
der Reifen (-) tyre
steuern (reg.) to steer
das Steuer (-) steering-wheel
das Steuerrad (¨er) steering-wheel
das Lenkrad (¨er) steering-wheel
der Motor (-en) engine, motor
die Haube (-n) bonnet
der Kofferraum (¨e) boot
die Stoßstange (-n) bumper
der Scheinwerfer (-) headlight
die Schlußleuchte (-n) rear light
der Blinker (-) indicator
blinken (reg.) to indicate, to signal
halten (stk) to stop (i.e. come to a halt)
***an*halten** (stk) to stop (come to a halt), to stop (make sb. stop)
weiter*fahren (stk) to drive on, to carry on going
aus*scheren (stk) to pull out (e.g. in order to overtake)
überholen (reg.) to overtake
die Hauptstraße (-n) main road; high street
die Nebenstraße (-n) side road
die Landstraße (-n) country road
die Spur (-en) lane (of a road)
auf der rechten Spur in the right-hand lane
fünfzig Stundenkilometer fifty kilometres per hour
die Geschwindigkeitsbegrenzung (-en) speed limit
die Geschwindigkeitsbeschränkung (-en) speed limit
rasen* (reg.) to race (i.e. go/drive fast)
das Rennen (-) race (noun)
der Rennwagen (-) racing-car

See also:
Vokabeln 8.4 *Travelling by car*
Vokabeln 8.5 *Other means of travel*

18.3 Road accidents

schleudern* (reg.) to skid, to spin
sie schleuderte gegen einen Baum she skidded into a tree
ins Schleudern geraten*/kommen* (stk) to go into a skid
das Auto geriet/kam ins Schleudern the car went into a skid
fahren* gegen + acc. (stk) to drive into sth.
er fuhr gegen einen Baum he drove into a tree
zusammen*stoßen (stk) to collide, to crash
die beiden Autos stießen zusammen the two cars crashed (into each other)
***zusammen*stoßen* mit** + dat. (stk) to collide with sth., to crash into sth.
das Auto stieß mit einem Bus zusammen the car collided with a bus
an*fahren (stk) to run into sth., to hit sth.
das Auto wurde von hinten

angefahren the car was hit from behind
*um*fahren (stk) to knock sb. down
er wurde von einem Bus umgefahren he was knocked down by a bus
überfahren (stk) to run over sb.
das Auto überfuhr ihn the car ran over him
ohne zu + Inf. without -ing
ohne zu halten without stopping
statt zu + Inf. instead of -ing
statt zu bremsen instead of braking
betrunken drunk
einen Alkoholtest machen (reg.) to do a breath test
ins Röhrchen pusten (slang) (reg.) to blow into the breathalyser
mißtrauisch distrustful, suspicious
verbeult dented, battered
die Glasscherbe (-n) fragment of broken glass

See also:
Vokabeln 15 *Crime*
Vokabeln 12 *Town*
Vokabeln 17 *Nature*

19 Fundbüro, Post und Bank ■ Lost-property office, post-office and bank

19.1 Lost property

das Fundbüro (-s) lost-property office
die Fundsachen (pl.) lost property
verlieren (stk) to lose sth.
vergessen (stk) to forget sth., to leave sth. swh.
ich habe meinen Schirm im Zug vergessen I left my umbrella on the train
***liegen*lassen** (stk) to leave sth. (lying about) swh.
ich habe meinen Schirm im Zug liegenlassen I left my umbrella on the train
***nach*schauen** (reg.) to have a look (in order to check/find sth.)
ich habe im Zug nachgeschaut I had a look on the train
***nach*sehen** (stk) to have a look (in order to check/find sth.)
suchen (reg.) to look for sth./sb.
finden (stk) to find
vermissen (reg.) to miss sb./sth., to be without sth.
ich vermisse sie I miss her
jetzt vermisse ich meinen Paß now I'm without (can't find) my passport
***ab*geben** (stk) to hand sth. in
ist zufällig ein Mantel abgegeben worden? has a coat by any chance been handed in?
schätzen (reg.) to estimate; to value sth.
der Wert (-e) value
wie hoch schätzen Sie den Wert? how much do you think it's worth? (literally: how high do you estimate the value?)
ich schätze den Wert auf zehn Mark I estimate the value at ten Marks
wertvoll valuable
wert worth
wieviel ist das wert? how much is it worth?
es ist fünf Mark wert it's worth five Marks
es ist schwer zu sagen it's hard to say
bedeuten (reg.) to mean
es bedeutet mir sehr viel it means a lot to me
enthalten (stk) to contain
mein Name ist darin/drin my name is in it
mein Name ist darauf/drauf my name is on it
vorbei*kommen (stk) to come/call round/in
kommen Sie morgen wieder vorbei! call in again tomorrow!
das Portemonnaie (-s) purse, wallet
der Fotoapparat (-e) camera
die Kamera (-s) camera
das Tagebuch (¨er) diary
die Marke (-n) brand, make
das Leder leather
aus Leder (usw.) made of leather (etc.)
das Metall metal
das Holz wood
das Plastik plastic
der Kunststoff plastic
das Gold gold
das Silber silver

See also:
Vokabeln 11 *Clothing*

19.2 Post-office

die Post post, post-office
ich gehe zur Post I'm going to the post-office
ich bringe den Brief zur Post I'll take the letter to the post
auf der Post in the post office
die Luftpost airmail
das Postamt (¨er) post-office
einen Brief *auf*geben (stk) to post a letter
***ab*schicken** (reg.) to send sth. off
schicken (reg.) to send
der Absender (-) sender
der Empfänger (-) recipient
bekommen (stk) to get, to receive
erhalten (stk) to receive
der Brief (-e) letter
das Schreiben (-) letter (formal word)
schreiben (stk) to write
schreiben an + acc. (stk) to write to sb.
ich schrieb an meinen Onkel I wrote to my uncle
schreiben über + acc. (stk) to write about sth.
in meinem nächsten Brief schreibe ich über die Schule in my next letter I'll write about school
die Adresse (-n) address
die Anschrift (-en) address
der Umschlag (¨e) envelope
kleben (reg.) to stick
der Briefkasten (¨) postbox, letterbox
die Briefmarke/Marke (-n) stamp
das Postwertzeichen (-) stamp (official word)
Einzahlungen payments (sign over counter)
Postlagernde Sendungen poste restante
Porto und Verpackung postage and packing
das Paket (-e) parcel
Paketannahme parcels counter (sign)
das Päckchen (-) package, packet
eine Fünfziger (usw.) a fifty Pfennig stamp (etc.)
zwei Sechziger (usw.) two sixty Pfennig stamps (etc.)
eine Fünfzig-Pfennig-Marke (usw.) a fifty Pfennig stamp (etc.)
eine Marke zu fünfzig Pfennig (usw.) a fifty Pfennig stamp (etc.)
was kostet ein Brief nach . . . ? how much is a letter to . . . ?
die Schlange (-n) queue
Schlange stehen (stk) to queue (up)
viele Leute standen vor dem Schalter Schlange a lot of people were queuing at the counter
der Schalter (-) counter
das Formular (-e) form
ein Formular *aus*füllen (reg.) to fill in a form
stempeln (reg.) to stamp sth. (with a rubber stamp)
ordnen (reg.) to sort (things out)
verteilen (reg.) to sort, distribute (e.g. letters)

19.3 Bank

die Bank (-en) bank
ich gehe zur Bank I'm going to the bank
auf der Bank in the bank
die Sparkasse (-n) savings-bank
die Wechselstube (-n) bureau de change
wechseln (reg.) to exchange
***um*tauschen** (reg.) to exchange
ich möchte zwanzig Pfund in D-Mark umtauschen I'd like to

change £20 into Marks
der Kurs (-e) exchange rate
wie steht der Kurs? what's the exchange rate?
der Scheck (-s) cheque
der Reisescheck (-s) traveller's cheque
***ein*lösen** (reg.) to cash (a cheque)
ich möchte einen Reisescheck einlösen I'd like to cash a traveller's cheque

See also:
Vokabeln 5.5 *Money*
HB 6.6b *Money*

20 Hoffnungen ■ Hopes

20.1 Hopes and plans

die Hoffnung (-en) hope
hoffen (reg.) to hope
ich hoffe, daß... I hope that...
das wollen wir hoffen let's hope so
hoffnungsvoll hopeful, optimistic
optimistisch optimistic
pessimistisch pessimistic
hoffentlich hopefully (i.e. it is to be hoped that...)
hoffentlich regnet es heute nicht hopefully/I hope it won't rain today
enttäuscht disappointed
glücklich happy
unglücklich unhappy
das Glück happiness; luck
ich habe Glück gehabt I was lucky
das Pech bad luck
ich habe Pech gehabt I was unlucky
(du hast) Pech gehabt! hard luck!
so ein Pech! what bad luck! Just my (etc.) luck!
der Wunsch (⸚e) wish (noun)
wünschen (reg.) to wish
ich wünsche dir alles Gute I wish you all the best
der Plan (⸚e) plan
der Zukunftsplan (⸚e) future plan, plan for the future
was für Zukunftspläne hast du? what plans have you got for the future
die Zukunft the future
in der Zukunft in the future
planen (reg.) to plan sth.
***vor*haben** (unreg.) to plan, to intend, to have sth. planned
was hast du heute abend vor? what have you (got) planned for tonight?
ich habe nichts vor I have nothing planned
ich habe vor, nach Amerika zu fahren I plan/intend to go to America
die Absicht (-en) intention
ich habe die Absicht, nach Amerika zu fahren I have the intention/I'm intending to go to America
die Vergangenheit the past
in der Vergangenheit in the past
der Fehler (-) mistake
ich habe viele Fehler gemacht I've made many mistakes
beschließen (stk) to decide
ich habe beschlossen, Deutsch zu studieren I've decided to study German
sich entscheiden (stk) to decide
die Entscheidung (-en) decision
sich entschließen (stk) to decide, to make up one's mind
der Traum (⸚e) dream
träumen (reg.) **(von** + dat.) to dream (of sth.)
ich träume davon, Arzt zu werden I dream of becoming a doctor
der Alptraum (⸚e) nightmare
sich freuen auf + acc. (reg.) to look forward to something
ich freue mich auf die Ferien I'm looking forward to the holidays
ich freue mich darauf, nach Berlin zu fahren I'm looking forward to going to Berlin
eines Tages one day
irgendwann sometime, some day
niemals never
nie never
zur Zeit at the moment
klappen (reg.) to go well, to go right, to work out well
hoffentlich klappt das I hope it works out well
es hat geklappt! it worked!
die Chance (-n) chance
die Gelegenheit (-en) opportunity
die Möglichkeit (-en) possibility
möglich possible
unmöglich impossible
alles mögliche all kinds of things (literally: everything possible)
das geht nicht that's not possible
es kommt darauf an it depends
die Karriere (-n) career
der Erfolg (-e) success
Erfolg haben (unreg.) to have success, to succeed
erfolgreich successful
gelingen* (stk) to succeed
es ist mir nie gelungen, reich zu werden I've never succeeded in becoming rich
passieren* (reg.) to happen
geschehen* (stk) to happen
wissen (unreg.) to know
ich weiß noch nicht, was ich machen will I don't know yet what I want to do
ich weiß (ganz) genau, was ich machen will I know exactly what I want to do
noch nicht not yet
genau exact(ly)
an deiner Stelle (usw.) in your place, if I were you (etc.)
bescheiden modest
ehrgeizig ambitious
sich (dat.) ***vor*stellen** (reg.) to imagine sth.
stell dir vor, du hast eine Million Mark gewonnen imagine you've won a million Marks
das kann ich mir gut vorstellen I can well imagine that
die Phantasie imagination
die Angst (⸚e) fear
ich habe Angst vor + dat. I'm afraid of...
keine Angst! don't worry!
das Problem (-e) problem
kein Problem! no problem!
die Sorge (-n) worry, care (noun)
er hat viele Sorgen he has a lot of worries
mach dir keine Sorgen! don't worry (about it)
berühmt famous
bekannt well-known
arm poor
reich rich
sie will reich werden she wants to get rich
der Millionär (-e) millionaire (m.)
die Millionärin (-nen) millionairess
die Welt world
eine Weltreise machen (reg.) to go round the world
die Jacht (-en) yacht
der Palast (⸚e) palace

See also:
HB 12.3 *Plans and intentions*
HB 10.29 *Referring to the future*
HB, section 7 *Time*

TEACHER'S EDITION

contents

COMPONENTS OF THE COURSE

SCHWARZ ■ ROT ■ GOLD
The Course Book 0 521 27883 X

Twenty Themen – wide variety of materials and approaches – an emphasis on communicative skills combined with work on structures – practice in all four language skills in each Thema – an emphasis on authenticity – carefully cross-referenced for use with **The German Handbook.**

SCHWARZ ■ ROT ■ GOLD
The German Handbook 0 521 27882 1

Practical, readable reference book for all learners in their first years of German – all the German grammar needed up to GCSE level explained simply and with a minimum of technical terms.

SCHWARZ ■ ROT ■ GOLD
Set of 3 Cassettes 0 521 26248 8

Dialogues from the course book – scripted and unscripted listening comprehension material.

SCHWARZ ■ ROT ■ GOLD
Teacher's Edition 0 521 27884 8

The course book – plus teaching notes – plus tapescript – plus answers – plus reproduction masters for revision, and for help with writing.

PUBLISHED BY THE PRESS SYNDICATE OF THE UNIVERSITY OF CAMBRIDGE
The Pitt Building, Trumpington Street, Cambridge CB2 1RP, United Kingdom

CAMBRIDGE UNIVERSITY PRESS
The Edinburgh Building, Cambridge CB2 2RU, United Kingdom
40 West 20th Street, New York, NY 10011–4211, USA
10 Stamford Road, Oakleigh, Melbourne 3166, Australia

First published 1989
Fourth printing 1996

Printed in the United Kingdom at the University Press, Cambridge

A catalogue record for this book is available from the British Library

Library of Congress Cataloguing in Publication data

Webster, Paul, 1952–
Schwarz Rot Gold/Paul Webster.
– Teacher's ed.
p. cm.
English and German.
ISBN 0–521–27884–8
1. German language – Grammar – 1950 –.
2. German language – Text-books for foreign speakers – English. I. Title.
PF3112.W35 1986 438.2′421 – dc20 86–9767

ISBN 0 521 27884 8 paperback

introduction

The target group

The course is aimed primarily at 14–16 year olds preparing for GCSE or similar examinations. It presupposes that they will have done basic German already. The course is flexible, so that it can 'pick up' a variety of pupils.

The topic-based approach

The advantages of this are that the cumulative nature of language learning is somewhat de-emphasised. Each **Thema** is fairly complete in itself. This should aid the setting of short-term goals. It gives pupils a clear framework for their learning. It lends itself to regular testing. The topics give variety, and **Schwarz Rot Gold** deliberately follows a number of different formats. Each **Thema** involves all four language skills.

Practical tips

1 Dialogues and role plays

Almost all **Themen** have model dialogues followed by **Aufgaben** and role plays. The model dialogue is on cassette. Where there is a sequence of role plays, the first is closely based on the model and the rest gradually increase the level of open-endedness. Suggested methods:

a Have pupils act out the printed script.

b Have pupils act it out, but partially from memory. To help them, you can ask them to make brief notes (setting a limit to the number of words they can use), or give them brief notes on the blackboard or OHP. Where this would be too difficult, give them a gapped version. Pairs then practise the dialogue, after which one or two pairs perform it before the whole group.

c It is not always necessary to practise the model dialogue in detail. Instead, you can go straight on to the role plays. Where there are several, you have the chance to differentiate: different pairs can do different ones.

d With difficult ones, take one of the roles yourself and prepare the pupil role with the whole group, before getting one or two pupils to act it out with you.

2 Other pair work

One recommended method is the 'class-corrected drill' suggested by Wightwick and Strubelt in the Longman Audio-Lingual German course. Here, you give a question (or other cue), whereupon one partner from each pair gives an answer in a low voice to his/her partner. Then you give the right answer and the listening partner gives a mark if the speaking partner got it right. For the next question or cue, the roles of the partners are reversed. This can only be used for closed-ended tasks. I often use the following marking system: 3 points for a perfect answer, 2 points for one which communicates correctly but is not totally accurate, and 0 points for anything less. This puts a premium on communication, but with a bonus for accuracy.

3 Writing

Apart from exercises, there are letters (including postcards) and stories. Past tense narrative is normally required in the Higher Writing paper at GCSE. **Schwarz Rot Gold** mainly uses picture stories to practise this. They should usually be written in the first person singular. They are not very authentic, but can be (slightly) creative and even fun. They are a good chance to practise accuracy and to prepare some students for the more demanding written work of Sixth-form German. **Schwarz Rot Gold** suggests a particular method for narratives: the 'key sentence' method. The idea is to break the task down into manageable steps. First, short key sentences are written. Then they are linked together using adverbial expressions and conjunctions. In the early topics, there is printed help. Gradually, the crutches are removed. For some, the **Nacherzählung** technique is used, with the teacher giving a model version.

4 Listening

Dialogues from the book, plus specific **Hörverstehensübungen**, are on the cassettes. The latter are of two types: scripted and unscripted. The scripted ones are meant to be mildly entertaining and pupils should try to understand them in some detail. The unscripted ones are mainly interviews and are more difficult. Pupils usually need to scan them for particular pieces of information. They often simulate the position of visitors to Germany, being conversations between 'sympathetic native speakers' and non-native interviewers.

5 Reading

Most of the material is authentic. There are examples of German handwriting. Pupils are expected to learn to use dictionaries wisely – i.e. to look up key words.

6 Grammar

This is mainly subordinated to the situational material. The approach is flexible. In the early **Themen**, the grammatical material will for some be new, and for others revision. The first two **Themen**, in particular, offer the opportunity to teach or revise many of the basics. Some **Themen** have grammar as a prominent feature: **Thema 3** (perfect tense) is the most extreme example. The first few **Themen** are more grammatical, in general, than later ones. The intention is to 'lift' pupils as quickly as possible to the realm of real everyday German. For this, they need the perfect and simple past tenses and some knowledge of subordinate clauses. These are all covered by the end of **Thema** 7. More rarefied grammar, such as the subjunctive, is treated in such a way as to be optional. The numerous exercises should be regarded as optional too. The book gives copious cross references to *The German Handbook*, in which all the grammar is explained in detail. Able pupils can thus do some of the grammar work on their own.

7 Order of Themen

For the reasons given above, the first few need to be taken in the order as presented, except that 4 and 6 can be left till later if desired. After 7, they can be arranged as you like, except that 10 and 11 must be done earlier than 16 (which extends material introduced in 10 and 11).

8 Vocabulary

The lists are not a compilation of all the words used in the book. They are intended as a guide to the vocabulary pupils are likely to need for active and/or passive use at this level. It is not intended that they be asked to memorise all of it – how much, and how, is left to your discretion.

9 Timing

This will depend on individual circumstances. In my own school, we spend about four terms on **Schwarz Rot Gold**, with about 185 minutes and two homeworks per week.

notes – answers – tapescript

Note: the page numbers in the margin refer to pages in the Course Book.

Thema 1: Menschen

p.1 **Ist der Platz frei?**

(see Course Book for tapescript)

p.3 **Ich habe meinen Paß verloren!**

(see Course Book)

p.7 **Hörverstehensübung A Wer ist wer?**

a Klaus hat dunkle glatte Haare und einen Bart.
b Angela hat kurze glatte Haare und trägt eine große Brille. Sie hat ein rundes Gesicht.
c Heike hat ein ovales Gesicht, und sie hat lange glatte Haare.
d Frau Leichtfuß hat weiße Haare und trägt eine Brille.
e Markus hat glatte Haare und ein ovales Gesicht.
f Katja hat ziemlich kurze Haare und ein kleines Gesicht.

p.7 **Hörverstehensübung B Markus Brodeßer 1**

This is an unscripted interview.

Answers

1 Essen (city in NRW, but he lives on edge in Kettwig).
2 One sister. 3 Fifteen, soon sixteen. 4 Ruth.
5 Teaches (German, politics, history and sociology).
6 She's a housewife (and works part-time in a chemist's).

○ Additional listening comprehension Im Parkverbot

P Polizist A Außerirdisches Wesen

P He! Sie da! Sie stehen hier im Parkverbot!
A Wie bitte? Ich verstehe nicht.
P So dumm sind Sie bestimmt nicht! Hier dürfen Sie nicht parken. Kann ich bitte Ihre Papiere sehen?
A Papiere? Ich habe keine Papiere. Ich bin hier fremd.
P Ach so! Ausländer! Haben Sie einen Paß da?
A Ja, meinen Paß habe ich. Moment . . . bitte schön.
P Was ist denn das? Das ist doch kein Paß!
A Doch – das ist ein Videopaß.
P Na, so was! Hm. Wie heißen Sie, bitte?
A Mein Name ist Agalopipi Kitstrogolni Palapu.
P Ah, ja, danke. Und wie lange sind Sie schon in Deutschland?
A Seit zweieinhalb Minuten.
P Wie bitte? Seit zweieinhalb Minuten?!
A Ja, ich bin Tourist.
P Und woher kommen Sie?
A Von dem Planeten Idioxa.
P Und wie ist Ihre Adresse?
A Milchstraße 500 948.
P Milchstraße . . . 500 . . . 948.
A Ich möchte mir Ihren Planeten nur ganz kurz ansehen. Ich bleibe nur fünf Minuten hier.
P Tut mir leid. Sie bleiben gar nicht hier. Hier dürfen Sie Ihre fliegende Untertasse nicht parken!

Questions and Answers

1 *Why does the policeman tell the stranger off? Stranger parked in 'no parking' area.*
2 *What does the policeman ask for? Stranger's papers.*
3 *What does the stranger produce in reply? Video passport.*
4 *What is the policeman's next question? Asks stranger's name.*
5 *How long has the stranger been there?* $2\frac{1}{2}$ *minutes.*
6 *What does he describe himself as? Tourist.*
7 *Where does he come from? Planet Idioxa.*
8 *What is his address? Milky Way 500 948.*
9 *How long does he want to stay? 5 minutes.*
10 *What does the policeman's last remark mean? I'm sorry. You're not staying here. You're not allowed to park your flying saucer here.*

Thema 2: Alltag und Arbeit

○ **p.12**

Bärbel geht zur Arbeit

Um halb sieben läutet mein Wecker, und ich wache auf.
Dann stehe ich auf.
Ich gehe sofort ins Bad und wasche mich.
Danach ziehe ich mich an.
Ich kämme mich vor dem Spiegel,
und ich schminke mich dann auch.
Dann gehe ich in die Küche und koche Kaffee.
10 Minuten später frühstücke ich. Ich esse immer ein Brötchen mit Butter und Marmelade und trinke zwei Tassen Kaffee.
Dann wasche ich ab.
Ich trockne schnell ab,
ziehe meinen Mantel an,
und um halb acht verlasse ich die Wohnung.

○ **p.20**

Hörverstehensübung A Was macht man hier?

Answers

1 Tennis being played. 2 Someone using a vacuum cleaner. 3 Someone yawning. 4 Someone biting into an apple. 5 Someone washing up. 6 Someone shaving. 7 Someone switching on the radio.

○ **p.20**

Hörverstehensübung B Was sind sie von Beruf?

1 Ich arbeite in einer Werkstatt, wo ich Autos repariere.
2 Ich arbeite bei der Lufthansa. Ich sitze im Cockpit von meinem Flugzeug und fliege zwischen Frankfurt und New York.
3 Ich verkaufe Benzin – Super oder Normal.
4 Ich arbeite bei einer Zeitung. Ich schreibe jeden Tag zwei bis drei Artikel.
5 Ich arbeite mit Computern. Ich schreibe und korrigiere Programme.
6 Ich repariere Radios, Fernseher und Waschmaschinen.
7 Ich bin siebzehn. Ich lerne einen Beruf.
8 Ich suche Kriminelle. Ich arbeite bei der Polizei.
9 Ich bediene die Kunden in einem italienischen Restaurant.
10 Ich behandle kranke Tiere – nicht nur Hunde und Katzen, sondern auch kleinere Tiere wie Hamster und Mäuse und größere Tiere wie Kühe und Schafe, zum Beispiel.

○ **p.20**

Hörverstehensübung C Markus Brodeßer 2

Unscripted interview.

Answers

1 6.30 in term-time. 2 7.30 in holidays. 3/4 He gets dressed and washed. 5 He reads the paper. 6 He walks, goes by train, walks.

7 8.00 (for 8.05). 8 2.15 (or 1.30). 9 Has lunch. 10 Does his homework. 11 Reads, or does something else. 12 Between 10 and 11.

Thema 3: Ferien

pp.22–3 Im Reisebüro

(see Course Book)

p.30 Rollenspiel A Herr Kramer ist Marktforscher

(see Course Book)

p.32 Der Ausflug

An introduction to narrative-writing. It is given as a **Nacherzählung** to make it easier. A suggested text to read aloud:

Am 14. Juli haben wir einen Ausflug gemacht. Nach dem Frühstück haben Peter und ich Butterbrote gemacht. Vati und Mutti haben alles ins Auto eingepackt. Dann sind wir abgefahren. Wir sind die Autobahn gefahren. Zwei Stunden später sind wir am Meer angekommen. Das Wetter ist herrlich gewesen. Wir haben natürlich gebadet. Dann haben wir unser Picknick gegessen. Wir haben Cola und Bier getrunken. Nach dem Mittagessen habe ich Fußball mit Vati gespielt. Peter ist gerudert, und Mutti hat sich gesonnt. Später sind wir ins Café gegangen. Dort haben wir Eisbecher gegessen. Unser Tag am Meer hat uns sehr gut gefallen.

p.32 Hörverstehensübung Herr Maas

Unscripted interview.

Answers

1 D. 2 C. 3 C. 4 A. 5 B. 6 D. 7 B. 8 A. 9 D. 10 B.

Thema 4: Schule

p.35 Zwei Freundinnen

(see Course Book)

p.38 Rollenspiel

Further suggestions: This role play can lead to dialogues in which one person is British and one German. They can compare their schools.

Alternatively, the information can be tabulated so as to compare British and German schools. **Vor-** and **Nachteile** could be sought. A further interview: students are told they are to appear on German radio/TV to talk about school life in Britain. The 'chat show' style interviews could be recorded on audio or video tape.

p.39

Gabriele – Nacherzählung

This is to help students begin to write/tell stories in German. A suggested text to read aloud:

Ich heiße Gabriele Bauer. Letzten Montag habe ich für eine Klassenarbeit in Mathematik gelernt. Das war furchtbar! Ich bin sehr schwach in Mathe, und ich habe gar nichts verstanden. Dann habe ich meine Freundin Kordula angerufen. Sie hat die Arbeit auch nicht verstanden! Um halb neun bin ich zu meinem Vater gegangen. Er hat im Wohnzimmer ferngesehen. Vati hat mir geholfen. Nach zwanzig Minuten habe ich alles verstanden. Ich war sehr dankbar. Am nächsten Tag haben wir die Klassenarbeit geschrieben. Ich habe eine Sechs bekommen. Vatis Erklärungen waren ganz falsch. Das nächste Mal frage ich meine Mutter!

p.39

Hörverstehensübung A Welches Fach ist das?

1 Also, vier mal fünf ist zwanzig, plus sechzehn... Petra, wieviel macht das?
2 Macht bitte den Atlas auf... Seite 31, bitte, Raimund, kannst du mir sagen, welches Land das ist? Und wie heißt die Hauptstadt?
3 Oui, c'est ça! C'est le tableau noir. Répétez, s'il vous plaît. Toute la classe.
4 1492 ist Kolumbus zum erstenmal nach Amerika gefahren. Er hatte drei kleine Schiffe...
5 Heute machen wir ein Experiment mit zwei Batterien, zwei kleinen Lampen und einem Voltmeter...
6 Warum ist das Gras grün? Warum sind alle Pflanzen grün? Wer weiß das? Robert?
7 Jesus Christus hatte zwölf Jünger. Im Neuen Testament heißen sie auch Apostel...
8 (*whistle is blown*) Zwei zu eins! Gruppe eins hat gewonnen. Und jetzt ab in die Dusche!
9 Was möchtest du machen, Regine? Einen Kaffeetisch? Oder möchtest du lieber einen Stuhl basteln?
10 Und jetzt singen wir zwei Lieder von Schubert...

p.39

Hörverstehensübung B Markus Brodeßer 3

Unscripted.

Answers

1 Gymnasium/grammar school. 2 Does Latin and Greek. 3 It's OK.

4 Eng, Lat, Ger, Maths, Chem, Music, Physics, Sport. 5 Eng, Sport, Music. 6 Physics. 7 5 or 6. 8 Every other week. 9 1–1½ hrs. 10 Never worn in Germany.

Thema 5: Einkaufen

p.49

Hörverstehensübung A Wo hört man das?

1. Zahlen Sie bitte am Ausgang! Sehen Sie? Da ist die Kasse!
2. Ich hätte gern zwei neue Batterien für meinen Kassettenrecorder.
3. Ein Pfund Tomaten und ein Kilo Kartoffeln, bitte.
4. Schallplatten? Die finden Sie im Erdgeschoß neben der Schreibwarenabteilung.
5. Ich brauche einen neuen Volleyball. Wieviel kosten sie, bitte?
6. Eine Tube Colgate, bitte, und ich möchte auch eine neue Zahnbürste.
7. Ich brauche eine Paar Sandalen für meine Sommerferien.
8. Haben Sie Beethovens fünfte Symphonie da?
9. Zwei Schweinekoteletts, bitte, und was für Bratwürste haben Sie da?
10. Im Sommer fahre ich mit dem Auto nach England, und ich brauche einen guten englischen Straßenatlas. Haben Sie so etwas?

p.49

Hörverstehensübung B Werbung

This is a difficult listening comprehension for students, and they will probably need some help. Give them the following list:

Soap	Snack meals
Records	Sauce for pasta
Sweets	Washing powder
Decaffeinated coffee	Chocolates
Luxury coffee	Medicine

1 WICK MEDINAIT

- ● Kopfweh, Halsweh
- ○ ...und Husten, Schnupfen und Niesen.
- ● Ob ich bei der Erkältung schlafen kann?
- ○ Du brauchst WICK MEDINAIT.
- ● WICK MEDINAIT?
- ○ WICK MEDINAIT lindert die schlimmsten Erkältungsbeschwerden auf einmal, und ermöglicht so den erholsamen Schlaf.
- ● Es wirkt!
- ○ WICK MEDINAIT – Erkältungssaft für die Nacht!

2 K-TEL

K-TEL präsentiert Fever – Songs die unter die Haut gehen – mit Percy Sledge, Aphrodite's Child. Fever, mit The Hollies, Procul Harum... Fever, jetzt neu von K-TEL.

3 NACHT UND TAG
Kennen auch Sie diesen Kaffee von Jakobs? NACHT UND TAG. Das Besondere: er ist entkoffeiniert und schont Ihr Herz. NACHT UND TAG garantiert vielen eine ruhige Nacht und einen unbeschwerten Tag. NACHT UND TAG mit dem Jakobs-Aroma – das ist echter Kaffeegenuß. NACHT UND TAG – herzschonender entkoffeinierter Kaffee mit dem Jakobs Aroma – wunderbar!

4 LUX
So jung und schon ein Hollywood Star – Michelle Pfeiffer – was tut sie eigentlich für ihre Haut?
– Ich brauche nur Wasser und Seife. Und Seife heißt für mich LUX. Ihr cremigzarter Schaum ist die beste Pflege für mich. Meine Haut beweist es mir... Für mich gibt es nur LUX.
Michelle Pfeiffer nimmt LUX – LUX mit Feuchtigkeitscreme.

5 NUDEL UP
Birkel macht mit NUDEL UP aus Nudeln ein Essen für jeden Geschmack. Denn NUDEL UP ist für Nudeln gedacht, ist frisch und mit Liebe von Birkel gemacht. So wird aus Lieblingsnudeln Tag für Tag ein leckeres Essen mit NUDEL UP.

6 MON CHERI
● Du, mein Professor kommt auch zu unserer Examensfeier.
○ Es ist alles fertig. Ich hab' sogar noch 'was Feines zum Naschen vorbereitet.
● Was zum Naschen für mein' Professor? Das ist bestimmt nicht sein Stil. (*Es klingelt*)
○ Wenn er wüßte was ich habe...?
Uschi, macht die Probe aufs Exempel. Wird der Professor nein sagen können zu MON CHERI?
○ Na... was zum Naschen für den Professor, das ist bestimmt nicht sein Stil. Ein einziges MON CHERI ist übriggeblieben.
● Na ja, MON CHERI ist ja nicht irgendwas zum Naschen. Wer kann dazu auch schon nein sagen?
MON CHERI mit der Piemont-Kirsche.

7 FÜNF-MINUTEN-TERRINE
Die FÜNF-MINUTEN-TERRINE von Maggi, die mache ich mir! Eine kleine warme Mahlzeit. Die FÜNF-MINUTEN-TERRINE von Maggi, 'ne tolle Idee!

8 GALA NUMMER EINS
Du denkst immer nur an andere. Denk' doch einmal auch an dich. Mach' dir selber eine Freude und sag': »GALA NUMMER EINS für mich«. Eduscho GALA NUMMER EINS, ein Kaffee nur für dich gemacht. Gönn' dir den Genuß. Eduscho GALA NUMMER EINS, für die Beste von allen.

9 TOFFIFEE
TOFFIFEE! TOFFIFEE! mit Karamel und Haselnuß, mit Nugatcreme und Schoko drauf. Wunderleicht. Nussig leicht. Leicht und unerreicht. Es steckt viel Spaß in TOFFIFEE! Viel Spaß in TOFFIFEE!

10 GARDINENNEU

- ● Ach, Mutti, wieso sind meine frischgewaschenen Gardinen nicht so weiß wie deine Bluse?
- ○ Gardinen vergrauen, mein Schatz, weil sie seltener gewaschen werden.
- ● Tja, aber ich kann sie doch nicht jede Woche waschen.
- ○ Nein, aber regelmäßig nachbehandeln, mit Hoffmanns GARDINENNEU!
- ● Hoffmanns GARDINENNEU?
- ○ Jetzt mit noch mehr Weißkraft! Macht Gardinen viel weißer als nur gewaschen.
- ● Mutti, jetzt sind sie so weiß wie deine Bluse!
- ○ Ja mein Schatz, durch Hoffmanns GARDINENNEU!

Das neue Hoffmanns GARDINENNEU macht Gardinen viel weißer als nur gewaschen.
Hoffmanns, Pflege ist unsere Stärke!

Thema 6: Feiern

p.54 Die Party

(see Course Book)

p.55 Hörverstehensübung Kommst du mit zur Fete? Hört gut zu! Was sagen sie?

P Peter A Anja J Jochen

P Hallo, Anja, Jochen! Wie geht's euch?
A Gut, danke, und dir?
P Danke, auch gut.
J Sag mal, kommst du mit zur Fete?
P Zur Fete? Zu welcher Fete denn?
J Heute abend bei Renate. Sie feiert ihren Geburtstag.
P Ach so! Sie hat mich letzte Woche angerufen, aber ich hatte es total vergessen.
A Also, kommst du mit?
P Ja, gern. Wann fängt die Party an?
A So gegen zwanzig Uhr hat sie gesagt.
P Sollen wir etwas mitbringen?
A Ja, vielleicht eine Flasche Wein oder so was.
P Gut. Bis heute abend also, Tschüs!
A + J Tschüs!

p.58 Hörverstehensübung A Die Fete

T Teenager G1 Gast 1 G2 Gast 2 M Mutter V Vater

T Tschüs, Mutti! Tschüs, Vati! Viel Spaß!
(Tür geht zu)

Gut! Ich bin sie endlich los.
(Er wählt eine Telefonnummer)
Roland! Meine Eltern sind im Kino, Komm schnell! Wir machen 'ne Fete.
Bring die anderen auch mit!
(Laute Popmusik, Party-Stimmung)

G1 Der Rotwein schmeckt doch gut! Gib ihn mal her!

T Paß auf!
(Flasche wird umgekippt)
Mist! Jetzt haben wir eine halbe Flasche Rotwein auf dem Teppich!

G2 Keine Panik! Es ist ja nur eine halbe Flasche!

T Wenn meine Eltern das sehen!

G1 Keine Angst! Ich hole schnell Wasser aus der Küche.
(Laute Musik, Gerede ... Plötzlich verstummt die Musik. Schreie der Enttäuschung)

G2 Die Stereoanlage ist kaputt!

T Kein Wunder! Du hast doch dein Bier auf den Plattenspieler verschüttet!
Der hat meinen Vater über zweitausend Mark gekostet!
(Tür wird geöffnet)

M Hallo! Wir sind wieder da! ... Was geht denn hier vor? Wer sind diese komischen Leute?

V Ich rufe sofort die Polizei an!

○ **p.58** **Hörverstehensübung B Bei uns zu Hause – Dietmar Dux 1**

Unscripted interview.

Answers

1 Sometimes at home, sometimes in the Alps. 2 An advent crown is made, with four candles. One lit each Sunday. Biscuits are baked. 3 They decorate the tree (NB he mentions wooden figures, baubles, stars and wax candles). 4 Goose, turkey or something else (he also mentions carp briefly). 5 After the meal. 6 They sing carols sometimes. 7 At 4 pm.

Help will be needed with the words **Truthahn**, **Gans** and **Plätzchen**.

Thema 7: Freizeit

○ **p.59** **Komm doch mit!**

(see Course Book)

p.60 **Rollenspiele**

These proceed from the above. **A** is very close to the original, **B** less so, and **C** is only loosely based on it.

Further suggestion: cards can be prepared showing a selection of preferences and times. Without seeing each other's cards, pairs of pupils then converse until they agree on a mutually congenial activity and time. The cards might look like this:

Karte 1	Karte 2
Du gehst gern ins Kino und in die Disco. Du gehst nicht gern einkaufen. Deine Freizeit: samstags, montag- und dienstagabends.	Du gehst gern ins Theater und in die Disco. Du gehst sehr gern einkaufen, aber du gehst nicht gern ins Kino. Deine Freizeit: sonntags, dienstag- und mittwochabends.

○ p.65 So kannst du über deine Freizeit sprechen

(see Course Book)

NB: **Sportverein**: German schools do less sport than in some other countries, and many pupils go to private clubs in the afternoons.

p.67 Aufsatz

Pupils have to write a new version showing what really happened on Katja's date. Some of the printed story can be amended to bring it into line with the pictures. This is a good point to start teaching the 'key sentences' method of writing stories (see introduction p.4).

○ p.68 Hörverstehensübung A   Markus Brodeßer 4

Unscripted interview.

Answers

1 Reading, making things (i.e. **Basteln***), listening to music, playing the guitar (in a group), volleyball, gymnastics and football.   2 He is not keen on rowing.   3 Volleyball.*

○ p.68 Hörverstehensübung B   Dietmar Dux 2

Unscripted interview.

Answers

1 Skiing, tennis, basketball, theatre, opera.   2 Swiss Alps, for skiing.   3 He studies in Göttingen.   4 He cannot afford, as a student, to join a tennis-club.

Thema 8: Reisen

○ **p.70** **Die Reiseauskunft**
(see Course Book)

○ **p.70** **Am Fahrkartenschalter**
(see Course Book)

○ **p.72** **Im Reisebüro**
(see Course Book)

○ **p.73** **Auf Zimmersuche**
(see Course Book)

○ **p.73** **An der Tankstelle**
(see Course Book)

○ **p.79** **Hörverstehensübung A Urlaubspläne**

The speakers are two teenagers.

A Wo möchtest du denn hin?
B Ich möchte am liebsten ins Ausland. Du auch?
A Ja, sicher. Ich hab' schon über 600 Mark gespart, und ich darf zum erstenmal ohne meine Eltern in Urlaub fahren. Wir trampen, ja?
B Sicher! Wenn wir mit dem Zug fahren, haben wir bald kein Geld mehr.
A Also, wo wollen wir hin?
B Wie wär's mit Italien? Schönes Wetter, alte Städte, viele Sehenswürdigkeiten...
A Und Tausende von deutschen Touristen. Nee, ich habe keine Lust, nach Italien zu fahren. Ich möchte lieber nach Frankreich.
B Ich war schon letztes Jahr da – in Paris.
A Also, was schlägst du vor?
B Ich möchte nach England.
A Nach England? Da ist doch das Wetter immer so schlecht. Da regnet's immer!
B Ich weiß, aber ich möchte so gern London sehen – Big Ben und so. Und wir brauchen nicht die ganze Zeit in London zu bleiben.
A Ja, wir können eine Tour machen. Ich möchte nach Schottland – und vielleicht nach Liverpool.
B Nach Liverpool?! Wieso?
A Ich bin doch Deutschlands größter Beatles-Fan!
B Ach, die Beatles – so was Altes! Aber du willst auf jeden Fall nach England?

A Sicher!
B Gut – abgemacht!

○ **p.79** **Hörverstehensübung B In welchem Land sind sie?**

Each of the five short dialogues has two speakers.

Nummer eins

A Heute nachmittag fahren wir auf den Eiffelturm, ja?
B OK! Und dann machen wir eine Bootsfahrt mit einem Bateau-mouche auf der Seine!

Nummer zwei

A Kommst du mit zum Kolosseum?
B Nee! Ich bin zu müde. Rom ist zu groß für mich. Wann fahren wir nach Pompeii?

Nummer drei

A Schön, diese Berge, ne?
B Mmm – herrlich! Aber morgen will ich einkaufen gehen.
A Ja, ich auch. Wir fahren mit dem Zug nach Bern, ja?

Nummer vier

A Gefällt es dir hier?
B In Wien meinst du? Aber sicher!

Nummer fünf

A Eigentlich finde ich es interessanter und schöner hier als in Westberlin.
B Vielleicht. Unter den Linden ist eine sehr schöne Straße. Ich finde Berlin überhaupt schön. Übermorgen fahren wir nach Dresden, ja?
A Ich möchte auch nach Leipzig.

○ **p.79** **Hörverstehensübung C Urlaub in Holland**

Authentic interview.

The missing words should be roughly as follows: *south, two, fine, lay on the beach, swam, was good fun, campsite, (permanent) caravan, 880.*

Thema 9: Gesundheit

○ **p.84** **Beim Arzt**

(see Course Book)

○ **p.85** **In der Apotheke**

(see Course Book)

p.86 **Quiz**

Solutions

1 *Knie, Hand, Mund, Auge, Gesicht, Magen, Finger, Daumen, Brust, Ellbogen.*
2 *Ellbogen, Hals, Magenschmerzen, dünn (schlank), Füße.*
3 *Nase, Arm, Fuß, Daumen, Mund (Zunge).*

○ **p.87** **Hörverstehensübung A Ein kranker Mann**

A Arzt P Patient

A Nehmen Sie doch Platz, Herr...
B Meyer.
A Ah, richtig, Herr Meyer... nein, nicht da – der Stuhl ist vielleicht nicht stark genug! Setzen sie sich am besten auf die Couch!
P Danke, Herr Doktor.
A Nun, was fehlt Ihnen denn?
P Ich bin so schwach, Herr Doktor. Ich kann nicht mehr arbeiten, ich kann nicht einmal spazierengehen. Ich bin immer müde!
A Vielleicht sollten Sie abnehmen. Machen Sie sofort eine Schlankheitskur!
P Aber Herr Doktor, ich muß essen – ich will doch stärker werden. Wenn ich nicht esse, werde ich bestimmt noch schwächer!
A Nein, das stimmt nicht, Herr Meyer. Sagen Sie mal, wieviel wiegen Sie denn?
P 130 Kilo.
A 130 Kilo! Und wie groß sind Sie?
P 1,75 Meter.
A Dann sollten Sie nicht mehr als 75 Kilo wiegen. Was essen Sie zum Frühstück?
P Nichts. Ich trinke nur eine Tasse Kaffee.
A Und zum Mittagessen?
P Ich esse nur einen Apfel.
A Und zum Abendessen?
P Ein kleines Wurstbrot.
A Das kann doch nicht stimmen, Herr Meyer! Wo arbeiten Sie?
P In der Schokoladenfabrik. Von Zeit zu Zeit esse ich eine Tafel Schokolade, aber nicht mehr als zwei Kilo pro Tag.
A Ach so! Herr Meyer, Sie müssen sich sofort eine neue Stelle suchen! Auf Wiedersehen! Der nächste, bitte!

○ **p.88** **Hörverstehensübung B In der Apotheke**

Unscripted dialogue.

Answers

1 Stomach upset. 2 The previous evening. 3 Headache and stomach-ache. 4 Sausages and sauerkraut. 5 A flu virus.

6 One every hour. 7 Go to the doctor's (tomorrow). 8 Nothing to eat, drink ***Kamillentee*** *– camomile tea. 9 DM 3,50 or DM 8,–. 10 The small one at DM 3,50.*

p.88 **Leseübung**

Answers

1 B. 2 D. 3 A. 4 A. 5 C. 6 B. 7 D. 8 A. 9 A. 10 A.

Thema 10: Austausch

p.92 **Die Begrüßung**

(see Course Book)

p.92 **Quiz**

Pupils are unlikely to know the answers until told. The material here could be discussed in one lesson, and the quiz questions done in another. B can be done by pupils alone, if they have access to good dictionaries.

Answers to **A**

1 T. 2 F. 3 T. 4 T. 5 F. 6 T. 7 F. 8 T. 9 T.

p.93 **Das Frühstück**

(see Course Book)

p.94 **Die Disco**

(see Course Book)

p.99 **Hörverstehensübung A Markus und Andrew**

Unscripted interview.

Answers

1 Did you sleep well? 2 He was rather warm. 3 A bike ride. 4 They've done that the last two days. 5 Swimming. 6 Too many people there in this weather. 7 Mining museum in Bochum. 8 They might meet them.

p.99 **Hörverstehensübung B Markus Brodeßer 5**

Unscripted interview.

Markus talks about the places he and Andrew have visited during the exchange. He mentions the following places:

Kettwig – formerly a town, now part of Essen. It lies by the Ruhr and has a picturesque centre.
Münster – the historic town in Westphalia, in the vicinity of which are several moated castles (**Wasserschlösser**), such as the one at Nordkirchen mentioned here.
Xanten – another historic town, close to the Dutch border. Just outside it an open-air archaeological museum where Roman buildings are being reconstructed, including an amphitheatre.
Bonn – Markus does not comment on its attractions.
Maria Laach – ancient abbey in the Rhineland.
Burg Eltz – a medieval castle of fairy-tale design.
Cochem – a wine town on the Moselle, where there is a chair-lift up the hillside.
Nürburgring – the motor-racing circuit.
Sauerland – the area of hills, forests and lakes to the south-east of the Ruhrgebiet. There are caves in the area – Markus alludes to one.
Fort Fun – a theme park with fairground rides in the Sauerland.
Cologne – Markus mentions the cathedral and the excellent Römisch-Germanisches Museum.
Wuppertal – famous for its monorail system.

The answers to the exercise

1 F – one week ago. 2 T. 3 T. 4 F – 20. 5 T. 6 F – nervous. 7 F – walked round the town. 8 F – first looked for eggs. 9 T. 10 T (but lunch not mentioned). 11 T. 12 F – Xanten. 13 T. 14 F – not the Rhine. 15 T. 16 T. 17 T. 18 F – cycle. 19 T. 20 F – 2 weeks.

Thema 11: Kleidung

p.102

Christoph kauft Jeans

v Verkäufer c Christoph

v Bitte schön?
c Ich möchte bitte ein Paar Jeans.
v Was für Jeans möchten Sie denn?
c Äh . . . ziemlich enge Blue Jeans, aber nicht zu teuer.
v Also, keine Levis?
c Nein, die sind mir zu teuer.
v Wie gefallen Ihnen die hier?
c Hmm . . . sie sehen gut aus. Was kosten sie?
v Achtundvierzig Mark.
c Ja, kann ich sie anprobieren?
v Ja, gerne. Welche Größe haben Sie?
c Größe vierzig.

V Da drüben sind die Kabinen.
(Christoph probiert die Jeans an.)
C Sie sind mir leider viel zu groß. Haben Sie die Jeans eine Nummer kleiner da?
V Moment... ja.
(Christoph geht noch einmal in die Umkleidekabine.)
C Ja, die passen mir viel besser, aber sie sind mir ein bißchen zu lang.
V Tut mir leid. Es gibt nur die eine Länge.
C Achtundvierzig Mark sagten Sie? OK, gut. Die nehme ich.
V Kommen Sie bitte mit zur Kasse.

○ p.103 Ruth kauft einen Pullover

(see Course Book)

○ p.108 Hörverstehensübung Fünf Urlaubsreisen

V Verkäufer(in) M Mann F Frau

Nummer eins

V Guten Tag, bitte schön?
M Guten Tag. Ich fahre nächste Woche in Urlaub, und ich brauche einige Sachen dafür.
V Ja...
M Ich möchte zum Beispiel zwei bis drei dicke Pullover und ein Paar feste Stiefel für den Schnee.
V Die Pullover haben wir hier, aber Stiefel bekommen Sie in unserer Schuhabteilung.
M Gut. Ich wollte auch fragen: kann man hier auch gute Pelzmäntel mieten?

Nummer zwei

F Guten Tag, was für Anoraks haben Sie da?
V Wir haben eine sehr große Auswahl.
F Diese hier zum Beispiel – in Rot und Gelb?
V Ja, die sind dieses Jahr große Mode.
F Vielleicht probiere ich einen an. Haben sie auch Skihosen da?

Nummer drei

V Guten Tag. Was kann ich für Sie tun?
F Guten Tag. Was kostet dieser Badeanzug hier?
V Sechsundachtzig Mark.
F Mmm – ja, den nehme ich, bitte. Oh – haben Sie Hüte da? Ich möchte einen großen Strohhut für meinen Urlaub.

Nummer vier

M Also, für meine Urlaubsreise brauche ich sehr dünne Sachen. Was empfehlen Sie?
V Ja, am besten nehmen Sie Sachen aus Baumwolle. Die sind immer am kühlsten – und helle Farben sind auch gut.

M Aha. Was können Sie mir also anbieten?

V Wir haben sowohl Hemden als auch Hosen und Shorts aus Baumwolle. Und sie sind sehr preiswert.

Nummer fünf

M Ich spiele schon regelmäßig im Sportverein, aber nicht so intensiv. Wir werden jeden Tag stundenlang trainieren und spielen, und das heißt natürlich, daß ich ziemlich viele neue Sachen brauche.

V Sie meinen Shorts, T-Shirts, und so weiter?

M Ja, aber sie müssen gut aussehen.

○ Additional listening comprehension   Im Kaufhaus

An unscripted dialogue in which a man buys a pair of trousers . . . Space problems have meant that this dialogue has no exercise in the Course Book. Suggested questions with their answers:

1 *What quality does the customer want?   A light quality.*
2 *What does he want the trousers for?   Holiday in Spain.*
3 *What colours is he offered?   Light blue, yellow, white.*
4 *Which colour does he prefer?   Light blue.*
5 *What size does he probably need?   108.*
6 *Where are the fitting rooms?   Round the corner.*
7 *What is wrong with the first pair he tries on?   Too tight.*
8 *What does the customer ask for then?   Bigger size.*
9 *What is he offered instead?   Another style, also in light blue.*
10 *Why does the assistant recommend a similar pair in another colour?   For comparison, and they are a special offer at only DM 65.*

Thema 12:   Stadt

p.111   Schilder aus der Stadt

These are just a few of hundreds of possible signs. There are many more in **Signposts: German** by Edith Baer and Margaret Wightman (CUP).

○ p.112   Im Verkehrsamt

B Beamter   T Touristin

B Guten Tag.

T Guten Tag.

B Kann ich Ihnen helfen?

T Ich bin heute morgen in Hamburg angekommen, und ich kenne die Stadt überhaupt nicht. Was gibt es hier zu sehen?

B Es gibt sehr viel zu sehen. Wie lange bleiben Sie voraussichtlich in Hamburg?

T Das weiß ich noch nicht. Wahrscheinlich zwei bis drei Tage.

B Ich gebe Ihnen erst mal einige Prospekte und Broschüren und einen guten Stadtplan.
T Danke schön.
B Bitte... Haben Sie schon die Alster gesehen?
T Die Alster? Nein, was ist das?
B Das ist ein schöner kleiner See mitten in der Stadt.
T Wie heißt das noch mal?
B Die Alster. Sie hat zwei Teile – die Binnenalster und die Außenalster. Da kann man schöne Bootsfahrten machen, wenn das Wetter warm ist.
T Leider regnet es im Moment.
B Ja, das tut mir sehr leid. Wir haben auch einige gute Museen in Hamburg, zum Beispiel das Museum für Hamburgische Geschichte am Holstenwall.
T Hmm... Ich weiß nicht...
B Oder Sie können auch in den Zoo gehen. Hagenbecks Tierpark ist ja weltberühmt und sehr interessant.
T Nein, das interessiert mich nicht so sehr... Wo kann man hier am besten einkaufen?
B Die Mönckebergstraße ist die größte und beste Einkaufsstraße. Sie führt hier (*sie zeigt auf den Stadtplan*) vom Hauptbahnhof zum alten Rathaus.
T Gut danke. Ich glaube, ich gehe auch ins Museum für Hamburgische Geschichte. Ist es sehr weit von hier?
B Nein, es ist gar nicht weit. Sie können entweder zu Fuß gehen, mit dem Bus, oder mit der U-Bahn fahren – vom Hauptbahnhof Linie drei bis nach Sankt Pauli.
T Linie drei. Ja, also, vielen Dank für Ihre Hilfe.
B Bitte. Nichts zu danken.
T Auf Wiedersehen.
B Auf Wiedersehen.

○ **p.113** **Aufgabe**

This focuses on some of the key phrases. It might be worth writing to the Hamburg Tourist Information Office, which will send the colour newspaper **Hamburgtips**, featuring maps and information. (Hamburg-Information, Neuer Jungfernstieg 5, 2000 Hamburg 36)

○**p.116** **Wie fragt man nach dem Weg?**

Answers

1 H. 2 E. 3 K. 4 J. 5 C. 6 A. 7 F. 8 B. 9 G. 10 I. 11 D.

p.117 **Rollenspiele**

NB: In Xanten, **Karthaus** is a former Carthusian monastery.

○ **p.118** **Wo sind wir?**

a He! Sie da! Warum tragen Sie keine Badekappe im Wasser? *(8)*
b Ich bin erst gestern hier angekommen. Können Sie mir vielleicht helfen? *(4)*
c Was für Zahnpasta haben Sie da? *(2)*
d Haben Sie zufällig Prospekte über Urlaubsreisen nach Japan? *(7)*
e Der Arzt hat mir dieses Rezept gegeben. Ich hoffe, Sie können es lesen. *(3)*
f Ich glaube, jemand hat mir meinen Paß gestohlen. Was kann ich tun? *(6)*
g Geben Sie mir bitte vier Stück Apfelkuchen und drei Stück Obsttorte! *(5)*
h Die Gepäckschließfächer sind da drüben – neben den Fahrkartenschaltern! *(1)*
i Einen Eisbecher und eine Tasse Kaffee, bitte. *(9)*

○ **p.122** **Hörverstehensübung A Eine Autofahrerin und eine Politesse**

A Autofahrerin P Politesse

A Ach nein! Ich habe keine Groschen für die Parkuhr – aber ich muß hier parken. In fünf Minuten macht die Bank zu...
P Moment! Was machen Sie denn da? Sie stehen hier an einer Parkuhr. Warum werfen Sie kein Geld ein?
A Entschuldigen Sie – ich habe kein Kleingeld, wissen Sie, und ich will nur schnell in die Bank gehen...
P Tut mir leid. Sie bekommen einen Strafzettel. Das kostet Sie zwanzig Mark.
A Zwanig Mark? Nein, das geht nicht.
P Was? Sie wollen nicht zahlen?
A Ich *kann* nicht zahlen. Ich habe kein Geld. Deswegen wollte ich ja zur Bank! Wenn Sie mir die zwanzig Pfennig für die Parkuhr leihen, gehe ich schnell hinein und hole die zwanzig Mark.
P *Sie* sind frech! Naja... zwanzig Pfennig. Bitte schön!

○ **p.122** **Hörverstehensübung B Thomas will nach Kettwig**

Unscripted dialogue.

Questions and Answers

1 Can you tell me the best way to Kettwig? It's best to take the ***S-Bahn*** *(local railway); it's direct and fast.*
2 Where is the ***S-Bahn*** *station? Go to the main station – straight on – then to platform 11.*
3 When does the next train go? They are every 15 minutes.

p.122 **Hörverstehensübung C Meine Heimatstadt (Dietmar Dux 3)**

Unscripted dialogue.

Answers

1 R. 2 R. 3 F (one hour away). 4 F (1.4 million). 5 R. 6 R. 7 R. 8 F (he lives further out, since he's been a student). 9 R. 10 R.

Thema 13: Kommunikationen

p.124 **Buchstabiertafel (Inland)**

(see Course Book)

p.124 **Telefongespräch A Michael ruft Detlef an**

D Detlef M Michael

D Schulz.
M Guten Tag. Kann ich bitte mit Detlef sprechen?
D Am Apparat!
M Ach, Detlef, grüß dich! Hier ist Michael.
D Grüß dich, Michael. Wie geht's dir denn?
M Gut, danke, und dir?
D Auch gut, danke.
M Du, Silke hat morgen Geburtstag, und es gibt eine kleine Fete. Hättest du Lust zu kommen?
D Morgen abend?
M Ja, so gegen zwanzig Uhr – hier bei mir.
D Michael, kannst du bitte ein bißchen lauter sprechen? Die Verbindung ist nicht sehr gut.
M Kannst du so gegen zwanzig Uhr da sein?
D Ja, natürlich! Danke für die Einladung. Ich freue mich darauf.
M Und bringe einige Platten mit, wenn du kannst.
D OK, mach' ich.
M Die Adresse weißt du, ja?
D Ja, Baumweg 46.
M Richtig. Also, bis morgen, Detlef!
D Ja, bis morgen. Schönen Gruß an Silke! Tschüs!
M Tschüs!

p.124 **Telefongespräch B Ein Anruf von Angela**

F Frau Frisch A Angela (Engländerin)

F Frisch.
A Guten Abend. Frau Frisch?

F Am Apparat!
A Guten Abend. Hier ist Angela aus England.
F Angela! Wie schön! Heike! Angela ist am Telefon! Sag mal, Angela, rufst du aus England an?
A Ja. Ich wollte fragen, wann Heike nächste Woche nach London fährt. Wir wollen sie am Bahnhof abholen.
F Das ist aber nett. Ja, sie fährt am Dienstag, und... Heike, weißt du genau, wann du in London ankommst?... 19.56 Uhr sagt sie.
A Ist das Victoria?
F Victoria?
A Ja, der Victoria-Bahnhof in London.
F Ist das der Victoria-Bahnhof, Heike?... Ja!
A Also, nächsten Dienstag um 19.56 Uhr. Sagen Sie ihr bitte, wir werden da sein, und wir holen sie ab.
F Das ist sehr nett von dir und deinen Eltern, Angela. Heike freut sich sehr auf ihren Besuch. Grüß bitte deine Eltern von uns, ja?
A Ja, und schönen Gruß an Heike! Wiederhören!
F Wiederhören!

○ **p.125** **Telefongespräch C Telefonieren macht nicht immer Spaß**

A Telephonistin B Wilkowski C Willman D Herr Rathsmann

A Hier Reisebüro Intergalaktika, bitte schön!
B Wilkowksi. Schönen guten Tag... äh, kann ich bitte Frau Siemann sprechen?
A Wie bitte? Können Sie das buchstabieren?
B Ja, S wie Samuel, I wie Ida, E wie Emil... M wie Martha, A wie Anton und N wie Nordpol. Und nochmal N wie Nordpol.
A Ach so, Siemann! Es tut mir leid, wir haben hier keine Frau Siemann!
B Ist das also nicht das Krankenhaus?
A Nein, hier ist das Reisebüro Intergalaktika!
B Ach so! Verzeihung! Ich bin falsch verbunden! Wiederhören!
A Wiederhören!...
Hier Reisebüro Intergalaktika! Guten Tag!
C Willmann. Guten Tag. Kann ich bitte Herrn Rathsmann sprechen?
A Ja, Moment... äh, es tut mir leid, die Leitung ist besetzt. Bleiben Sie bitte am Apparat!... Ich verbinde...
D Hier Rathsmann. Hallo! Hallo!? Komisch! Es meldet sich niemand. *(Er legt auf.)*
C Herr Rathsmann?? Hallo! Hallo!? Komisch! Es meldet sich niemand! *(Er legt auf.)*

○ **p.125** **Telefongespräch D Kann ich etwas ausrichten?**

1 Könnt ihr mich bitte am Flughafen abholen? Ich fliege nach Gatwick – nicht Heathrow, sondern Gatwick. Die Flugnummer ist Lufthansa 587 – 5, 8, 7.
2 Ich bin morgen da! Mein Zug kommt um 14.20 Uhr in York an.

3 Es tut mir leid – ich kann nicht kommen. Meine Mutter ist seit gestern im Krankenhaus. Es ist nichts Ernstes, aber ich muß zu Hause bleiben, um meinem Vater zu helfen. Es tut mir wirklich leid.
4 Gruß deine Eltern von mir!
5 Frag Peter, ob er am Samstag zur Fete kommen will. Sag ihm, er soll mich sofort anrufen!
6 Ich kann euch doch nicht vor der Disco treffen. Ich warte vor dem Bahnhof, wenn euch das recht ist – ich treffe euch um halb zehn vor dem Bahnhof.
7 Achim ist nicht da? Sag ihm bitte, daß Sabine schon über eine halbe Stunde auf ihn wartet!!
8 Ach so, Sie sind aus England? Und Herr Schlink ist nicht da? Sagen Sie ihm bitte, daß Herr *Peters* angerufen hat. Ich wäre dankbar, wenn er mich zu Hause anrufen könnte. Ich bin bis neunzehn Uhr zu erreichen.
9 Entschuldigt, daß wir noch nicht da sind. Wir hatten ein kleines Problem mit dem Auto. Jetzt ist alles wieder in Ordnung, und ich glaube, wir werden etwa in einer halben Stunde da sein.
10 Ich habe die Telefonnummer von *Jörg Meßmer* verloren, und sie ist nicht im Telefonbuch. Ich suche jemanden, der die Nummer hat.

○ p.129 Hörverstehensübung A Eine Familie will fernsehen

K Kind V Vater M Mutter

K Mama, was gibt's denn heute abend im Fernsehen?
M 'Politik am Mittwoch'. Du weißt doch, das sehe ich mir jede Woche an.
K Politik? Das ist doch blöd. Was gibt's im Zweiten Programm?
M Das interessiert mich nicht. Ich sehe 'Politik am Mittwoch'.
V Im Zweiten Programm gibt's einen neuen amerikanischen Krimi. Den möcht' ich gerne mal sehen.
K Gibt's du mir bitte die Zeitung, Papa? Das dacht' ich mir! Im Dritten Programm gibt's eine Rockmusiksendung!
M Rockmusik? Nee, so was will ich nicht sehen!
V Ich auch nicht. Mach doch deine Hausaufgaben!
K Hab' ich schon fertig.
M Der Krimi sieht wirklich sehr interessant aus.
V Aber du wolltest doch die politische Sendung sehen?
M Richtig, aber Krimis sehe ich auch ganz gerne.
K Ich schlage vor, wir kaufen einen Videorecorder.
V Wir? Du meinst, wir sollen dir einen Videorecorder kaufen!
K Genau. Oder ihr kauft mir einen kleinen Farbfernseher für mein Zimmer!

○ p.129 Hörverstehensübung B Ein Engländer ruft an

Unscripted dialogue. (see next page for Answers)

Answers

1 26th. 2 Monday. 3 Collect him from the station. 4 How long he will stay. 5 15 days. 6 Wishes it were for longer. 7 Work. 8 Theatre visit.

Thema 14: Haus und Wohnung

○ **p.134** **Wohnungssuche**

(see Course Book)

○ **p.136** **Der Makler und die Studentin**

(see Course Book)

○ **p.139** **Hörverstehensübung A Was beschreibt man hier?**

1 Ich habe viele Hemden, einen Anzug, drei Jacken und einen Mantel. Die sind alle da drin. *(Wardrobe)*

2 Da sitz' ich immer, wenn ich meine Hausaufgaben mache, oder wenn ich einen Brief an meinen englischen Brieffreund schreibe. *(Desk)*

3 Das besteht aus einem Plattenspieler, einem Kassettenteil, einem Radioempfänger und zwei Lautsprecherboxen. *(Stereo)*

4 Das steht in der Küche und ist für alle kalten Sachen da – wie Butter, Wurst, Käse, Milch, usw. *(Fridge)*

5 Das ist viel bequemer als ein normaler Stuhl. Ich sitze da, wenn ich fernsehe. *(Armchair)*

○ **p.139** **Hörverstehensübung B Markus Brodeßer 6**

Unscripted dialogue.

Answers

1 Not large, but enough for one. 2 By the window. 3 One is for him, one for his sister. 4 On a shelf (bookcase) and on the floor.

Thema 15: Verbrechen

General point: the passive is not one of the most essential grammar areas to be mastered for GCSE. However, it does occur in police/crime situations (and others, of course) quite naturally. It can be virtually ignored, if desired, or treated only for comprehension. Only straightforward uses of the passive are covered here (i.e. not uses such as 'Hier wird gestreikt' or 'Mir ist ein Buch geschenkt worden').

○ **p.144** **Die Polizei – dein Freund und Helfer**

(see Course Book)

p.144 **Rot bleibt rot, da helfen keine Ausflüchte!**

(see Course Book)

p.145 **Rollenspiele**

Further suggestions: pupils could play the game 'Alibi'. The basic details of a crime are established. Two (capable) pupils are sent out of the room to concoct their story – they are both suspects, and they have to provide an alibi for each other. They are then interviewed separately in an attempt to find flaws in their stories. Other role-plays can be constructed, too – e.g. between a **Schaffner** and a passenger with no ticket.

p.145 **Hörverstehensübung A Auf der Polizeiwache**

P Polizist F Frau Kröger

P Können Sie ihn beschreiben, Frau Kröger?
F Ja, nein, ich meine...
P Langsam, Frau Kröger! Nehmen Sie doch Platz! Zigarette?
F Nein, danke, ich rauche nicht.
P Also, noch mal...
F Er hatte...er hat...kleine braune Augen...
P Ja...
F Er ist mittelgroß mit ziemlich großen Ohren. Er hat ein kleines rundes Gesicht, und er ist ziemlich dunkel...
P Und wie alt war...ist er?
F Vier Jahre alt.
P Keine Angst, Frau Kröger. Wir suchen Ihren Hund, und wenn wir ihn finden, rufen wir Sie sofort an!

p.146 **Hörverstehensübung B Ein verdächtiger Engländer**

Unscripted dialogue.

Answers

1 What are you doing here? 2 Sorry, no keys. 3 Opening of a window. 4 Papers, passport. 5 He hasn't got them. 6 Forgotten item. 7 Schneider. 8 What the man is doing here. 9 Improving his German. 10 Take him to the police station.

p.146 **Hörspiel Oma und die Diamanten**

O Oma P Passagier Z Zollbeamter J1 erster Junge J2 zweiter Junge E Empfangsdame PO Polizist.

Szene 1: Im Flughafen

P Endlich! Da kommt unser Gepäck!
O Wo ist denn mein Koffer? Das Ding dreht sich so schnell.
P Kann ich Ihnen behilflich sein? Wie sieht Ihr Koffer aus?

O Das ist ein ganz normaler – aus braunem Plastik. Moment – da ist er!

P Bitte schön. Soll ich ihn für Sie tragen?

O Nein, nein – geht schon. Der ist gar nicht so schwer. Es ist nicht weit bis zum Zoll.
(pause)

Z Haben Sie etwas zu verzollen, gnädige Frau?

O Ja. In England hab' ich etwas Tee gekauft.

Z Wieviel Tee haben Sie denn da?

O Hundert Gramm.

Z *(lacht)* Nur 100g – tja, soviel dürfen Sie doch zollfrei einführen, gnädige Frau.

O Wirklich? Das ist aber nett.

Z Soll ich Ihnen helfen? Das ist doch ein ziemlich großer Koffer, den Sie da haben.

O Nein – danke! Ich schaffe das schon. Wiedersehen!

Z Wiedersehen!
(Vor dem Flughafen)

O So, meine Jungen. Ich hab's geschafft!

J1 Omi! Du bist große Klasse! Und die Diamanten?

O Keine Angst – die sind noch im Koffer.

J2 Wo wollen wir jetzt hin?

O Ins beste Hotel der Stadt. Das können wir uns jetzt leisten!

Szene 2: An der Rezeption

E Wie lange wollten Sie bleiben?

O Drei, vier Tage – vielleicht etwas länger, wenn es uns hier gefällt...

E Ah – wo ist ihr Gepäck?

O Gepäck..? Wir haben zur Zeit nur den einen Koffer...äh...

J1 Ja – unser Gepäck ist leider in das falsche Flugzeug eingeladen worden. Soviel wir wissen, ist es jetzt in Rom.

E *(ungläubig)* Ach, so ist das! Tja, es tut mir leid, aber Sie müssen im voraus bezahlen.

J2 Bezahlen? Ach so, natürlich – kein Problem...Aber zuerst hätten wir eine Bitte.

O Ja – meine Diamanten. Ich habe sie hier im Koffer, und ich finde das etwas gefährlich, verstehen Sie? Könnten Sie sie mir bitte in Ihrem Geldschrank aufbewahren?

E Aber natürlich, gnädige Frau.

O Ich muß aber zuerst auf mein Zimmer, um die Diamanten auszupacken.

E Bitte schön. Da ist der Aufzug. Der Boy bringt Sie auf Ihre Zimmer.

Szene 3: Im Hotelzimmer

O Also, meine Jungen, jetzt sehen wir uns unsere Diamanten an.

J2 Ich hatte aber Angst, als die Dame sagte, wir müssen im voraus bezahlen.

J1 Wenn sie unsere Diamanten sieht...

O Helft mir doch – ich bekomme den Koffer nicht auf.

J2 So geht das, Oma.
O Hier müßten sie sein, unter dem falschen Boden...aber dieser Koffer hat gar keinen falschen Boden...
J1 Doch – laß mich mal!
J2 Oma hat recht. Die Diamanten sind nicht da.
J1 Wißt ihr, warum? Das ist doch nicht der richtige Koffer. Oma hat den falschen Koffer genommen!
O Die Koffer sahen alle so ähnlich aus!
(Es klopft)
O Herein!
E Entschuldigen Sie, haben Sie die Diamanten da? Und ich hatte beinahe vergessen – Sie müssen im voraus bezahlen...
J1 Raus mit Ihnen! Lassen Sie uns doch in Ruhe!
O Entschuldigen Sie meinen Enkel. Ich komme gleich 'runter und bringe das Geld mit.
E Vielen Dank. Entschuldigen Sie, daß ich Sie gestört habe.
O Was machen wir nun, meine Jungen?

Szene 4: An der Rezeption

E Hallo? Polizei? Hier ist das Hotel zum Löwen. Kommen Sie bitte sofort!
PO Was ist denn los?
E Eine ältere Dame und zwei junge Männer sind etwa vor einer Stunde hier angekommen. Sie sind schlecht gekleidet, und sie haben nur einen Koffer. Sie sagen, Sie haben Diamanten, aber ich glaube kein Wort davon. Sie benehmen sich äußerst verdächtig.
PO Wunderbar. Ich glaube, das sind internationale Diebe, die wir seit Monaten suchen!

p.147 **Der Ladendieb und das Punkermädchen – Aufsatz**

Note the pronunciation of **Punker**, which is 'Panker'.

Thema 16: Essen und Trinken

○ **p.151** **Im Restaurant**

(see Course Book)

Note that the model dialogue shows how to round up the price to allow for a tip – by simply stating the figure you want to be charged.

○ **p.154** **Mittagessen zu Hause**

FRAU N So, das Essen ist fertig...Gut, wir sind alle da.
RAINER Was gibt's denn heute, Mutti?
FRAU N Frikadellen mit Kartoffeln und Rotkohl. Magst du Frikadellen, Robert?

ROBERT Ich habe sie noch nie probiert, aber sie sehen gut aus, und sie riechen gut.

RAINER Und Rotkohl? Habt ihr Rotkohl in England?

ROBERT Ja, ich glaube schon, aber ich habe Rotkohl nie gegessen.

RAINER Und habt ihr Kartoffeln in England?

FRAU N Rainer, benimm dich doch!

ROBERT *(lacht)* Ja, Kartoffeln haben wir.

FRAU N So... guten Appetit!

ROB/RAI Danke, gleichfalls.

FRAU N Na, Robert, schmeckt's?

ROBERT Ja, danke, Frau Nelle, es schmeckt ausgezeichnet.

FRAU N Gut, das freut mich... Möchtest du noch eine Frikadelle?

ROBERT Oh, ja, bitte.

FRAU N Bitte...

ROBERT Darf ich mir noch Rotkohl nehmen?

FRAU N Aber natürlich – greif doch zu!

ROBERT Rainer, reichst du mir bitte den Rotkohl?

RAINER Bitte!

ROBERT Danke.

FRAU N Noch eine Kartoffel, Robert?

ROBERT Nein, danke, ich habe schon genug.

RAINER Gibt es heute Nachtisch, Mutti?

FRAU N Ja, Mandelpudding.

RAINER Ach nein! Mandeln mag ich nicht!

FRAU N Das ist mir egal. Es gibt entweder Mandelpudding oder nichts!

RAINER OK. Ich esse den Mandelpudding.

ROBERT Mmm – der Pudding ist lecker.

FRAU N Siehst du, Rainer, die Engländer haben Geschmack – mehr als du jedenfalls. Robert, gibt es irgendetwas zu essen, was du nicht magst?

ROBERT Eigentlich esse ich fast alles gern. Nur Ananas mag ich nicht.

FRAU N Noch ein bißchen Pudding, Robert?

ROBERT Nein, danke, Frau Nelle, ich kann wirklich nicht mehr essen.

RAINER Komm, Robert! Wir gehen auf den Spielplatz und spielen Fußball!

ROBERT Toll – aber wir müssen deiner Mutter helfen. Frau Nelle, kann ich Ihnen helfen? Soll ich den Tisch abräumen?

FRAU N Danke, Robert, das ist nett von dir. Du bist ein Gentleman. Rainer, hilf ihm doch! Zeig ihm, wo alles hingehört!

RAINER Ja, Mutti. Und ich wollte Fußball spielen. Ich bin froh, daß ich kein englischer Gentleman bin!

Note that the blanks in the Course Book represent more than single words. It is always Robert's lines which have to be supplied; pupils are thus put into the situation that they would find themselves in when staying in a German family.

p.156

Hörverstehensübung A Geburtstagsfeier im Restaurant

Am 14. März hatte Jutta Kärcher Geburtstag. Wie jedes Jahr ging sie am Abend mit ihren Eltern und ihrer Schwester Bärbel ins Restaurant, um ihren Geburtstag zu feiern. Die Familie mußte leider sehr lange warten, bis der Kellner endlich bereit war, sie zu bedienen. Herr Kärcher bestellte eine Zwiebelsuppe, die er nicht essen konnte, da sie wie Spülwasser schmeckte. Eine Stunde später kam endlich das Hauptgericht: alle hatten sich für Zigeunerschnitzel entschieden. Juttas Eltern und ihrer Schwester schmeckten die Schnitzel ganz gut, aber der Kellner stolperte, als er Juttas Portion bringen wollte, und das Schnitzel landete auf der neuen Hose, die sie zum Geburtstag bekommen hatte! Sie hatte keine Lust mehr, die neue Portion zu essen, die der Kellner ihr später anbot. Als Nachtisch bestellten die Kärchers vier Portionen gemischtes Eis mit Sahne.

„Sie haben etwas an der Krawatte“, sagte Frau Kärcher zum Kellner, als er das Eis brachte.

„Ach, was!“ sagte der Kellner, „das ist doch nur ein bißchen von Ihrer Sahne!“

Einige Minuten später kam der Kellner zurück.

„Das macht... sechsundneunzig Mark vierzig“, sagte er.

Die vier Mitglieder der Familie Kärcher sahen sich kurz an. Dann sagte Frau Kärcher:

„Nein! Wir zahlen nicht.“

„Moment!“ schrie der Kellner, „Das gibt's doch gar nicht! Ich rufe sofort die Polizei an!“

Die Familie Kärcher war aber schon weg.

p.157

Hörverstehensübung B Markus Brodeßer 7

Answers

Sauerbraten *and* ***Klöße*** *– typically German, but not liked by Markus; also does not like fish; likes pizza (but does not get it often), pancakes, salad; likes beer and wine (on hot days), coffee (for breakfast), orange juice; dislikes milk and* ***Sprudel****.*

Thema 17: Natur

p.162

Auf dem Campingplatz

(see Course Book)

p.162

Grammatik

(see Course Book)

p.163

Übungen

(see Course Book)

○ p.166 Hörverstehensübung A Wie ist das Wetter?

Nummer eins

Hallo, Vati? Hier ist Marianne... heute mittag um dreizehn Uhr sind wir angekommen... herrlich, einfach herrlich. Wir wollen den ganzen Urlaub am Strand verbringen!

Nummer zwei

Bei dem Wetter können wir doch keine Radtouren machen. Man will doch nicht die ganze Zeit naß sein. Wir haben uns sowieso schon erkältet. Heute bleiben wir den ganzen Tag im Hotel, wo wir keine Schirme und keine Anoraks brauchen! Morgen fahren wir nach Süden. Da soll das Wetter besser sein.

Nummer drei

Blöd, ne? Wir sind in den Alpen, aber wir können nicht skifahren, weil es zuwenig Schnee gibt. Moment! Es hat gerade angefangen zu schneien!

Nummer vier

Fantastisch! Ich habe mich ja seit Jahren auf diesen Urlaub gefreut, und ich finde es einfach toll hier. Es ist alles weiß! Man muß sehr dicke Sachen tragen, aber es macht sehr viel Spaß. Wir bleiben jedesmal zwei bis drei Stunden draußen, und sehen uns die Stadt an, dann kommen wir ins Hotel zurück – wo es sehr warm ist – zu warm eigentlich...

The exercise is difficult as set in the Course Book, because reading comprehension and careful weighing of the information are called for, as well as understanding of the phone calls. It may be simplified, if desired, by ignoring the weather map, and simply asking pupils to suggest likely locations. Even easier: give a list of possible dates and locations. Note that the map itself is not needed for the task as set, but just the small box of information on the left. The answers are: *1 Canaries.* *2 Spain.* *3 Austria or Switzerland.* *4 Denmark.*

○ p.167 Hörverstehensübung B Wettervorhersagen

Three authentic radio weather forecasts.

This is difficult, and so the Course Book gives more help than usual. The first two forecasts include a survey of the weather situation. This has been ignored in the questions, which concentrate solely on the actual forecasts. Instead of answers to the questions, here are the key German phrases from the three forecasts:

Forecast 1: Im Südosten Föhn. Im Übrigen stark bewölkt. Zeitweise Regen, der im Süden länger andauert. Tiefstwerte im Osten um 6, sonst um 10 Grad. Tageshöchsttemperaturen 11–16 Grad, im Südosten bis 21 Grad. Schwacher bis mäßiger Wind aus Süd bis Südwest, später auf West drehend.

Forecast 2: Veränderliche überwiegend starke Bewölkung. Vor allem im Norden und Osten zeitweise leichter Regen. Tiefstwerte in der Nacht um 4 Grad. Im Süden örtlich 0 Grad.

Tageshöchsttemperaturen 6–11 Grad. Schwacher bis mäßiger Wind (im Norden starker Wind) aus westlichen Richtungen.

Forecast 3: Bis morgen früh. Im südöstlichen Baden-Württemberg noch stellenweise Schneefall. Sonst wolkig mit Aufheiterungen und meist trocken. Nachmittags und abends... erneut Eintrübung und nachfolgend Schneefall – in den Niederungen z. T. auch Regen. Höchsttemperaturen: 2–5, Tiefstwerte: 0–3 Grad.

Thema 18: Unfälle

○ **p.174**

Hörverstehensübung A Nach dem Unfall

M1 erster Mann M2 zweiter Mann F Filialleiterin.

M1 Sie Idiot! Warum haben Sie nicht aufgepaßt?

M2 Ich? Sie sind doch schuld. Sie benehmen sich, als ob das ein Rennwagen wäre! Wir sind nicht in Hockenheim!

M1 Und Sie sind nicht auf dem Nürburgring! Schauen Sie mal – Sie haben mir das eine Rad ganz kaputtgemacht – sehen Sie? Dieser Wagen hat Totalschaden!

M2 Moment mal! Ich hatte zwanzig Eier hier in meinem Wagen, und die meisten haben Sie mir kaputtgemacht!

F Was soll das hier?

M1 Entschuldigen Sie – dieser Mann hier...

F Das will ich nicht hören. Ich bin die Filialleiterin von diesem Supermarkt, und es ärgert mich sehr, wenn die Kunden unsere Einkaufswagen kaputtmachen! Verlassen Sie bitte sofort das Geschäft, oder ich rufe die Polizei!

○ **p.174**

Hörverstehensübung B Unfall im Kaufhaus

Unscripted dialogue.

Answers

1 What have you done there? 2 Glasses. 3 He did nothing. 4 Hundreds of Marks. 5 Just turned round and they fell. 6 Just to look at the glasses. 7 He will not. 8 Get the police.

Thema 19: Fundbüro Post Bank

○ **p.176**

Im Fundbüro

(see Course Book)

○ **p.183**

Auf der Bank

(see Course Book)

○ **p.183** **Hörverstehensübung A Problem im Fundbüro**

B Beamtin M Mann

B Guten Tag. Bitte schön!

M Guten Tag. Ich...

B Kommen Sie doch hierher!

M Ach so! Da sind Sie. Ich kann im Moment nicht gut sehen.

B Aha! Sie können nicht gut sehen. Heißt das etwa, daß Sie Ihre Brille verloren haben?

M Nein, nicht meine Brille – ich habe keine – sondern meine Kontaktlinsen – sowohl die linke als auch die rechte.

B *(schreibt)* Eine... linke... und... eine... rechte... Können Sie die Linsen beschreiben?

M Beschreiben?

B Ja. Ich muß eine Beschreibung des verlorenen Gegenstandes aufschreiben.

M Haben Sie noch nie eine Kontaktlinse gesehen? Sie sind sehr klein, sie sind aus Glas, und sie sehen aus... wie Regentropfen!

B Aber ich bitte Sie... wie sollen wir so etwas finden?

M Das weiß ich nicht. Ich arbeite nicht bei einem Fundbüro! Aber ich brauche die Linsen. Ich hatte schon einen Verkehrsunfall, weil ich nicht richtig sehen konnte.

B Was? Sie fahren Auto, obwohl Sie nichts sehen können?

M Nein! So dumm bin ich nicht, aber ich bin bei Rot über die Straße gegangen.

B Und wo haben Sie Ihre Linsen verloren?

M Auf der Straße, in der Innenstadt.

B Wann war das?

M Heute morgen. Das Wetter ist sehr trocken, wissen Sie, und es ist windig. Bei solchem Wetter habe ich oft Probleme mit meinen Linsen. Ich hab' ein paarmal geblinzelt, und plötzlich waren sie weg.

B Die finden wir bestimmt nie. Es tut mir leid.

M Sie müssen mir aber helfen! Haben Sie überhaupt keine Kontaktlinsen da?

B Nein, wir haben keine Kontaktlinsen... Moment mal, wir haben seit einem Jahr eine Brille, die keiner abgeholt hat... Ja, hier ist sie.

M Meine alte Brille! Unglaublich! Die hab' ich weggeworfen, als ich meine Kontaktlinsen gekauft habe.

B Na so was. Können Sie jetzt sehen?

M Ja, ich sehe alles!

B Auch das Schild hier an der Wand?

M Welches Schild?

B Dieses. Jeder Artikel, der abgeholt wird, kostet zehn Mark.

M Bitte.

B Danke schön! Wiedersehen!

M Wiedersehen! Jetzt gehe ich meine Linsen suchen!

p.183 Hörverstehensübung B Auf der Post

Unscripted dialogue.

Answers

1 Telephone relatives in England. 2 Has he the number? 3 Write the number down. 4 DM 2,50. 5 One minute. 6 Three minutes. 7 Go to Booth 3. 8 A 'toot' sound.

Thema 20: Hoffnungen

p.192 Hörverstehensübung A In der Zeitmaschine

A Ansagerin V Vater K Kind

A Willkommen in unserer Zeitmaschine! Schnallen Sie sich bitte erst einmal an, dann können wir abfahren. Heute fahren wir in die Zukunft, um das Jahr 2098 zu besuchen. Vor Ihrem Sitz sehen Sie einen kleinen Videoschirm, der das jeweilige Jahr anzeigt. 2098 ist eines der schönsten Jahre der Zukunft. Sie werden unter anderem die wunderbaren Häuser sehen, die drinnen viel größer sind als draußen. Im Jahre 2098 gibt es kein Öl mehr. Die Energiequelle ist die Sonne. Sie werden auch die Moden der Zukunft sehen – die Kleider mit Farben, die jederzeit verändert werden können. Sie werden die Autos bewundern, die genausogut fliegen als auf der Straße fahren können. Nur die Landschaft sieht ähnlich aus wie heute. Leider gibt es aber keine Bäume mehr, weil alle gestorben sind. Folglich gibt es kein Holz mehr, sondern nur Plastik und Metall. Vielleicht werden Sie sogar Mitglieder Ihrer Familie erblicken, die noch nicht geboren sind. Das alles – und sehr viel mehr – erwartet Sie in der Zukunft. Machen Sie es sich bequem – denn die Reise dauert über hundert Jahre!

K Vati, ich hab' keine Lust, in die Zukunft zu fahren.

V Wieso?

K Ich habe Angst.

V Das ist doch nur ein Spiel. In zehn Minuten ist alles vorbei. Wir fahren nicht wirklich in die Zukunft. Sei doch brav, und nachher kauf' ich dir ein Eis.

p.192 Hörverstehensübung B Dietmar Dux 4

Unscripted interview.

Answers

1 Teaching assistant. 2 Travel around, see the country. 3 Wimbledon and golf tournaments. 4 London. 5 Countryside and villages. 6 Scotland. 7 Doesn't yet know. 8 Doesn't know.

p.193 Lesen

Answers

1 D. 2 A. 3 C. 4 A. 5 C. 6 D. 7 B. 8 A.

How to write letters

This skill is needed for both Basic and Higher Writing at GCSE. Sometimes you have to write a postcard or letter based on instructions set by the examiners, and sometimes you have to write a reply to a postcard or letter printed on the examination paper.

Whatever letter writing you have to do, you must first decide which of the three types is called for, and then you must stick consistently to the correct form. The three types are: INFORMAL SINGULAR, INFORMAL PLURAL and FORMAL.

1 Informal singular

These are letters in which you write to a friend of your own age – usually a pen-friend or exchange partner. You need the **Du** form throughout – not **Sie**! The accusative form is **Dich**, the dative is **Dir** and the possessive form is **Dein**. In letter writing, these words are given a capital letter.

This is the layout you must use. Note all the details, such as the use of capitals and punctuation.

Rainham, den 18. Oktober

Lieber Peter, (Liebe Petra,)
danke für Deinen Brief. Wie geht es Dir? Ich freue mich darauf, Dich zu besuchen . . . etc.

Schreib bald!
Viele Grüße,
Dein (Deine
Robert Rebecca)

Beginnings and endings

Typical phrases to use at the beginning of such letters include:

danke für Deinen Brief, den ich gestern bekommen habe
vielen Dank für Deinen Brief
es hat mich sehr gefreut, Deinen Brief zu bekommen

Typical endings are:

schreib bald!
schreib bald wieder!
laß bald von Dir hören!
bis bald!

Closing greetings:

viele Grüße
herzliche Grüße
mit herzlichen Grüßen
alles Gute!

Germans like to send greetings to other people, like this:

viele Grüße, auch an Deinen Bruder und Deine Eltern
(an + Akk)
schönen Gruß an Petra!
grüß bitte Petra von mir!

2 Informal plural

These are letters written to more than one friend. The format and phraseology are very similar to the ones used for informal singular letters, except that you have to be very careful to use all **Ihr** forms, instead of **Du**. The accusative and dative of **Ihr** is **Euch**, and the possessive is **Euer**. Remember that the verb ending to use with **Ihr** is **-t**. In letters, **Ihr**, **Euch** and **Euer** are written with capitals. The phrases given in (1) need some modifications, e.g.

danke für **Eueren** (*or*: **Euren**) Brief
laß**t** bald von **Euch** hören!

Take particular care with the opening greeting. **Liebe Familie Schmidt** is no problem, but if two people are to be mentioned separately, the word **lieber**/**liebe** has to be repeated in the appropriate form, like this:

Liebe Karin, lieber Martin,

At the end, remember to write **Euer**/**Eure** before your name, NOT **Dein**/**Deine.**

3 Formal

Formal letters are any letters written to people you would address as **Herr** or **Frau**. Often this means letters to hotels, tourist offices or other organisations, but it might include letters to the parents of a pen-friend, thanking them for something. All the way through, you must use the **Sie** forms, not slipping back into **Du** forms by mistake! The accusative of **Sie** is **Sie**, the dative is **Ihnen** and the possessive is **Ihr**. As usual, these are written with a capital.

Beginnings and endings

The opening greetings are:

> Liebe Frau Meyer!
> Lieber Herr Meyer!
> Liebe Frau Schmidt! Lieber Herr Schmidt! (when writing to a couple)

You use the above forms if you have already had friendly contact with the people. However, if you have to write to complete strangers – such as a tourist office or a hotel, then you write:

> Sehr geehrte Damen und Herren!

If you are writing to a particular person, put:

> Sehr geehrter Herr Braun!

or Sehr geehrte Frau Schwarz!

Notice that these opening greetings have an exclamation mark. This means that the body of your letter begins with a new sentence, and therefore needs a capital letter.

At the end of a formal letter, you put:

> Mit freundlichen Grüßen,
> Robert Davidson

The filling in the sandwich

Although it is important to know how to start and end letters, as shown above, the contents of the letter are far more important – so do not waste too many words on set formulae.

Tenses

All tenses can of course occur in letters, since you can write about past, present and future events. When you are writing about the past, both the perfect and the simple past (**Präteritum**) are equally correct.

Common structures for letters

ich freue mich, daß . . . (*verb last*)	*I am glad that . . .*
ich freue mich auf (+Akk)	*I'm looking forward to (sth)*
ich freue mich darauf, . . . zu (+Inf)	*I'm looking forward to (doing sth)*
ich habe vor, . . . zu (+Inf)	*I plan/intend to . . .*
ich habe beschlossen, . . . zu (+Inf)	*I have decided to . . .*
hoffentlich . . . (*verb second*)	*hopefully . . .*
ich hoffe, . . . zu (+Inf)	*I hope to . . .*
wie geht es (+ Dat)?	*how is/are (people)?*
es geht (+Dat) gut/nicht gut/ besser	*(somebody) is fine/not well/better*
wie gesagt, (+*normal word order*)	*as I said before, . . .*
ich lege . . . bei	*I enclose . . .*
es ist schade, daß . . . (*verb last*)	*it's a shame/pity that . . .*
es tut mir leid, daß . . . (*verb last*)	*I am sorry that . . .*
entschuldige, daß . . . (*verb last*) (Du form)	*forgive me for the fact that . . .*
es wäre schön, wenn . . . (*verb last in subjunctive II*)	*it would be nice if . . .*
ich gratuliere (Dir) zu (+Dat)	*I congratulate you on . . .*
ich wünsche Dir (alles Gute)	*I wish you (all the best)*
ich bin schreibfaul	*I am lazy at letter writing*
in meinem nächsten Brief . . . (*verb second*)	*in my next letter . . .*
heute schreibe ich über (+Akk)	*today I'm writing about . . .*
erzähle mir (Du form) von (+ Dat)	*tell me about . . .*
vom . . . (*date*) bis zum . . . (*date*)	*from the (date) to the (date)*

Special structures for formal letters

ich möchte . . . für (+Akk) reservieren	*I would like to reserve . . . for (date)*
hiermit bitte ich Sie, . . . zu (+Inf)	*I hereby request you to . . .*
ich wäre sehr dankbar, wenn . . . (*verb last in subjunctive II*)	*I would be very grateful if . . .*
bitte teilen Sie mir mit, ob . . . (*verb last*)	*please let me know whether . . .*
ich habe die Absicht, . . . zu (+Inf)	*I intend to . . .*

How to write a past-tense narrative

This skill is needed for the Higher Writing examination.

The tools for the job

You must know how to do:

- the **Präteritum** (simple past tense: HB 10.12–10.16)
- the verb second rule (HB 9.4)
- linking sentences using **und**, **aber**, **denn**, **sondern**, **oder** (which do not affect word order at all – HB 9.7)
- linking sentences using subordinate clauses (HB 9.8)
- opening sentences with time expressions (e.g. HB 7.9a)

Do you know the **Präteritum** of these verbs? (See verb list: HB 10.43)

beginnen	gefallen	nehmen	tragen
bekommen	gehen	rufen	treffen
beschließen	haben	scheinen	trinken
bitten	halten	schlafen	vergessen
bleiben	helfen	schreiben	verlassen
brechen	kennen	schwimmen	verstehen
bringen	kommen	sehen	waschen
essen	können	sitzen	werden
fahren	lassen	sprechen	wiegen
fallen	laufen	stehen	wissen
finden	lesen	stehlen	wollen
fliegen	liegen	steigen	ziehen
geben		sterben	

Note that many verbs are based on these, and form their past tense in the same way, e.g. **aufstehen** is like **stehen**, and its **Präteritum** is **stand auf**. Remember that verbs not on the verb list are regular, and have a past tense using the **-te** endings (HB 10.13), e.g. **besuchte**, **brauchte**, **wartete**, **spielte**. Remember too that there is NO **-t** ending in the **er**/**sie**/**es** line of the **Präteritum**!

PAST-TENSE NARRATIVE

How to write your narrative

The trick is to build up your narrative step by step – not try to get a polished story in one go.

1 Write KEY SENTENCES
These are short, simple sentences, written one to a line. They cover the story in a simple, outline way. They are to be the backbone of your story. Writing key sentences stops you from getting into rambling complications based more on English than German. What is more, you can easily check your key sentences to make sure that they each contain one verb (in second position!) in the **Präteritum**. You can also check that the cases are correct. Here are some example key sentences from a story about a shopping trip:

Ich fuhr mit dem Bus in die Stadt.
Ich wollte einen neuen Pullover kaufen.
Ich ging in ein großes Kaufhaus.
Ich sah einen schönen Pullover.
Er gefiel mir sehr gut.
Ich fragte den Verkäufer: „Kann ich den Pullover anprobieren?“
Ich probierte ihn an.
Er paßte mir sehr gut.
Ich beschloß, den Pullover zu kaufen.

Notice the **Präteritum** verbs, second in each sentence.

2 Add TIME EXPRESSIONS such as the ones in HB 7.9a.
You need a few of these to link your story together. If you put a time expression at the beginning of any key sentence, you must then remember to re-arrange the word order, so that the verb is still second. Taking some of the key sentences given above, you might write:

Eines Tages fuhr ich mit dem Bus in die Stadt.
Sofort ging ich in ein großes Kaufhaus.

Don't think, though, that you need a time expression on the front of every sentence. Just a few will do.

3 Link some of the sentences together using **und**, **aber**, **denn**, **sondern** or **oder**. These have no effect whatsoever on the word order! Here is an example from the key sentences given above:

Ich probierte ihn an, und er paßte mir sehr gut.

Note that a comma is needed before the conjunction.

4 Link some of the sentences together using SUBORDINATE CLAUSES. The details of these are in HB 9.8. These are desirable, but not absolutely essential in your story. Only do them if you can get them right!

Here are a couple of examples using the key sentences given above:

> Ich fuhr mit dem Bus in die Stadt, weil ich einen neuen Pullover kaufen wollte.
> Ich ging in ein großes Kaufhaus, wo ich einen schönen Pullover sah.

5 Use other refinements if you feel able!
e.g. relative clauses (HB 9.9)

> Ich sah einen schönen Pullover, der mir sehr gut gefiel.

e.g. reported speech (HB 10.38)

> Ich fragte den Verkäufer, ob ich den Pullover anprobieren könne/könnte.

6 Write out a NEAT VERSION of your story and then CHECK IT carefully. It is amazing how often people do not check their work and throw away marks carelessly!

Pitfalls to avoid

1 Do not try to translate English! This is doomed to failure. Work from GERMAN vocabulary and expressions that you know.

2 Do not get into long, complicated sentences: the word order and cases are sure to go wrong.

3 Do give characters in the story names, but make sure that they exist and are spelt right. The name **Jürgen** seems to have a great fascination, but sadly many people spell it without its **Umlaut**.

4 Do not slip into the present tense in your story! This is a very common error indeed. The only place the present tense may occur is inside direct speech.

Revision worksheet masters

Advice to the teacher

This revision material is designed to help prepare pupils for the GCSE examination. It thus concentrates on the likely content of the examination. It does not provide systematic revision of **Schwarz Rot Gold** (you will notice that there is no worksheet for **Thema 15**). Most of the tasks are chiefly intended for oral practice, but many can be used for written work, too. The listening tasks require a little imagination on the part of the teacher – there is no fixed script. Where pupils are asked to prepare a talk, it is usually best if they are allowed to make only brief notes – otherwise they will probably turn the task into an exercise in reading aloud. Usually 20 or so key words should be sufficient. Most of the role-play tasks require all the pupils to prepare the role of the foreigner in Germany. In most cases, the teacher should play the German role.

MENSCHEN

M = *Mündliche Aufgabe*
S = *Schriftliche Aufgabe*
H = *Hörverstehensübung*

1(M) You meet a young German and introduce yourself, exchanging information. Include: name (spelling yours), address (explaining about the postcode), phone number, age, birthday and information about your family. Go on to talk about your likes and dislikes regarding famous people and musicians. Invent what the German person says.

die Postleitzahl postcode
die Vorwahl(nummer) dialling code

2(S) Write a paragraph including the above information about yourself. When your teacher has checked it, keep it safe for future reference and revision.

3(M) You or your teacher take on the role of a famous person. Others ask questions to find out who it is and as much as possible about the person.

4(H) Listen to your teacher talking in a role made up by him/her. Note down: name, address, phone number, age, birthday, nationality, religion, marital status, and what he/she says about his/her personality.

5(M) Prepare a talk about your family: what they look like, who they are, what they do, where they live, brothers or sisters (older? younger? married?), pets, etc.

6(S) Write this up for future revision purposes.

M = *Mündliche Aufgabe*
S = *Schriftliche Aufgabe*
H = *Hörverstehensübung*

ALLTAG AND ARBEIT

1(M) Prepare a talk about your daily routine on a normal school day, right from waking up to going to bed, putting in as many details (including times) as possible. You need not go into detail about the school day.

2(M) Now transfer this to the past: say everything you DID yesterday.

3(M) Was machst du an einem typischen Tag in den Schulferien?

4(M) Was hast du letzten Samstag (oder Sonntag) gemacht?
Was hast du gestern abend nach den Hausaufgaben gemacht?

5(H) Listen to your teacher tell you his/her own daily routine. Note down all the points where it differs from that of the typical pupil.

6(M)
a Hast du einen Job?
b Wo arbeitest du?
c Mußt du eine Uniform tragen?
d Wie sieht sie aus?
e An welchem Tag (bzw. an welchen Tagen) arbeitest du?
f Wie viele Stunden arbeitest du in der Woche?
g Was machst du da?
h Wieviel verdienst du?
i Was machst du mit dem Geld?
j Gefällt dir die Arbeit?

7(S) Write this up as a paragraph.

8(S) Der folgende Text ist sehr unlogisch. Verbessere ihn!

Hallo! Ich heiße Nicole Fischer. Ich stehe normalerweise so um zwei Uhr auf, denn ich brauche eine Stunde, bevor die Schule anfängt. Ich dusche mich, ziehe mich aus und esse zu Mittag. Ich muß um Viertel vor neun da sein, weil der Unterricht um acht beginnt. Meine Mutter verläßt das Haus kurz vor halb acht. Ich gehe etwa zehn Minuten später aus dem Haus – um fünf vor halb neun. Meine Mutter arbeitet als Journalistin bei einer Friseuse, aber mein Vater ist Hausfrau. Ich möchte eines Tages Tierärztin werden, weil ich sehr gern mit Computern arbeite. Ich liebe auch Pflanzen. Darum helfe ich meinen Eltern in der Küche. Abends mache ich Popmusik und höre meine Hausaufgaben. Um zehn gehe ich ins Kino und schlafe sofort ein.

FERIEN

M = *Mündliche Aufgabe*
S = *Schriftliche Aufgabe*
H = *Hörverstehensübung*

1(M,S)

a Was machst du normalerweise in den Sommerferien?
b Was hast du letztes Jahr in den Sommerferien gemacht?
c Wie war das?
d Was möchtest du am liebsten in den Ferien machen? (z.B. wenn du viel Geld hättest?)
e Beschreibe einen Urlaub, den du gemacht hast, der dir gut gefallen hat. Mit wem bist du in Urlaub gefahren? Wo wart ihr? Was habt ihr alles gemacht? Wie war das Wetter? Was hast du da gesehen? Wo habt ihr gewohnt?
f Warst du schon mal in Deutschland? (oder in einem anderen deutschsprachigen Land?) Erzähle davon!
g Was hast du im nächsten Sommer vor?

2(S) Meine letzten Ferien

3(S) Mein Traumurlaub

4(M,S) You have done it all and seen it all! Using the perfect tense, say *you* have already done all these holiday activities:

z.B. Ich fahre dieses Jahr nach Florida.
Ach was! Ich bin schon zweimal nach Florida gefahren!

a Ich fahre dieses Jahr in die Alpen.
b Wir fliegen nach Kanada.
c Ich zelte im Schwarzwald.
d Wir mieten eine Wohnung auf Menorca.
e Ich verbringe vierzehn Tage in Paris.
f Ich besuche meinen deutschen Brieffreund.
g Hoffentlich werde ich schön braun.
h Ich habe vor, in einer Jugendherberge zu wohnen.
i Wir wandern dieses Jahr.
j Wir machen einen Strandurlaub.

SCHULE

M = *Mündliche Aufgabe*
S = *Schriftliche Aufgabe*
H = *Hörverstehensübung*

1(M,S) Ein junger Deutscher beschreibt seine Schule. Bereite einen ähnlichen Text vor, in dem du über deine Schule sprichst/schreibst.

Meine Schule ist ein Gymnasium. Ich bin in der zehnten Klasse. Ich bin noch nie sitzengeblieben. Das heißt, daß ich sechzehn Jahre alt bin. Die Schule ist ziemlich gut. Manchmal finde ich den Unterricht langweilig, und die Hausaufgaben gefallen mir auch nicht, aber trotzdem gehe ich ganz gern in die Schule. Wir haben ein modernes Schulgebäude – es ist erst zehn Jahre alt. Wir haben gute Labors und zwei große Turnhallen, aber unser Sportplatz ist leider viel zu klein. Die meisten Lehrer sind in Ordnung. Ich mag meinen Englischlehrer sehr gern. Englisch ist sowieso mein Lieblingsfach. Englisch, Deutsch und Mathematik sind die Pflichtfächer. Ich lerne auch Physik, Chemie, Biologie, Erdkunde, Geschichte, Sport und Religion. Wir haben normalerweise sechs Stunden pro Tag. Ich muß sehr früh aufstehen, weil ich ziemlich weit weg wohne. Ich stehe um sechs Uhr auf und fahre mit der Straßenbahn zur Schule. Wir müssen um fünf vor acht da sein, und um acht fängt der Unterricht an. Die Stunden dauern je fünfundvierzig Minuten. Nach jeder Stunde gibt es eine kleine Pause von fünf Minuten. Nach der zweiten Stunde und nach der vierten haben wir große Pausen von fünfzehn Minuten. Um Viertel nach eins ist die Schule aus. Ich fahre sofort nach Hause. Da esse ich zu Mittag und ruhe mich aus. Dann mache ich meine Hausaufgaben. Ich habe immer sehr viel auf. Ich habe viele Ausflüge mit der Schule gemacht. Ich möchte sehr gern den Austausch mit England machen, aber meine Mutter sagt, daß unsere Wohnung zu klein ist. Wir bekommen sehr viele Ferien. Die Sommerferien sind am längsten. Sie dauern ungefähr sechs Wochen. Die Weihnachtsferien und die Osterferien sind kürzer – zwei bis drei Wochen. Ich habe in meinem Englischbuch gelesen, daß englische Schüler eine Schuluniform tragen müssen. So ein Mist! Ich bin froh, daß wir keine Uniform haben! Ich trage immer einen Pulli und Jeans. Bald bin ich in der Oberstufe. Ich freue mich sehr darauf. Da hat man mehr Freiheit. Ich weiß aber nicht, welche Fächer ich machen will. Ich habe vor, später zu studieren – vielleicht Englisch oder Erdkunde.

M= *Mündliche Aufgabe*
S= *Schriftliche Aufgabe*
H= *Hörverstehensübung*

EINKAUFEN

1(M) In a discussion with a German friend about shopping:
a compare notes on shop hours in our two countries
b ask where people do most of their shopping, and compare notes
c talk about whether you prefer shopping in a supermarket and department store or in small shops – and why

---

2(M) At the delicatessen counter of the supermarket:
a ask what cheese they've got
b ask the price of the Edam and the Emmentaler
c ask for half a pound of Edam and about 100g Emmentaler
d no, you don't mind it being a bit over the weight
e say that's all, thanks

3(M) In the department store:
a find out if you are in the right place for stationery
b ask for a packet of envelopes and a ball-point pen
c the pen is too dear – ask if they have anything cheaper
d accept the cheaper one
e ask if they stock picture postcards or stickers (they don't)
f ask if they have a record department
g find out what floor it's on
h ask if it's quicker to take the escalator or the lift

der Umschlag(¨e) envelope **die Rolltreppe** escalator
der Aufzug/der Fahrstuhl lift

4(M) Wo im Kaufhaus bekommt man…
a Aufschnitt? **c** Ringbücher? **e** Anzüge?
b Schuhe? **d** Souvenirs? **f** Kleider?

In was für einem Geschäft kauft man…
a Koteletts? **c** Brötchen? **e** Zahnpasta?
b Tomaten? **d** Torten? **f** Medikamente?

5(M) Complain! Say you bought the item yesterday, but…
a the bottle-opener is broken
b the T-shirt is dirty
c the apples are sour
d the cheese has gone off
e ask to exchange it
f ask for your money back

der Flaschenöffner bottle-opener

FEIERN

M= *Mündliche Aufgabe*
S= *Schriftliche Aufgabe*
H= *Hörverstehensübung*

1(M) How do you greet...

- **a** people at various times of the day?
- **b** a good friend?
- **c** someone on their birthday?
- **d** people at Christmas/Easter?

2(M) What do you say . . .

- **a** at the start of a meal?
- **b** to guests after a meal you prepared?
- **c** to find out how people are? What are the likely replies?
- **d** to someone who's ill?
- **e** to someone waiting outside the door?
- **f** to someone holding up their glass to yours?
- **g** to someone talking nonsense?
- **h** when things go badly wrong?
- **i** to someone who's about to go out for a nice time?
- **j** to someone who's about to do something risky?
- **k** to someone who's just leaving for home?
- **l** to someone who's just leaving on a journey?
- **m** to someone who's just invited you to a meal at their house?
- **n** when you don't mind either way?
- **o** when you've just been introduced to someone?
- **p** to introduce someone to someone else?
- **q** when handing over a gift?
- **r** when you're given a gift?

3(M) Your German guest wants to have a party while staying with you. How do you...

a say it's impossible, regretfully?
b say it may be possible, depending?
c say your parents will probably be for/against it?
d say your parents will definitely be against it?
e ask questions to find out exactly what the guest has in mind?

es kommt darauf an it depends **bestimmt** definitely

4(S) Du sollst deinem deutschen Freund (bzw. deiner deutschen Freundin) helfen, eine Fete vorzubereiten. Du gehst heute zum Supermarkt, um alles zu kaufen. Schreibe eine ausführliche (*detailed*) Liste!

5(M) You arrive at a German party. How do you...

a say hello?
b apologise for being late, giving an excuse?
c hand over the small gift you've brought for the host(ess)?
d congratulate him/her on his/her birthday?
e admire the flat?
f express approval of the music?
g say how nice the food looks?

FREIZEIT

M= Mündliche Aufgabe
S= Schriftliche Aufgabe
H= Hörverstehensübung

1(M)
- **a** Bekommst du Taschengeld von deinen Eltern?
- **b** Was machst du damit?
- **c** Hast du einen Job in deiner Freizeit?
- **d** Möchtest du einen Job?
- **e** Wo arbeitest du?
- **f** Wann/wie oft?
- **g** Wieviel verdienst du?
- **h** Was machst du mit dem Geld?
- **i** Wo möchtest du lieber arbeiten?

2(S) Write up the preceding section for revision later.

3(M)
- **a** Was für Hobbys hast du?
- **b** Was machst du nachmittags nach der Schule?
- **c** Was machst du abends?
- **d** Was machst du am Wochenende?
- **e** Was hast du in den (Sommer-)Ferien gemacht?
- **f** Bist du sportlich?
- **g** Was für Sportarten treibst du?
- **h** Gehst du gern zum Fußball?
- **i** Für welche Mannschaft bist du?
- **j** Bist du in einem Jugendklub/Sportverein?
- **k** Spielst du ein Instrument?
- **l** Was für Musik hörst du am liebsten?
- **m** Was ist deine Lieblingsband?
- **n** Wer ist dein(e) Lieblingssänger(in)?
- **o** Gehst du gern in die Disco?
- **p** Warst du schon mal in einem Konzert?
- **q** Gehst du manchmal ins Kino oder ins Theater?
- **r** Was siehst du am liebsten?
- **s** Was hast du das letzte Mal gesehen?
- **t** Was siehst du am liebsten im Fernsehen?
- **u** Was für Sendungen siehst du nicht gern?
- **v** Hörst du gern Radio?
- **w** Wann siehst du fern?
- **x** Wann hörst du Radio?
- **y** Hat deine Familie einen Videorecorder?

4(M) Work out dialogues in which you buy cinema/theatre/concert/football/swimming-pool/sports centre tickets. Make sure you can ask for seats at the front/back/in the middle/in the circle. Make sure you can check starting and finishing times. Find out the cost and pay.

5(S) Write a story about a disastrous evening out: Ein katastrophaler Abend.

6(M,S)
- **a** Bist du in einem Klub oder Verein?
- **b** Was kannst du darüber sagen? (z.B. Wann gehst du dahin? Was machst du da? Was kostet das? Wie lange bist du schon Mitglied? Wieviele Mitglieder hat der Klub?)

7(M,S) Sage/schreibe so viel wie möglich über einen Freund (bzw. eine Freundin) von dir.

8(M)

You have Andrew/Andrea staying with you

- **a** Ask what A. wants to do this evening
- **b** Ask if A. feels like going out
- **c** Suggest a disco
- **d** Suggest the cinema
- **e** Suggest two others to invite
- **f** Give A. a choice of two films
- **g** Ask A. to ring up the two others

You are Andrew/Andrea, staying with your German friend

- **a** Reply that you don't know
- **b** Ask where to
- **c** You are not keen on this idea
- **d** Agree to this second idea
- **e** You think this is a good idea
- **f** Say which film you want to see
- **g** Agree to ring up the two others

9(M) Kommst du mit zur Fete? How do you . . .
- **a** say thanks for the invitation?
- **b** express great enthusiasm about going?
- **c** express moderate enthusiasm about it?
- **d** express lukewarm acceptance?
- **e** politely turn it down, giving an excuse?
- **f** turn it down flatly?
- **g** find out what kind of party it is?
- **h** find out if it is a birthday party?
- **i** find out the time to arrive?
- **j** find out what, if anything, you ought to bring along?

10(M) Practise making arrangements with a German friend:
- **a** how do you ask when/where you'll meet?
- **b** suggest 1.30 at the station ticket desk
- **c** suggest 9.15 outside the disco
- **d** suggest 3.00 at his/her house
- **e** suggest 8.25 outside the cinema
- **f** suggest 10.00 outside the swimming-pool

M= *Mündliche Aufgabe*
S= *Schriftliche Aufgabe*
H= *Hörverstehensübung*

REISEN

1(M) **a** Wie kommst du zur Schule?
b Wie lange brauchst du, um zur Schule zu fahren/gehen?
c Wie weit ist dein Haus von der Schule entfernt?

2(M) Prepare a talk on: Die längste Reise meines Lebens.

3(M) Prepare a talk on: Wie man am besten von seinem Wohnort nach Deutschland fährt.

4(M) You want to go to Travemünde for the day:
a ask the best way of getting there *(train)*
b ask if there's a coach – might be cheaper *(no)*
c ask how long it takes *(about one and a half hours)*
d ask how far it is *(about 130 km perhaps)*
e ask how often the trains go *(it varies)*
f ask when is the next *(at 15.23)*

5(M) At the railway station:
a ask if you can get to Kleinkleckersdorf by train *(you can)*
b ask if you have to change *(at Ulm)*
c ask for a second class return *(DM 36)*
d ask what platform the train goes from *(number 3)*
e ask if the train has a buffet car *(no)*

6(M) In the station information office:
a explain you want to go to Bonn on Sunday *(what time?)*
b you want to arrive before 1 pm *(8.55, 9.17)*
c ask when these arrive in Bonn *(12.29, 12.52)*
d pick the later of the two
e check that those trains go every Sunday *(yes)*
f find out about getting back the following Tuesday *(what time?)*
g you want to get back here during the afternoon *(Inter-City?)*
h ask the times of that *(11.00–13.20)*
i note that it is fast: ask if there's a surcharge *(DM 3)*
j check if your train TO Bonn is also an Inter-City *(no)*
k ask if you can book a seat *(both trains?)*
l yes *(sitting where?)*

m you'd like a window seat, non-smoker *(OK)*
n find out if you can buy the ticket here and now *(yes: DM 59,90)*
o ask if there's any reduction for young people *(hard lines!)*
p ask if you can have a copy of the timetable *(here you are)*

7(M) How do you ask for these tickets?
a a single, second class, to Munich
b a return, first class, to Hamburg
c two returns, second class, to Stuttgart

8(M) In the station:
a ask where the toilets are
b ask where the waiting-room is
c ask if you can buy English newspapers there
d ask where the information office is

9(M) How do you ask . . .
a if the train has a dining- or sleeping-car?
b where the loos are?
c if a seat is free/taken?

How do you say . . .
a that this seat is taken?
b it is your reserved seat!?

10(M) Be ultra sure! Check:
a that you are on the right platform for the train to Dortmund
b that this is the train to Dortmund
c that you do not have to pay a supplement
d that you do not have to change
e that the train does have a buffet car

11(M) In the travel agent's:
a explain that you want a ticket to England
b find out the relative prices of flying or going by train
c find out the length of the journey by train/air
d ask about going by hovercraft
e decide which to take, giving a reason for your choice
f find out the details of times, etc., and pay

das Hovercraft/das Luftkissenfahrzeug hovercraft

12(M) On the bus:
a ask the driver to tell you when you should get off; you are going to the Goethestraße
b ask if you have to cancel your ticket

entwerten *(reg.)* to cancel (tickets)

13(M) You have a German guest at home. Explain to him/her how to get by train (or bus) to spend a day in London (or another city). Make sure the guest knows what to ask for, what it should cost, how often the trains run, etc.

14(S) Write to your German penfriend confirming that you are expecting him/her on a date in the near future, to spend a couple of weeks staying with you. The penfriend will be arriving on a boat. Explain to him/her what to do from there in order to get to where you live.

15(M) At a German airport:

a ask when your flight (DA 872) goes

b say you want a non-smoker seat

c ask if you can take your bag on board with you

d ask if you have time to go to the duty free shop

der Duty-free-Shop duty free shop

16(M) At the petrol station:

a ask for the tank to be filled up

b ask for the oil and water to be checked

c ask if they have any toilets there

d ask if this is the right road to get to Hattingen

e ask if they sell maps

17(M) At another petrol station:

a ask for twenty-five litres of either four or two star

b ask them to check the tyres

c ask what there is to see in the village

d find out if you can get a meal nearby

18(M) At yet another petrol station:

a ask for forty marks' worth of four star

b ask how far it is to the motorway

c say your headlights aren't working properly; ask if they can fix them

d ask them to clean your windscreen

e ask for a receipt

die Quittung(-en) receipt

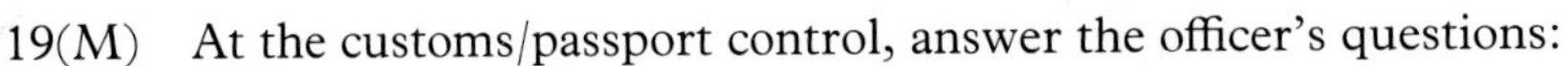

19(M) At the customs/passport control, answer the officer's questions:

a Wie lange wollen Sie in Deutschland bleiben?

b Haben Sie etwas zu verzollen? (Haben Sie etwas anzumelden?)

20(S) Write a letter to the Hotel Seeblick to find out if they have got rooms for you and your parents on the 19th and 20th August. Your parents will want a room with a bathroom, but yours is all right without. Ask the prices for bed and breakfast and also for half board. Find out if you have to pay in advance. Ask them to recommend another hotel if they are full. Ask for a speedy reply.

21(M) Arriving with your parents at a hotel:

a ask if there are any rooms available

b say you have not booked

c say what rooms you require and for how many nights

d ask the cost per night

e check that this includes breakfast

f ask if they serve other meals/whether there's a restaurant

g ask where there is a good restaurant nearby – not too dear

h ask the time of breakfast

i ask if you can go to your rooms now

j ask for your key(s)

On leaving:

k say that you'd like to pay

22(M) Arriving with your non-German-speaking friend at a youth hostel:

a ask if there's any room for tonight

b say who it's for and that it is for one night only

c ask the cost per person

d ask if there is a common room

e ask what time the hostel closes at night

f ask to hire sleeping-bags

g ask about any rules

der Tagesraum common room

M = Mündliche Aufgabe
S = Schriftliche Aufgabe
H = Hörverstehensübung

GESUNDHEIT

1(M) Your German hosts are always asking you how you are. Tell them:
a you're fine
b you're not feeling very well
c you feel funny
d you feel hot/cold
e you feel hungry/thirsty
f you feel tired and want to rest/go to bed
g your foot/feet/head/back/leg/arm/stomach/throat/ears/eyes hurt
h you feel better now

2(M) Tell the chemist what's wrong with you:
a you've got a cough/cold/flu/headache/stomach-ache/sore throat/sunburn/constipation/diarrhoea/stomach upset/food poisoning
b tell him/her how long you've had this/when it started
c tell him/her what you think caused it
d ask if she/he has got anything for it
e ask if you should see a doctor and when surgery hours are
f when offered two sizes of pack, find out their prices
g choose the smaller or cheaper one
h ask how often you should take the tablets/medicine

3(M) Tell the doctor:
a you feel ill
b explain your flu-type symptoms
c yes, you think you have got a temperature
d explain you are staying with a German family nearby
e you are returning to England in a week's time
f ask what you should eat and drink
g agree to go to bed for two days
h tell him/her what, if any, medicine you regularly take
i yes, you have got insurance: travel insurance
j no, you haven't got a '**Krankenschein**' *(m)*, but you have got an E111
k thank him/her and leave

der Krankenschein document used by Germans when claiming medical treatment
der E-111-Schein E111 (a document entitling you to free treatment inside the European Community)

M= *Mündliche Aufgabe*
S= *Schriftliche Aufgabe*
H= *Hörverstehensübung*

AUSTAUSCH

1(S) Write to your German penfriend telling him/her all the details of your forthcoming visit to his/her family. Make sure they know the exact dates and times of your stay, when and where to meet you and any other relevant details.

2(M) You ring up the German family you are about to go and stay with:
- **a** check you are speaking to Herr or Frau Braun
- **b** explain who you are and where you are phoning from
- **c** find out if it is all right for you to arrive next Tuesday
- **d** say you'll be travelling by train and give the arrival time
- **e** politely check that they can pick you up at the station
- **f** say how much you are looking forward to your visit and close

---

3(M) While staying with a German family:
- **a** ask if you can have a bath/shower
- **b** ask where the bathroom is
- **c** explain that you've forgotten to bring a towel, soap and toothpaste
- **d** politely ask for these
- **e** ask for help with the shower as you don't know how to work it

---

4(M) While staying with a German family, you want to make a very good impression!
- **a** offer to help the German mother or father
- **b** offer to lay the table
- **c** offer to clear the table
- **d** offer to wash up
- **e** offer to dry the dishes
- **f** offer to do some shopping for them
- **g** ask if you may make a phone call
- **h** explain you want to phone your dad – it's his birthday
- **i** offer your hostess some flowers you have bought for her
- **j** thank her for her hospitality
- **k** say how much you've enjoyed your stay

5(S) Write to tell your penfriend you cannot come over to visit him/her because you are ill. Tell him/her all about it, apologising profusely.

KLEIDUNG

M = *Mündliche Aufgabe*
S = *Schriftliche Aufgabe*
H = *Hörverstehensübung*

1(M) In a gift shop:
a ask if they have any souvenirs of the town
b say you like the T-shirts
c ask what colours are available
d say it is for your brother, a ten year old – have they the size?
e shown one, you think it's too small – you want the next size up
f say that one is satisfactory
g ask the cost (it's 15 marks)
h say you'll take it
i you are sorry, you've only got a fifty-mark note
j no, you haven't anything smaller
k check your change, say thanks and leave

2(M) In the dry cleaners:
a ask to have your jacket cleaned
b ask how much it will cost
c ask when it will be ready
d say you'll call for it tomorrow afternoon

3(M) Try to negotiate repairs for these items. What would you say?
a you dropped your camera and wonder if it can be mended
b you need your shoes repaired as quickly as possible

4(M) Back at the dry cleaners, your jacket is ready, but when you call for it:
a express disappointment and displeasure
b tell them they haven't done it properly
c show them – it is still dirty
d tell them they haven't done it at all!
e arrange for them to do it again – by this afternoon
f make sure you won't have to pay any more

STADT

M = *Mündliche Aufgabe*
S = *Schriftliche Aufgabe*
H = *Hörverstehensübung*

1(M) You are in a German town:
a attract a passer-by's attention
b ask for help
c say you're lost
d ask where the station is *(it's in Rheinstraße)*
e ask how to get there *(straight on, 2nd left, 1st right)*
f apologise: you did not catch that: ask for it again
g ask if it is far *(ten minutes on foot)*
h thank the person

2(M) You are in a German town:
a ask if there's a bank nearby *(there are lots)*
b ask where the nearest is *(round the corner)*
c ask for clarification *(over there, in Moselstraße)*

3(M) You are still in a German town:
a say you're looking for the museum *(which one?)*
b the transport museum (**Verkehrsmuseum**) *(it's a good one)*
c ask if the person knows where it is *(he/she does know)*
d ask how best to get there *(take the bus)*
e ask which route/number *(route 76)*
f ask where the stop is *(on the other side of the road, over there, next to the bank)*

4(M) Now try giving some fairly complex directions:
a go over the bridge
b go along/down/up this road
c go as far as the lights and then left
d go past the town hall
e keep to the right
f go straight on all the way
g go to the junction and then right
h turn off to the left

Say that you are a stranger here too.
Tell the person they can't miss it.
Tell the person they are going the wrong way.

5(H) Listen to your teacher giving some made-up directions. As he/she speaks, draw a sketch map of the route he/she is describing. Compare your maps afterwards. Did you get it right?

6(M) Ask a policeman:

a if you are allowed to park here *(no – there is a sign)*
b where you can park *(car park nearby)*
c thank him

7(M) In the tourist information office:

a explain that you are from England and have just arrived in the town
b ask what there is to see and do *(castle, museums)*
c ask for details such as opening times, etc.
d ask for any free brochures they have got about the town
e ask for a street map
f ask where the castle is on the map
g ask how far it is *(ten minutes walk)*
h ask what there is to do in the evenings *(theatre, cinemas)*
i ask if there's a disco *(yes, one)*
j get details of this
k ask for help in getting a hotel room *(here's the list)*
l ask for a recommendation – fairly cheap *(Hotel Europa)*
m ask them to phone the hotel for you *(OK – there's a room)*
n say thanks and leave

8(S) Write a letter to the tourist office in Konstanz (on Lake Constance – **der Bodensee**), asking for information about the town, and about youth hostels. Ask what attractions there are in the town and the surrounding areas.

9(H) Listen to your teacher telling you about the attractions of an imaginary town. Make German notes on these, and then try to give a similar talk about the same town yourself.

M= *Mündliche Aufgabe*
S= *Schriftliche Aufgabe*
H= *Hörverstehensübung*

KOMMUNIKATIONEN

1(M) In the post office:
a ask to make a phone call
b tell the clerk your parents' number
c tell the clerk that the dialling code is 0634
d find out the cost per minute – you want three
e ask if you pay in advance or afterwards
f check which cubicle you've got to go to

die Kabine (-n) cubicle

2(M) In the street:
a ask a passer-by where there's a phone box nearby
b ask another passer-by to change you a ten-mark note for five one-mark pieces and a five-mark piece
c ask for a reversed charge call to your parents' number

das R-Gespräch reversed charge call

3(M) You make friends with someone:
a ask if they are on the phone
b swap numbers
c ask the person to ring you tomorrow morning at about 10 o'clock
d as that will be awkward, volunteer to ring the person up yourself

---

4(M) In the post office again!:
a say you'd like to send a telegram to Austria
b find out how much it costs per word
c work out a brief telegram to say you are arriving tomorrow at 15.35

5(M) Ein Telefongespräch

You ring up your friend Uli.

a Ask to speak to Uli

b Identify yourself and ask how Uli is

c You are fine too. Suggest meeting tomorrow

d Say 11.30?

e Say you'll call for Uli

f Send regards to Uli's parents

g Say goodbye till tomorrow

You are Uli. Your friend rings you up.

a Answer the phone and say it's Uli

b You are fine, ask the caller how he/she is

c You think it's a good idea. Ask what time

d You agree. Ask where

e Say you're looking forward to it

f Thank him/her and promise to pass on the good wishes

g Reply and say goodbye

6(M) How do you tell somebody:

a you don't understand
b you don't quite understand
c you don't understand the word '**Pfingsten**'
d that you meant to say '**Geschichte**' not '**Gesicht**'
e that you have forgotten the word
f the spelling of your name
g that you can't say it in German
h that it's hard to say/explain
i that it's a bit complicated
j that you've been learning German for four years
k that you also learn French/used to learn French
l that your parents/friends don't speak any/much German
m that it's not 'willage' but 'village'
n your apologies for not speaking German better

7(M) How do you ask somebody:

a to speak more slowly
b to repeat what they said
c to spell a word
d to write it down for you
e what something means in English
f how you say something in German
g if what you've said is right
h if they speak English
i to explain something
j that their English is very good
k how to pronounce something

M = *Mündliche Aufgabe*
S = *Schriftliche Aufgabe*
H = *Hörverstehensübung*

HAUS UND WOHNUNG

1(M) Ein junger Deutscher stellt dir diese Fragen während deines Urlaubs in Deutschland. Beantworte sie so ausführlich (*in detail*) wie möglich!

a Wo wohnst du?
b Wie die meisten Deutschen, haben wir eine Wohnung. Ihr auch?
c Wie viele Zimmer hat das Haus?
d Was für Zimmer sind das?
e Hat es einen Garten?
f Und eine Garage auch?
g Was hast du in deinem Wohnzimmer?
h Hast du ein eigenes Zimmer?
i Wo im Haus ist dein Zimmer?
j Welche Farbe hat dein Zimmer?
k Was hast du alles da drin?
l Was machst du da?
m Mußt du im Haushalt helfen?
n Was machst du?
o Wann/wie oft machst du das?
p Wohnt ihr auf dem Lande oder in der Stadt?
q In was für einem Ort wohnst du? Kannst du den Ort beschreiben?
r Wie ist die Umgebung?
s Kommen Touristen in die Gegend?
t Was gibt es da für Besucher?
u Gibt es etwas für junge Leute?
v Wo arbeiten die meisten Leute da?
w Wie lange wohnst du schon da?
x Wohnst du gerne da?
y Wo möchtest du lieber wohnen? Warum?
z Kennst du andere Teile von deinem Land? Wo?

2(M) Fragen an alle, die schon einmal in Deutschland waren.

a Warst du schon mal in Deutschland?
b Was hast du in Deutschland gesehen?
c Was hat dir da gefallen?
d Was hat dir nicht gefallen? Warum?

3(S) Write up your answers to the two sets of questions above in a passage for future reference and revision.

M= *Mündliche Aufgabe*
S= *Schriftliche Aufgabe*
H= *Hörverstehensübung*

ESSEN UND TRINKEN

1(M) Your German hosts are bound to ask you about your food likes and dislikes. Prepare to tell them your favourite foods, the ones you are not keen on and the ones you hate.

2(H) Your teacher will play the part of your German guest. Listen to his/her list of likes and dislikes. Write them down so that you can warn your mum/dad.

3(S) Prepare a talk (write a letter) to tell a German friend about meals, mealtimes and the typical things eaten in your country.

4(M) Explain to your German guest something about these foods:

a fish and chips

b beans on toast

c sausage and mash

Describe one other dish a German guest might be served in your home.

5(M) In the cafe:

a call the waiter/waitress

b ask what kinds of cake they've got

c order a piece of cake with cream and a mixed ice-cream without cream for your friend

d order a glass of tea with lemon and a pot of coffee

e ask to pay

f check whether service is included

6(M) In the **Imbißstube**:

a ask for a curry sausage and chips and a frankfurter with bread and mustard

b ask for mayonnaise on the chips

c also order a coke and a lemonade

d ask the total cost

7(M) In the restaurant:

a say there are two of you: ask for a table for two preferably by the window
b ask for the menu and wine-list
c ask what fixed-price meals they have
d enquire what '**Deutsches Beefsteak**' is
e choose the cheapest set meal
f order half a bottle of Niersteiner Gutes Domtal wine
g after eating, tell the waiter/waitress you enjoyed it
h say you won't have a dessert, but your friend wants the stewed fruits
i order coffees
j ask for the bill
k as it is 28 marks, you decide to round it up to 30. You give the waiter/waitress a fifty-mark note and tell him/her to make it 30.

8(M) Having a meal in a German home:

a ask what's for lunch – you're hungry *(Frikadellen)*
b say how nice it smells
c check where you should sit
d respond to '**Guten Appetit!**'
e join in raising your glasses
f yes, you'd like some boiled potatoes
g ask to be passed the peas
h say how nice the **Frikadellen** taste
i ask if you can take another one
j turn down having more potatoes, though
k when offered still more food, refuse – you're full
l when asked if you like **Himbeerpudding**, say you'd like to try it
m at the end of the meal, express appreciation

NATUR

M = Mündliche Aufgabe
S = Schriftliche Aufgabe
H = Hörverstehensübung

1(S) Write to the youth hostel in Bremen, reserving two beds for you and your friend on three nights during August (specify the dates you want). Ask about opening hours and find out if you can hire sleeping-bags at the hostel.

2(S) Write to the Campingplatz Höpke in Friedrichshafen. Book a space for a car, caravan and tent for a week (specify the dates) in late August.

3(M) Arriving with your parents at a campsite:
- **a** identify yourselves, saying that you have booked
- **b** confirm that you have a car, a caravan and a tent
- **c** check on the cost per item and per person per night
- **d** tell them it must be a mistake – it's too expensive
- **e** concede that it's correct
- **f** ask how far the town centre is (walking distance or not?)
- **g** ask about the arrangements for showers
- **h** ask about the arrangements for buying groceries
- **i** find out whether the site is always open or else locked at night

4(M) How do you express the following weather conditions in German? raining, snowing, foggy, sunny, cold, freezing, hot, warm, cool, muggy, cloudy, hailing, windy, thundering and lightning, pleasant, mild, stormy

5(M) How do you ask somebody . . .
- **a** what the weather was like yesterday/when they were in Spain/at the weekend/last summer?
- **b** what the weather is like in Germany today?
- **c** what the weather is normally like in Germany in the four seasons?
- **d** what clothes you need for a summer holiday in Germany?

6(S) Write a story about a picnic which was wonderful until the downpour!

7(S) Write a letter to your German penfriend telling him/her about the weather where you live, and predicting the likely weather during his/her stay in August. Advise him/her what clothing to bring.

8(H) Listen to your teacher giving some weather forecasts. Note down the main points about what it will be like tomorrow.

M = *Mündliche Aufgabe*
S = *Schriftliche Aufgabe*
H = *Hörverstehensübung*

UNFÄLLE

1(M) You were playing football in your pen-friend's garden:
a apologise to the neighbour that you've broken his/her window!
b offer to pay
c explain who you are and where you are staying

2(M) Your parents' car breaks down on the **Autobahn**. You phone for help:
a explain you are on the A272 between Poppenheim and Neustadt
b explain who you are and that you are insured
c explain that the car just won't go
d ask them to come as soon as possible
e ask when they'll be there

versichert insured

3(M) Be ready to deal with emergencies!
a shout 'Help!'
b warn somebody to watch out
c say something is dangerous
d ask for these to be called: police/doctor/fire brigade/ambulance/your friend(s)/the British consulate
e say you're injured
f say you have hurt/sprained/broken your arm/leg/ankle
g say it isn't serious

das britische Konsulat the British Consulate

4(M) You are with your parents driving in Germany when you have an accident:
a tell the other driver he/she is to blame
b tell him/her he/she did not keep his/her distance
c tell him/her he/she braked far too slowly
d say he/she was not paying attention
e say you had to stop quickly – red traffic light
f ask for his/her name and address
g ask whether the police should be called
h suggest filling in an accident form

Abstand halten to keep one's distance
***auf*passen** (*reg.*) to pay attention
das Formular (-e) form

M = *Mündliche Aufgabe*
S = *Schriftliche Aufgabe*
H = *Hörverstehensübung*

FUNDBÜRO, POST UND BANK

1(M) In the lost-property office, how do you report the loss of the following items? You will need also to describe the things as best you can, adding when and where you lost them (make up suitable details).

a sunglasses
b umbrella
c raincoat
d watch
e keys
f camera

2(S) Write to the lost-property office in Celle to enquire about the camera you lost while on holiday there recently. Give as full details as possible. You are prepared to bear the cost of having it sent by post to England.

3(M) You've got some things to send home to England:

a ask where the nearest post office is
b ask where the nearest post box is

4(M) In the post office:

a ask how much it costs to send postcards and letters to Great Britain
b buy stamps for your ten postcards and two letters
c say you've also got a small parcel
d find out how much it will cost to send home
e find out the total cost and pay

Großbritannien Great Britain

5(M) At the bank:

a say you would like to change £20 into marks
b say you would also like to cash a £10 traveller's cheque
c ask what the exchange rate is today
d ask if they want to see your passport
e ask for the money in ten-mark notes and some coins

M = *Mündliche Aufgabe*
S = *Schriftliche Aufgabe*
H = *Hörverstehensübung*

HOFFNUNGEN

1(S) Make up plausible reasons for these future plans:

z.B. Ich will Pilot werden, weil ich sehr gern reise.
oder: Ich will Pilot werden, weil ich Flugzeuge liebe.

a Ich will in einem Restaurant arbeiten, weil...
b Ich möchte in Deutschland leben, weil...
c Ich will in der Dritten Welt arbeiten, weil...
d Ich habe keine Lust zu arbeiten, weil...
e Ich will heiraten, weil...
f Ich habe vor, Informatik zu studieren, weil...
g Ich habe beschlossen, Lehrer(in) zu werden, weil...
h Ich will die Schule sofort verlassen, weil...
i Ich möchte Filmstar werden, weil...
j Ich möchte auf dem Lande wohnen, weil...

2(S) I'll do it if . . .

z.B. Ich werde studieren, wenn ich meine Prüfungen bestehe.

a Ich werde Tennisspieler(in), wenn... *(I'm good enough)*
b Ich fahre nach Wien, wenn... *(I've enough money)*
c Ich bleibe in der Schule, wenn... *(I don't get a job)*
d Ich fahre ans Meer, wenn... *(the weather is good)*
e Ich besuche dich im Sommer, wenn... *(I have time)*
f Ich arbeite in Amerika, wenn... *(I get the chance)*

3(M,S) Was für Zukunftspläne hast du? (Studium? Beruf? Heiraten? Kinder? Haus? Wo?)

4(M,S) Wovor hast du Angst?